침구주권 헌법소원

국민에게 침구사를!

한국침구인네트워크

침구사제도 시행! 직업선택의 자유! 진료선택권 보장!

국민건강 챙기고, 일자리 만들고, 침뜸한류 일으키고 … …

K-TAM한국침뜸韓國鍼灸 Korean Traditional Acupuncture&Moxibustion

사단법인 허임기념사업회

침구주권 헌법소원 자료집 발행 취지

대한민국 제도권에서는 침구사라는 직역이 거의 사라지고 있습니다. 그러나 재야에는 전국에 수없이 많은 침구인들이 있습니다. 침이나 뜸으로 병을 고치는 사람. 침구인!

국내 침구인과 해외 한국침구인 등 1천여 명과 이들의 침구술로 병을 고치고 싶은 국민 약 1천 명 등 총 2천여 명이 공동으로 헌법소원을 냈습니다.

의료인 외에는 침구시술을 못하게 하는 의료법 제27조 제1항 등 몇몇 법률 조항에 대해 2010년에 헌법재판관 9명 중 과반수인 5명이 위헌이라는 의견을 밝혔고, 합헌 쪽 재판관 중 1인도 의료유사행위에 대한 현재의 제도는 바꾸는 것이 필요하다는 보충의견을 밝힌 바 있었습니다. 사실상 헌법불합치 내지 입법촉구결정이 있었지만 여전히 제도개선이 이루어지지 않고 있어 헌재의 명확한 결정을 구하기 위해 다시 헌법소원을 청구한 것입니다.

여기 대한민국의 침구주권을 회복하기 위해 헌법소원을 청구하고 보충한 의견을 모아 자료집으로 엮었습니다. 우선 헌법소원에 함께 참여한 분들과 침구인들 및 관계자분들이 그 내용을 충분히 숙지하도록 하려는 목적입니다. 동시에 정부나 국회 등에서 정책 및 입법에 관계하시는 분들이 침구제도문제를 직시하고, 해결할 수 있는 자료로 쓰이기를 기대합니다. 그리고 여러 분야의 학계 연구자나 언론 등 침구제도와 역사에 관심 있는 모든 분들에게도 좋은 자료가 되기를 바랍니다.

나아가 국민들이 모두 우리나라 침구제도에 관심을 가지고 함께 제도개선에 나서주기를 기대하면서 자료집을 펴냅니다. 감사합니다.

2022. 5. 15.

차 례

[참고판결1] 2010년 헌법재판소 결정문 및 판결 관련 기사

헌법재판소 결정(2008헌가19 등)

침구주권 헌법소원

배경/ 과정과 경과/ 공동청구인

침구주권 헌법소원 배경

손중양 (사단법인 허임기념사업회 대표)

무시와 배제와 차별의 역사가 끝나길 바라며

침구인술지대본(鍼灸仁術之大本)입니다. 침구술은 누구도 사사로이 독점할 수 없는 자연의 도술(道術)입니다. 우리는 침구학을 통하여 생명세계를 배울 수 있고, 자신과 가족과 이웃의 생명과 건강을 지키는 방법을 익히며, 자연과 인간이 하나의 이치 가운데 있음을 터득할 수 있는 방편이 될 수 있습니다.

민간에서 널리 전수되어 활용되어온 전통의술은 '생활의술', '민간의술', '자연의술' 등으로 불리어집니다. 침뜸도 전통 생활침뜸의 저변 위에서 전문의술, 학문의술, 직업의술, 제도의술, 고급의술로 발전하여 전문적 성격의 침뜸이 생겨나왔다고 볼 수 있습니다. 전문화된 침뜸요법은 다시 민간으로 널리 전해지며 생활침뜸으로 활용되면서 발전에 발전을 거듭합니다. 더구나 도구의 발달로 침을 놓거나 뜸을 하는 방법에 있어서도 혁신이 이루어지고, 이에 따라 자침자극이나 온열자극은 더욱 안전하면서도 손쉽게 할 수 있는 쪽으로 발전해 왔으며, 앞으로도 이러한 방향으로 나아갈 것입니다.

정부는 인술의 근본인 침구를 처음에는 무시하였습니다. 60년대 이후부터는 민간에서 전통 침구술의 맥을 잇는 사람들을 제도권에서 배제했습니다. 그리고 침구인들에 대해서는 차별정책과 탄압으로 일관했습니다.

차별은 사회적 약자로 만들고, 약자에 대한 강자의 인권침해를 유발합니다. 수많은 전통 침구인들이 국민으로서의 기본적인 인권조차 보장받지 못하고 전통적 지적 자산을 가지고 쓴다는 이유만으로 돌팔이라는 따돌림을 받으며, 사회적으로 법률적으로 약자가 되었습니다.

침구인들에 대한 차별정책은 갈수록 도를 더해 가고, 침뜸봉사활동을 하는 참으로 선량한 국민들까지 범죄자로 몰아가고 있습니다. 급기야는 침구술을 배타적으로 독점하려는 이익집단, 한의사협회가 고용한 전직경찰 출신의 프락치로부터 사찰까지 받았습니다.

하지만 침뜸은 인술의 근본으로 널리 생명을 이롭게 하는 역할을 멈추지 않을 것입니다. 지금은 이익집단의 삿된 행위로 인하여 인술을 실천하는 사람들이 어려움을 겪고 있지만 파사현정(破邪顯正)의 대도는 의연할 것입니다.

대한민국은 역사와 전통을 자랑하는 우수한 이 나라 침구인들을 한 차례도 제도권으로 수렴하지 않았습니다.

수천 년 혹은 수만 년 전해 내려온 전통민간의료 자산인 침뜸을 제대로 된 입법절차도 없이 국민의 0.04%도 안 되는 한의사들만 배타적으로 독점하도록 한다는 것은 정당성도 없고 합리적이지도 않습니다.

정부의 민간침구인들에 대한 무시와 배제와 차별은 갈수록 심화되어 왔고, 한의사협회의 민간침구인들에 대한 괴롭힘은 반복되고 있습니다.

한의사협회는 민간침구인들에 대한 정부의 제도적 차별을 등에 업고, 소외된 침구인들의 무료봉사활동 조차도 위법으로 몰며, 널리 민간에서 전수되어온 침뜸에 대한 고발을 반복합니다. 그리고 침뜸을 한의사들만 배타적으로 독점하는 구조로 고착화시키려 하고 있습니다. 보건복지부는 대놓고 한의사 집단만을 편들고, 한의사협회는 이러한 차별정책의 앞장에 서서 프락치까지 고용하여 반(反)인권적인 사찰까지 하도록 하고 있습니다.

민간침구인에 대한 보건복지부(한의약정책과)의 차별에 의해 △ 국가의 침구사 양성화 정책은 저지되고, △ 민간침구인들에 대한 편견이 조장되고, △ 제도개선 요구는 끊임없이 묵살됩니다.

침구제도 개선 제안에 대해 보건복지부는 한의사 집단의 독점적 이권만을 대변하며 앵무새처럼 똑같은 말만 반복합니다. 민간침구인을 어떻게 할 것인가에 관한 모든 정책 수립 시도도 저지시키고 있습니다.

2010년 의료법 관련 조항에 대하여 헌법재판소가 5(위헌):4(합헌)의 판결을 할 때 합헌의견을 낸 재판관 1인까지 대체의학(유사의료) 관련 법률을 별도로 제정하는 것이 합당하다는 권고를 붙여 사실상 입법촉구 결정을 내렸습니다. 하지만 보건복지부가 이 헌법재판소의 판결을 묵살해 버렸습니다. 그런데 아무도 이에 대해 문제를 제기하는 사람이 없습니다.

그리고 사법부는 의료행위가 아닌 '의료유사'로 규정되어 있는 침뜸을 의료행위라며 의료법 위반으로 몰아 형사적 처벌을 합니다. 침뜸으로 가족이나 이웃에게 아무런 대가 없이 인술(仁術)을 행하여도 고발을 당하여 처벌을 받습니다. 돈을 받고 업으로 하는 경우에만 자격을 가지고 '업자' 허가를 받도록 되어 있는 것 아니냐고 해도 막무가내입니다.

이러한 현실 때문에 미국 유럽 동남아 등 해외로 한국의 재야침구인들은 나갑니다. 민간요법에 대한 주권을 이익집단에 침탈당하고, 직업선택의 자유는 물론 침뜸무료봉사 활동의 자유까지 빼앗긴 난민이 되는 셈입니다.

침뜸제도 관련 주요 역사

1644년(인조22년) 침과 뜸으로 최고의 명성을 떨친 허임 선생이 평생의 임상을 바탕으로 집필한 『침구경험방』이 마침내 목판본으로 간행되자 조선에서는 집집마다 '신의 의술'을 접할 수 있게 됐습니다. 침과 뜸을 대중화 하여 백성들의 생활의술로 보급하고자 한 것은 『침구경험방』 간행의 취지이기도 합니다. 내의원 제조 이경석은 『침구경험방』 발문에서 "침과 뜸은 구비하기 쉬우면서도 그 효과가 매우 빠르다"며 "세상이 공유하여 널리 전해야 한다"고 분명히 밝히고 있습니다.

침뜸으로 병을 고치는 '침쟁이'를 실록에는 침의(鍼醫)로 기록하고 있습니다. 법률적 용어는 침구의(鍼灸醫)였습니다.

경국대전(1476년 완성, 1485년 펴냄. 성종), 속대전(1746년. 영조), 대전통편(1785년. 정조), 대전회통(1865년. 고종) 등의 조선시대 법전에 침구의는 다른 의원에 대한 채용규칙과는 별도의 채용규칙을 정하고 있습니다.

일제시대에는 침구사가 침술과 구술업자로 구분하여 안마술 업자와 함께 침사, 구사, 안마사로 불리며 관리됐고, 한약을 중심으로 하여 의업에 종사해 온 의원은 의생이라 하였습니다.

침구인에 대한 무시와 배제와 차별의 현대사

대한민국은 1951년 국민의료법을 공포했습니다. 이 법률은 의사·치과의사·한의사 등을 의료업자로 규정하고, 접골·침술·구술·안마술업자 등은 의료유사업자로 정했습니다. 그런데 보건사회부는 법률에 명시한 의료유사업자제도에 대한 주무부령을 제정하지 않아 침구사 배출이 되지 않았습니다.

1960년 4.19혁명 이후 11월이 되어서야 비로소 의료유사업자령과 자격시험규정이 제정되었습니다. 침사나 구사 접골사 안마사 등의 자격시험은 보건사회장관의 지시에 의하여 매년 1회씩 서울특별시장 또는 도지사가 시행하도록 되어 있습니다. 이 시행령은 현재도 그대로 존속하고 있습니다.[보건복지부령 제185호, 2013.3.23., 타법개정]

1961.10.10. 대법원에서는 "한의사의 면허를 가진 자는 면허 없이 침술 구술을 시술할 수 있다는 근거는 없다."(대법원 사건번호 4292행상122)는 판결을 했습니다.

1962년 3월20일 이른바 5.16군사정부의 국가재건최고회의에서 국민의료법을 전면적으로 개정한 의료법을 만들면서 의료유사업자 제도에 관한 규정을 의료법에서 삭제해버렸습니다. 국민의료법 제59조에 있었던 "종래에 규정된 접골술 · 침술 · 구술 · 안마술업자 등 의료유사업자제도는 주무부령으로서 정한다."는 구절을 감쪽같이 없애버린 것입니다. 이미 면허가 있는 유사의료업자만 인정한다는 부칙만 남겨 놓았습니다.

침구사라는 직능인이 사회적 제도적으로 인정되도록 하기 위한 노력은 눈물겹게 계속되었습니다. 하지만 이미 기득권 집단이 되어 버린 한의사 등 의료인 직능집단의 더욱 강력한 로비와 압력과 실력행사로 번번이 좌절됐습니다.

1980년대 초 보건사회부 천명기 장관은 직을 걸고 침구사 제도를 만들겠다고 하여 침구사 제도가 국무총리 결제까지 났던 적도 있었습니다. 그러나 그때도 청와대의 일개 행정관이 기득권 집단의 이야기를 듣고 묵살을 시켜버렸습니다.

1988년 8월29일에는 대한침구사협회가 한의사의 침구시술허용에 관한 법적 근거를 확인하기 위해 보건사회부와 법무부 법제처에 질의했습니다. 이에 대해 9월7일 보건사회부는 회신공문에서 "의료법에는 한의사의 침구시술을 허용하는 규정이 없음을 인정한다."고 하면서 "의료법 시행규칙에 따라 한의사는 침구 시술을 할 수 있다."고 유권석석 했습니다.

한의사의 침뜸 허용을 인정하고 있는 규정이란 의료법 시행규칙 제8조와 제30조. 이 규칙에 따르면 한의사 국가시험의 시험과목에 내과학, 외과학, 부인과학, 소아과학, 신경정신과학, 안·이비인후과학, 본초학, 한방생리학, 예방의학 및 보건의약관계법규 등과 함께 침구학이 들어있다는 것입니다.

시험과목이 한의사의 침구시술권을 인정하는 근거라고 한 답변은 법률적 근거가 있는 것이 아니고 보사부의 유권해석입니다.

2010년 한의사 국가고시개선 특별위원회에서 침구학을 한의사 국가고시에서 삭제하기로 결정하자 대한침구학회(회장 이재동)와 전국한의과대학 침구학교실 교수협의회(회장 강성길)가 공동성명을 낸 바 있습니다. 이 성명에서 이들은 "(침구가) '당연히 한의사의 고유한 권한임'을 주장할 수 있는 중요한 법적 근거가 현재까지 한의사 국가고시와 한의과대학 정규 커리큘럼 상 '침구학'이라는 과목명이 존재하고 있다는 점으로 침구학 과목은 한 개 과목명 이상의 의미를 지니고 있다"라고 밝히고 있습니다. 이는 한의사들이 침구를 독점할 법률적 근거가 없다는 점을 스스로 인정한 것이라고 할 수 있습니다.

2000년대 침구제도 관련 움직임

2007년 2월5일 보건복지부는 "「의료법」34년만에 전면 개정 추진"이라는 보도자료에서 "의료유사행위 인정을 위한 법률 근거 신설"을 발표했습니다.

같은 해 3월15일 의료법 전면개정을 위한 공청회 자료에는 '의료법 전면개정안 113조('의료유사행위 등'에 관한 조항) "의료유사행위의 종류, 의료유사행위자의 자격 및 업무범위 등 의료유사행위에 필요한 사항은 따로 법률로 정한다."라고 명시했습니다.

사진 의협신문

한의사협회의 반발로 의료법 개정안에서 이 조항은 삭제되었으나, 의료유사 관련 법률을 별도로 정한다는 보건복지부 방침은 그대로 유지되었습니다. 그리고 당시 의료유사행위의 현황 및 운영상의 문제점을 파악하여 제도개선 방안 및 합리적 운영방안을 마련할 연구용역을 발주했습니다.

2008년 보건복지부 용역으로 한국보건산업진흥원은 '외국 및 우리나라의 의료유사 운영실태조사'를 발표했습니다. 여기서는 △ 현 의료유사 개념 폐지하되 개별법으로 추진하는 방안 △ 현 의료유사 개념 폐지하되 치료사 개념으로 의사의 지휘 · 감독 하에 두는 방안 △ 현 의료유사 개념을 그대로 유지시키는 방안 등 세 가지를 제시했습니다.

2010. 7.29 헌법재판소가 5(위헌) 대 4(합헌)의 의견으로 위헌결정을 위한 정족수에 이르지 못해 위헌결정은 내리지 않았지만, 위헌 의견을 표명한 재판관이 다수이고 합헌의견 중 1인도 입법촉구의견을 더해 사실상의 헌법불합치 판결을 내렸다고 볼 수 있습니다.

이러한 헌법재판소의 판결에 따라 그해 8월31일에는 국회에서 '무면허 의료행위 헌재판결의 의미와 과제라는 제목으로 정책토론회가 열리는 등 관련 입법논의가 있었습니다.

[정책 토론회 개최]

무면허 의료행위 헌재판결의 의미와 과제

2010년 7월 29일, 한의사 면허가 없는 자에게 침구시술과 자기요법 등의 대체의학 시술을 금지하고 있는 의료법 조항은 헌법에 어긋나지 않는다는 헌법재판소의 결정이 나왔습니다.

현행 의료법 제 27조(구 의료법 제25조 제1항)에 대한 지난 1996년부터 2005년까지의 재판관 전원 일치의견으로의 합헌결정과 달리, 이번 결정은 내용면에서 큰 차이를 보여주고 있습니다. 비록 위헌 결정 정족수인 재판관 3분의 2를 채우진 못했지만 참여 재판관 9명 중 과반인 5명의 재판관이 위헌 의견을 제시한 것입니다.

위헌 결정 정족수 6명에 미달이 되어 합헌 결정이 내려졌지만 과거와 달리 국민 건강을 위한 공익이나 의료행위에 대한 자기결정권이나 즉 대체의학 시술자 또는 비의료인들에게 의료행위를 할 수 있는 길을 열어줄 것인지 여부에 대한 새로운 정책의 필요성이 시대적으로 요구되고 있습니다.

이에 국민의 건강 보호와 증진이라는 국가 의료제도의 고유한 목적과 환자의 자기결정권 및 직업선택의 자유 등이 함께 고려된 새로운 제도 마련을 위한 입법 논의가 시급하다고 보아 정부, 이해관계자, 관련전문가 분들을 모시고 아래와 같이 정책토론회를 개최하고자 하오니, 많은 참여 부탁드립니다.

♧ 일 시: 2010년 8월 31일(화) 오전 10시
♧ 장 소: 국회의원회관 대회의실
♧ 주 최: 국회의원 강성천, 김춘진, 박주선

(문의: 김춘진 의원실, TEL: 784-1309, 788-2574 라성제 비서관)

– 1 –

2014년 6월 한국보건산업진흥원은 국무총리실 민관합동규제개선추진단에 제출한 『보건의료산업 시장분석 및 규제개선방안에 관한 연구』의 최종보고서에서 보건의료산업 규제개선의 주요과제 하나로 '대체의학의 합법화'를 명시하고 이와 관련한 '대체의료서비스 국내 동향 및 개선방향'을 제안했습니다.

여기서 "일본, 중국, 미국, 독일 등은 침구(鍼灸 침뜸), 안마, 접골, 카이로프랙틱 등과 같은 행위를 법제도와 실제 생활에서 인정하고 있고, 정통의학과 유사한 수준의 체계화된 교육과정과 면허제도를 갖추고 대체의료 관련 자격을 관리하고 있다"고 했습니다.

그리고 국내에서는 대체의료서비스 행위 자체가 무면허 의료행위로 처벌을 받고 국가공인 자격제도 신설도 현행법 체계 하에서는 불가하여 대체의료서비스 활성화에 걸림돌로 작용하고 있다고 하면서 "대체의학 분야도 국민의 생명과 건강에 직결되는 행위이고 외국 사례를 볼 때 체계화된 교육과정을 거쳐 전문성을 갖춘 자격인력을 양성할 수 있다는 점에 비춰 봤을 때 국내 대체의료서비스와 관련된 인력양성을 위한 교육체계와 자격제도의 신설이 필요하다"고 강조했습니다.

2014년 6월 세종특별자치시 보건복지부 청사에서는 '대체의학 분야의 양성화' 등을 위하여 침구분야에 대한 규제개혁 간담회가 있었습니다. 그때 보건복지부 한방정책관실에서 나온 직원이 '침구는 한의사가 다 하고 있어서 간담회 필요 없다'며 한의사협회 측 주장만을 대변하며 반발했고, 이후 '의료유사 혹은 대체의학에 관한 제도'의 추진은 정부 내에서는 또 실종됐습니다.

침구한류 개척해 널리 인류를 이롭게!

서양에서 동양의 전통침구술이 더욱 활성화되는 시대입니다. 한국 한의사들의 경영위기는 일침이구를 무시하고 배제하고, 한의사들만 배타적으로 독점하려고 해 온 당연한 귀결이라 할 수 있습니다. 전통 침구인들을 더불어 사는 일부로 받아들여 전승하고, 공생할 수 있도록 하여 전통의학 발전을 위한 지적 공동활동을 했더라면 오늘날 같은 상황은 오지 않았을 것입니다.

침구인이 대한민국에서 무시되고 배제되어야 할 아무런 이유가 없습니다. 떳떳한 국민으로서 인정을 받아야합니다. 침뜸봉사 하는 선생님들에게 국가에서 훈장을 주어야 합니다. 이웃 사랑을 실천하고, 이 나라 침뜸의 맥을 잇고, 국민건강에 이바지 하고, 건강보험재정을 절약하고, 이익집단의 압력에 굴복하지 않고, 고발을 당해도 떳떳하고 당당하게 정의를 주장합니다.

〈맹자〉에는 인의(仁義)를 말하지 않고 이익을 거론하게 되면, 모두가 이익을 다투어 끝내 나라가 위태롭게 된다고 말합니다.

그렇습니다. 인술의 근본인 침구를 무시하고, 침구인을 제도적으로 배제하고 차별하고 인권을 침해한 한국의 제도권 보건의료에서 인술로서의 근본이 무너져 내리고 있다고 할 수 있습니다, 생명과 건강을 위해 고심하고, 서로 협력하여 집단지성으로 국민의 건강한 삶을 도와야 할 보건의료 현장이 이권다툼의 장이 되어서는 안 될 것입니다.

침구는 인술의 근본입니다. 이제 함께 인술의 근본을 바로 세워야 합니다. 고난의 세월 동안 위축되고 왜곡되어 왔지만 물러나고 숨어들고 또 밀려나면서도 인술의 끈을 놓지 않고 생명과 건강에 대한 지혜를 찾고, 인술 실천의 보람을 깨달은 사람들이 바로 그 일을 시작해야 합니다.

무시와 배제와 차별의 장벽을 무너뜨리고 인술의 근본을 세우려는 뜻이 모일 때 침구인술의 자유를 찾아 이 나라를 떠나갔던 세계 각국의 한국인 침구인들과도 손을 잡을 수 있을 것입니다. 그리하여 마침내 침뜸한류로 널리 인간과 생명을 이롭게 하는 위대한 홍익인간을 실현할 것이라 믿습니다.

침구주권 헌법소원까지의 과정과 경과

2천여명의 국민들이 침구주권 헌법소원을 제기한 것은 침뜸교육이 평생교육 대상에 포함된다는 2016년의 대법원의 판결을 한의사협회가 뒤집으려는데 대한 침구인들의 대처에서부터 시작됐다.

이를 일정별로 경과를 살펴보면 다음과 같다.

대법원 판결 "침뜸교육은 평생교육의 대상"

2011년 7월28일(온라인교육)과 2016년 7월22일(오프라인교육)에 대법원은 침뜸평생교육에 관한 두 차례의 판결문에서 "교육과정을 통하여 인체와 경혈의 원리를 이해하고, 종래 민간에서 널리 전수되고 시행되어 온 침·뜸의 원리와 시술에 관한 지식을 습득하는 것 자체가 평생교육의 대상에서 제외된다고 볼 수는 없다."는 내용을 반복하여 강조했다. 그리고 같은 판결문에서 "… 자신의 건강을 지키고 증진시키기 위해 인체와 질병에 관한 지식을 학습할 기회를 갖는 것은 행복의 추구와 인간다운 생활을 위한 국민의 기본적 권리에 속하므로 별도의 입법조치가 없는 한 이를 제한할 수 없다고 할 것이다."라고 밝혔다.

한의사협회, 평생교육법 개악 '침뜸교육 금지' 기도 입법부 로비

2016년 7월 침뜸교육은 온라인 오프라인 상관없이 평생교육의 대상이라는 대법원의 판결이 나오자 한의사협회는 이 판결을 무력화시키기 위하여 여러 가지 활동을 시작했다. 한의사협회는 △ 집단행동을 통해 사법부 자체에 대해 압력을 가하는 한편, △ 여야 국회의원들에게 로비를 하여 평생교육기관에서 침뜸교육을 못 하도록 하는 '평생교육법 개정안'을 발의하도록 하고, △ 전직경찰 2인을 프락치로 고용하여 민간침뜸단체를 사찰하도록 하고, 이를 토대로 침뜸봉사자와 단체 관계자들을 의료법위반으로 고발하도록 했다.

○ 2016년 말과 2017년 초 온 나라가 촛불정국으로 긴장되어 있던 때 한의사협회는 국회에 입법로비를 하여 평생교육기관에서 침뜸교육을 못 하도록 하는 평생교육법 개정법률안 2건을 발의하도록 했다.

○ 이에 2017년 4월 19일 허임기념사업회는 국회 의장실 및 사무처의 각 부서와 법안을 낸 의원실 등에 '평생교육법 일부 개정법률안(의안번호 4836 및 5807) 취소 요청 공개서한'을 보내 한의사협회의 로비로 추진되는 '침뜸교육 금지입법'에 반대하는 활동을 전개. 평생교육기관에서 침뜸교육을 못 하도록 하는 것은 침뜸에 대한 국민 모두의 주권을 침해하는 것이라며 침뜸 관련한 정책의 혁신방안을 제안했다.

※ 한의사협회가 2017년 6월 허임기념사업회를 고발한 것은 침뜸교육을 금지하는 평생교육법 개정안에 정면으로 반대하는 활동을 저지시키려는 의도도 포함되어 있다고 볼 수 있다. 이는 한의사협회가 허임기념사업회를 고발한 고발장에서 국회에 평생교육법 일부 개정안 발의를 (허임기념사업회 고발)사건의 배경이라고 스스로 밝힌 것에서 확인할 수 있다.

*. 한의사협회가 정치권에 수십억원대의 금전적 로비를 해 온 정황이 포착되어 선관위로부터 고발조치 되고, 당시 한의사협회 회장이던 김필건 씨가 2018년 2월 압수

수색을 받은 바도 있다.

전직 경찰 프락치로 고용해 침뜸단체 사찰

2016년 9월부터 한의사협회는 전직 경찰인 오영X와 김남X을 고용하여 뜸사랑과 허임기념사업회에 대한 사찰을 하도록 하고, 김남X는 홍성의 우리마을뜸방을 고발하도록 하고, 오영X는 허임기념사업회를 고발하도록 했다.

○ 2016년 9월7일과 9월21일 김남X과 오영X는 침뜸단체인 뜸사랑 홈페이지에 각각 가입하면서 할동을 시작했다.

○ 2016년 9월23일 오영X와 김남X은 허임사업회 홈페이지에도 동시에 가입하고, 28일 허임기념사업회에서 개설한 침뜸학교 교육과정에 신청, 입금한 뒤 침뜸교육에 5개월 동안 참여하며 몰래 사찰을 시작했다.

뜸사랑에 대한 사찰과 고발 그리고 재판

2017년 2월 한의사협회 프락치 김남X, 오영X와 함께 홍성의 동네 어르신들이 자신

2017년 홍성 뜸방에 대한 한의사협회 측의 고발에 마을주민들 보건복지부 항의방문

들의 건강을 위해 자체적으로 운영하는 우리마을뜸방에 찾아가 봉사자에게 억지로 뜸을 뜨게 하고 이를 동영상으로 찍어서 불법의료행위라며 고발했다.

*. 뜸사랑 본부와 평생교육기관인 정통침뜸교육원을 고발하지 않은 것은 이미 뜸사랑 김남수 회장과 조건○ 사무처장 등에 대한 재판이 진행 되고 항소심에서 유죄로 선고가 되어 있었던 상태였기 때문에, 별도로 홍성 뜸방을 고발하여 뜸사랑의 뜸을 불법으로 확정지으려 했던 것으로 추측된다. 하지만 홍성뜸방은 1심과 항소심에서 모두 무죄를 선고받아 무죄로 확정 판결되었다.

○ 두 사람은 2017년 2월 홍성에 있는 우리마을뜸방을 고발한 이후에도 사찰 활동을 계속했다. 같은 해 8월21일 한의사협회 프락치 김남X과 오영X는 뜸사랑 침뜸교육 기본과정에 두 사람이 동시에 신청. 이 반이 개강되지 못해 환불을 해 줬는데 다시 10월17일 개강하는 429차에 또 신청을 하여 침뜸교육 기본과정에 등록해 교육을 받으면서 프락치 활동을 계속한 것이다.

○ 2018년 5월에도 오영X는 동묘에 있는 뜸사랑의 침뜸봉사실에 경찰 2인을 대동하고 밀고 들어가 봉사활동을 방해하며, 봉사국장을 경찰서에 가서 조사를 받도록 했다.

허임기념사업회와 모듬살이에 대한 사찰·고발·재판 그리고 헌법소원

○ 2017년 6월 한의사협회는 프락치로 고용한 오영X를 고발 및 진술대리로 하여 허임기념사업회의 교육과정과 모듬살이연대의 침뜸봉사를 연계시켜 무면허 의료행위로 고발했다.

○ 2017년 8월18일 대법원이 뜸사랑 김남수 외 2인에 대해 '보건범죄 단속에 관한 특별조치법 위반'으로 유죄판결을 하자 이를 기화로 삼아, 한의사협회가 허임기념사업회와 모듬살이연대에 대해 '보건범죄 단속에 관한 특별조치법 위반' 혐의로 영장을 청구하도록 했다.

○ 2017년 10월11일에는 이에 따라 혜화경찰서에서 나와 허임기념사업회와 모듬살이연대 사무실에 대한 압수수색을 하고, 수년에 걸친 통장까지 조회를 했다.

○ 2018년 6월5일 모듬살이연대의 침뜸봉사에 대하여 영리목적이 인정되지 않아 보건범죄단속 특별조치법위반이 아닌 의료법 위반을 적용하여 4명의 침뜸봉사자들은 기소유예 하고, 봉사자 1인과 사무국장 등에 대해서만 의료법위반 및 그 방조로 각 벌금 100만원의 약식명령을 하며, 허임기념사업회에 대해서는 의료법위반행위도 인정되지 않아 대표에게 의료법위반 방조를 적용하여 70만원의 벌금을 부과했다.

○ [정식재판청구] 2018. 7.17 모듬살이연대 소속 봉사자 이상진과 사무국장 김숙희, 허임기념사업회 대표 손중양은 이러한 약식명령을 받아들이지 않고, 의료법 위반 내지 방조가 성립되지 않으므로 무죄임을 조목조목 밝히며 정식재판을 청구했다.[2018고약7927 의료법 위반 방조, 2018형제5992,35652]

○ 2018. 8. 17 의료법 27조 1항 등에 대한 위헌법률심판제청 신청

○ 2019. 6. 12. 재판부는 위헌법률심판제청을 기각하고, 모듬살이연대 이상진 봉사활동가와 김숙희 사무국장은 약식명령 대로 각각 벌금 100만원 유죄판결을 받고 허임기념사업회 손중양 대표는 무죄로 판결됐다.

모듬살이연대와 사단법인 허임기념사업회는 벌금 1백만원 씩의 약식명령을 받아들이지 않고, 정식재판을 청구했다.

위헌제청이 기각되어 헌법소원 청구(2019헌바239)

2019. 7. 10 이상진 김숙희 손중양은 무료침뜸봉사 조차 불법이라고 처벌한 의료법 관련 조항(의료법 제27조 제1항 의료법 제87조 제1항 제2호)에 대한 위헌제청신청이 기각되어 헌법재판소에 직접 헌법소원을 청구했다. 7월23일 사전심사를 거쳐 헌법재판소 재판부의 심판에 정식으로 회부되었다.[사건번호 2019헌바239] 법률대리인은 법무법인 향법 이재화 변호사가 맡았다.

홍성뜸방 무죄판결

2019년 11월15일 홍성 뜸방 사건에 대해 항소심 재판에서도 1심과 같이 무죄가 선고됐다.

허임기념사업회의 침뜸교육에 침투한 한의사협회의 프락치 2인. 이 중 한 명은 홍성의 마을뜸방을 찾아가 뜸을 떠달라고 해 놓고 동영상을 찍어서 고발을 했고, 다른 한 프락치는 허임기념사업회 교육과 모듬살이 침뜸무료봉사를 묶어서 불법의료라며 고발해 사무실 압수수색까지 하도록 했다.

홍성뜸방에서 마을 사람들에게 뜸을 떠 주었던 두 사람에게는 100만원과 150만원의

홍성뜸방 무죄판결기념 뜸요법 세미나(2019.5.31~6.1. 태안 썬셋수련원)

약식명령이 내려져 정식재판으로 이어졌고, 2018년 6월 1심에서 무죄 판결을 받았다.

항소심 재판부도 쌀알 반톨 만한 작은 뜸은 전혀 위험하지 않아 의료행위라고 볼 수도 없고, 설령 의료행위라고 하더라도 무료로 한 정황 등으로 봐서 사회상규에 어긋나지 않는다며 1심과 같이 무죄를 선고했다.

○ 홍성뜸방 무죄판결기념 뜸요법 세미나(2019.5.31~6.1. 태안 썬셋수련원)침구인 1박2일. 공동주최: 구당뜸사랑협동조합, 협동조합 힐빙연구소, 모듬살이연대, 한국침술연합회 / 주관: 사단법인 허임기념사업회)

침구주권 헌법소원 2000여명 공동 청구(2019헌마1435)

○ 2019.8.31 천도교 대강당에서 열린 한국침구인 국제세미나에서 침구주권 헌법소원 공동 청구 제안 및 추진결의

〈침구인 헌법소원 공동청구 추진 제안서〉

“침과 뜸은 수천 년 혹은 수만 년을 전해 내려오며 민간에서 널리 쓰여 온 전통요법입니다. 이 전통요법으로 자신과 가족과 이웃의 생명과 건강을 돌보는 활동을 가로막은 법률 조항이 있습니다. 의료법 제27조 제1항 등 몇몇 조항입니다. 이 법률 조항에

2019년 8월31일 한국침구인 국제세미나

김승대 변호사

대해 2010년에 헌법재판관 9명 중 5명이 위헌이라는 의견을 밝혔고, 합헌 쪽 재판관 중 1인도 의료유사행위에 대한 현재의 제도는 바꾸는 것이 필요하다는 보충의견을 밝힌 바 있습니다. 그 후 10년이 되어가고 있지만 제도개선이 이루어지지 않고 있으므로 이들 몇몇 법률 조항에 대해 확실한 위헌판결을 받아내기 위하여 우리 침구인들이 공동으로 헌법소원을 청구하는 방안을 제안합니다. …〈중략〉… 꿋꿋이 침뜸의 맥을 잇고, 이웃의 건강을 돌보며, 제도개선 활동까지 펼치는 우리 침구인들이 자랑스럽습니다. 인술의 근본인 전통침구의 맥을 끊으려는 야만적인 시도를 막아내고 한국침구의 새 역사를 창조해 나갈 때가 되었습니다. 모든 것을 새로 시작할 수 있는 이 기회를 놓치지 않는다면 분명히 침구인들의 뜻이 이루어 질 것입니다. 공동 헌법소원을 통해 대한민국 국민의 침구주권을 바로 세우려는 역사적 행동에 국내는 물론 세계 각지의 한국침구인들이 모두 함께 하시리라 믿습니다."

○ 2019년 12월26일 국내외 한국 침구인 1077명과 침구소비자 995명을 청구인으로 하는 헌법소원을 청구했다. 법률대리인은 법무법인(유) 현 소속의 김승대 변호사(헌법학자, 전 헌법재판소 헌법연구부장)가 맡았다.

김승대 변호사는 청구서에서 "의료법 제27조 제1항과 제87조의2 제1항 제2호가 의료인이 아니면 의료행위를 할 수 없도록 하는 조항들이 침구학을 교육받아 침구시술을 할 수 있는 지식과 기능을 가진 사람들이 그 침구시술을 희망하는 국민들에게 침구시술을 할 수 있도록 하는 예외를 두지 아니한 것은 불완전·불충분·불공정한 차별적 입법으로써 부진정 입법부작위에 해당하고, 이는 청구인들의 평등권과 직업선택의 자유, 의료행위 선택권, 건강권 및 행복추구권 등 기본권을 침해하므로 이 조항들에 대하여 그 위헌을 구하는 헌법소원심판을 청구하기에 이르렀다."고 밝혔다.

2019년 12월26일 헌법재판소에 침구주권 헌법소원 심판청구서를 제출한 직후 기념 촬영

○ 첫번째 보충의견서는 2020년4월2일에 제출. 보건복지부 의견에 대한 반론을 제기하는 보충의견서.

○ 두번째는 코로나 상황에도 침구사는 필요하다는 취지의 보충의견서 2020년 11월 19일 제출. 『코로나시대 침뜸활용 국제동향』 2020년 9월23일 주제로 마련한 한국침구인 원격국제포럼 자료첨부.

○ 세번째로 제출한 보충의견서는 한의사협회 주장의 부당함에 대하여 낱낱이 밝힌 보충의견서로써 2021년1월25일 제출.

침구주권 헌법소원 공동청구인

2019년 침구주권 헌법소원에 직접 공동청구인으로 참여한 분들은 국내외 침구인 1078인과 침구소비자 997인으로, 총 2076인입니다.

침구인들은 헌법소원의 요건을 충족할 수 있도록 하기 위하여 대부분 당시에 침구교육을 받고 있거나 최근에 침구교육과정을 수료한 사람들이 중심이 되었습니다. 따라서 여기 헌법소원 공동청구인 외에도 수십 ~ 수백 배 많은 침구인들이 침구주권 헌법소원의 뜻에 동참한다는 점을 간과해선 안 될 것입니다.

침구소비자도 헌법재판소의 업무부담을 감안하여, 침구사에게 침뜸시술을 받고 싶어 하는 국민들이 대단히 많다는 점을 보여 줄 수 있는 최소한의 인원만 청구인으로 하였습니다. 대한민국 침구제도가 어떻게 되어왔는지에 대한 실상이 제대로 알려지고, 공론화가 된다면 거의 대부분의 국민들이 침구사 제도의 필요성에 공감할 것입니다.

침구인 명단

강경돈, 강경숙, 강경옥, 강규현, 강대룡, 강대봉, 강덕순, 강병문, 강봉균, 강상숙, 강석종, 강성균, 강성민, 강성환, 강　순, 강승묵, 강승열, 강승철, 강신태, 강윤배, 강윤정, 강은규, 강정여, 강종선, 강진규, 강진욱, 강창진, 강학수, 강효정, 고　영, 고강필, 고경희, 고대호, 고두수, 고봉성, 고수연, 고아라, 고영진, 고영택, 고영택, 고재학, 고창범, 고필선, 고현만, 고형기, 공명남, 공석수, 공선식, 공홍진, 곽귀옥, 곽명란, 곽태기, 곽현옥, 곽홍순, 구본열, 구본원, 구본형, 구봉관, 구자경, 구자성, 구자식, 구정희, 구제철, 구한일, 권구민, 권문헌, 권병무, 권성희, 권순길, 권순복, 권영란, 권영일, 권유현, 권장오, 권진숙, 권태희, 금홍섭, 길미숙, 길종윤, 김건학, 김경범, 김경식, 김경자, 김경태, 김관옥, 김관희, 김광채, 김광환, 김규석, 김금례,

김금영, 김기건, 김기대, 김기선, 김기열, 김기항, 김기홍, 김길녀, 김길몽, 김길주, 김낙구, 김남희, 김다영, 김대근, 김대근, 김대현, 김대희, 김덕용, 김도연, 김도윤, 김동대, 김동분, 김동선, 김동영, 김동우, 김동희, 김두희, 김린성, 김명숙, 김명옥, 김명자, 김명화, 김명화, 김명화, 김미경, 김미영, 김민서, 김민석, 김민성, 김민영, 김범철, 김병윤, 김병은, 김병철, 김병하, 김병호, 김봉석, 김봉수, 김봉옥, 김봉용, 김봉희, 김상만, 김상수, 김상용, 김상운, 김상전, 김석기, 김선태, 김선택, 김선희, 김성대, 김성복, 김성부, 김성수, 김성순, 김성일, 김성임, 김성혁, 김성현, 김세환, 김소배, 김수경, 김수만, 김수일, 김수학, 김수현, 김숙희, 김순길, 김순태, 김순호, 김애순, 김양구, 김양구, 김억규, 김영경, 김영국, 김영두, 김영래, 김영미, 김영봉, 김영숙, 김영숙, 김영숙, 김영열, 김영재, 김영준, 김영훈, 김영희, 김옥순, 김용경, 김용경, 김용민, 김용수, 김용식, 김용진, 김용천, 김우식, 김우진, 김웅수, 김원기, 김원화, 김유석, 김유일, 김윤중, 김은옥, 김의식, 김익겸, 김인숙, 김인순, 김인순, 김일출, 김일호, 김자권, 김장수, 김장현, 김재상, 김재옥, 김재찬, 김재형, 김재호, 김재홍, 김정선, 김정순, 김정순, 김정자, 김종균, 김종돈, 김종문, 김종선, 김종필, 김종환, 김주영, 김주회, 김준엽, 김지영, 김지현, 김진경, 김진국, 김진범, 김진석, 김진수, 김진숙, 김진용, 김진일, 김차배, 김 찬, 김찬경, 김찬성, 김창기, 김채옥, 김철기, 김철용, 김철우, 김충원, 김태경, 김태림, 김태정, 김태중, 김태호, 김태환, 김태홍, 김필승, 김필환, 김학수, 김학신, 김한배, 김한샘, 김 혁, 김현성, 김현순, 김현옥, 김현화, 김형근, 김형수, 김형수, 김형신, 김홍근, 김홍길, 김홍빈, 김효순, 김효열, 김효준, 김희경, 김희국, 김희숙, 김희준, 나도백, 나두식, 나병엽, 나태호, 나형남, 나희찬, 남경우, 남기훈, 남덕현, 남명화, 남민자, 남선희, 남순희, 남승철, 남은숙, 남행우, 노경희, 노광숙, 노나윤, 노상연, 노용오, 노임미, 노지영, 도규호, 도종균, 동창배, 라윤순, 류 황, 류길주, 류봉엽, 류성룡, 류장영, 류종열, 류지용, 류혜자, 마재성, 맹영호, 명영승, 목동균, 문계성, 문기웅, 문명수, 문명집, 문선웅,

문성인, 문신현, 문연수, 문영진, 문영헌, 문종주, 문종호, 문춘희, 문혜령, 민강기, 민경윤, 민광자, 민기봉, 민동철, 민병욱, 민영관, 민영순, 민종오, 민창식, 민천식, 박갑수, 박견란, 박계성, 박관수, 박광님, 박광수, 박광오, 박권재, 박근필, 박기동, 박기봉, 박기종, 박남채, 박대식, 박도석, 박만옥, 박미순, 박 민, 박병근, 박복희, 박상규, 박상순, 박상호, 박선홍, 박선홍, 박성아, 박성희, 박세웅, 박수룡, 박수열, 박숙영, 박승규, 박승원, 박연경, 박영선, 박영숙, 박영호, 박영희, 박옥희, 박용섭, 박우병, 박우영, 박운송, 박윤희, 박의수, 박인영, 박인환, 박일규, 박재규, 박재현, 박정송, 박정숙, 박정웅, 박정원, 박정태, 박정필, 박정호, 박종권, 박종길, 박종만, 박종원, 박종철, 박종희, 박주현, 박진애, 박창희, 박철수, 박추자, 박창선, 박충선, 박충열, 박태동, 박태봉, 박태수, 박태순, 박태영, 박현구, 박현진, 박혜정, 박호순, 방 건, 방극태, 방선희, 방영숙, 방정훈, 배갑선, 배동헌, 배성준, 배세웅, 배성희, 배외선, 배호석, 백귀순, 백승화, 백승희, 백영숙, 백인구, 백종훈, 백효선, 백희원, 변만석, 변상희, 변영섭, 변재의, 변창일, 변태수, 변형식, 부혜양, 서갑종, 서경자, 서돈원, 서동남, 서동섭, 서명희, 서복현, 서소영, 서승원, 서영희, 서원균, 서정식, 서정익, 서창문, 서춘선, 석병철, 설동용, 설영훈, 성춘택, 성희순, 소순보, 손길식, 손만봉, 손명원, 손병덕, 손병익, 손종달, 손태호, 송경선, 송관섭, 송광진, 송기근, 송기영, 송길안, 송달용, 송명규, 송미나, 송석균, 송승규, 송의정, 송인동, 송일석, 송재원, 송정민, 송정혜, 송종헌, 송학문, 송효원, 신기장, 신미자, 신민섭, 신상훈, 신서현, 신성훈, 신수령, 신영관, 신용호, 신유길, 신윤범, 신재금, 신정섭, 신정식, 신정화, 신준호, 신지열, 신지원, 신철균, 신춘식, 신풍호, 신현숙, 신형강, 신흥순, 심규복, 심승연, 심오원, 심재용, 심준섭, 심태언, 심학기, 심현준, 안규남, 안금영, 안명자, 안명희, 안순희, 안영숙, 안윤관, 안은희, 안인숙, 안정기, 안종천, 안종화, 안태영, 안홍일, 양경숙, 양광호, 양명훈, 양병남, 양승태, 양애희, 양오숙, 양 욱, 양재진, 양재홍, 양진웅, 양창구, 양태옥, 양혜숙, 양홍준, 양화용, 양회식, 엄기홍,

엄세승, 여영수, 여창규, 연제덕, 예정열, 오경근, 오경선, 오경희, 오근순, 오세균,
오세준, 오은홍, 오인열, 오재성, 오재열, 오종천, 오창경, 오창택, 오현경, 오현옥,
용옥주, 우길하, 우명열, 우원균, 우태자, 우학기, 원치만, 위홍철, 유병욱, 유상현,
유순영, 유승희, 유승희, 유영남, 유영남, 유영집, 유영희, 유완순, 유외주, 유은숙,
유인수, 유재석, 유재성, 유재영, 유재옥, 유재희, 유종헌, 유　현, 유현경, 유형선,
윤도경, 윤동수, 윤미숙, 윤병옥, 윤병화, 윤석권, 윤석만, 윤석연, 윤선로, 윤선희,
윤영관, 윤용길, 윤재순, 윤재원, 윤정노, 윤중국, 윤지선, 윤지현, 윤혁동, 윤현진,
윤호중, 윤효석, 은천성, 이강림, 이　경, 이　원, 이강준, 이강천, 이건우, 이경미,
이경자, 이경재, 이경희, 이경희, 이계영, 이계중, 이관혁, 이광희, 이국렬, 이국현,
이귀덕, 이규선, 이근영, 이근학, 이금희, 이기만, 이기숙, 이기순, 이기연, 이기정,
이기제, 이기주, 이기준, 이기헌, 이내창, 이다해, 이달영, 이도현, 이동린, 이동우,
이동환, 이명길, 이명수, 이명우, 이명이, 이명조, 이명희, 이미애, 이미자, 이방진,
이범구, 이병민, 이병찬, 이봉희, 이상범, 이상우, 이상은, 이상진, 이상현, 이서준,
이서혜, 이석문, 이선화, 이성모, 이성순, 이성주, 이성희, 이수강, 이수미, 이수자,
이수정, 이수철, 이숙형, 이승균, 이승남, 이승복, 이시복, 이안규, 이양호, 이언기,
이언주, 이언희, 이　연, 이영미, 이영수, 이영순, 이영우, 이영일, 이영주, 이영화,
이옥엽, 이옥주, 이옥희, 이용길, 이용남, 이용보, 이용옥, 이용우, 이용원, 이용출,
이우식, 이운우, 이웅렬, 이원행, 이월득, 이육흔, 이은기, 이은남, 이응기, 이의재,
이인영, 이인영, 이인철, 이재갑, 이재걸, 이재경, 이재숙, 이재숙, 이재숙, 이재순,
이전복, 이정민, 이정석, 이정자, 이정자, 이정학, 이정혜, 이정호, 이정화, 이정희,
이종범, 이종분, 이종식, 이종옥, 이종진, 이종훈, 이준희, 이준희, 이준희, 이진술,
이창준, 이철구, 이철형, 이철환, 이춘배, 이충걸, 이충광, 이충열, 이태재, 이행철,
이향연, 이향자, 이헌규, 이헌복, 이헌수, 이혁순, 이현미, 이현섭, 이현아, 이현정,
이현주, 이현준, 이혜연, 이홍해, 이효용, 이훈종, 이훈하, 이희경, 이희경, 이희생,

임경원, 임금식, 임동욱, 임동희, 임득춘, 임명순, 임삼권, 임순애, 임영규, 임용배, 임용화, 임원철, 임은빈, 임재열, 임재정, 임정미, 임정원, 임종배, 임종선, 임종수, 임창덕, 임춘식, 임혜욱, 임휘철, 자용득, 장대호, 장민화, 장봉숙, 장석교, 장석문, 장세정, 장수기, 장숙희, 장순희, 장영찬, 장원임, 장재용, 장재호, 장혜진, 전길환, 전명길, 전무경, 전상호, 전서영, 전세명, 전연호, 전영섭, 전영현, 전정현, 전지환, 전출이, 정갑훈, 정경균, 정경순, 정귀선, 정금자, 정기자, 정기정, 정난순, 정남기, 정도길, 정도자, 정동민, 정명임, 정문화, 정미령, 정상선, 정선영, 정성호, 정성희, 정순완, 정양환, 정영모, 정영옥, 정영현, 정오숙, 정은숙, 정인기, 정인자, 정일교, 정장자, 정재룡, 정재봉, 정재연, 정정영, 정정희, 정종신, 정진문, 정진석, 정진식, 정진철, 정창윤, 정치현, 정태강, 정택환, 정평만, 정하목, 정해영, 정현숙, 정현진, 정혜련, 정혜숙, 정효선, 정효재, 정희열, 조경수, 조경희, 조계숙, 조동석, 조동윤, 조득연, 조래형, 조래형, 조미자, 조복환, 조선희, 조성남, 조성만, 조연호, 조영미, 조영현, 조용일, 조운희, 조은연, 조정희, 조준희, 조창호, 조현술, 조현준, 주봉준, 주성혜, 주정숙, 주필현, 주호영, 지경호, 지서연, 지용기, 진병두, 진소현, 진양임, 진창환, 차성순, 차성재, 차윤정, 차재국, 차종호, 차지영, 채동용, 채현석, 채희필, 최경섭, 최광문, 최광백, 최권진, 최근용, 최기운, 최도순, 최문수, 최문자, 최미영, 최미자, 최 별, 최병길, 최병창, 최상옥, 최성균, 최성민, 최성운, 최순옥, 최순옥, 최신규, 최영근, 최영서, 최용균, 최용택, 최용환, 최유경, 최윤규, 최일환, 최장희, 최재학, 최재혁, 최정숙, 최정화, 최준영, 최준혁, 최지우, 최지은, 최택상, 최현미, 최현석, 최현일, 최형호, 최혜진, 최홍규, 최화순, 탁무권, 편재호, 하계조, 하종수, 한도실, 한명택, 한미경, 한병옥, 한봉택, 한상순, 한소희, 한순애, 한승연, 한영화, 한장순, 한정식, 한정희, 한지수, 한학선, 한현각, 한홍진, 함종인, 허동수, 허세원, 허수종, 허연강, 허연주, 허유순, 허 정, 허정훈, 허태훈, 허필진, 허홍수, 현정숙, 현준호, 현창문, 홍경숙, 홍광표, 홍기명, 홍명기, 홍명순, 홍명의, 홍미리, 홍병련,

홍성연, 홍세경, 홍세진, 홍인의, 홍정훈, 홍종욱, 홍현국, 홍현숙, 홍혜경, 홍흥길, 황갑순, 황경자, 황경호, 황경훈, 황규향, 황보정석, 황유성, 황윤승, 황의숙, 황의정, 황인석, 황인철, 황재혁, 황정화, 황진규, 황현수, 황현숙, 황희자,

〈해외 포함 침구인 1078인〉

침구소비자

강경아, 강경재, 강광희, 강근호, 강금옥, 강금주, 강동훈, 강매리, 강명국, 강명숙, 강명자, 강민철, 강병권, 강부임, 강상욱, 강선미, 강선영, 강선옥, 강성구, 강성욱, 강연순, 강오중, 강인경, 강재순, 강정애, 강정자, 강정자, 강종현, 강하영, 강 희, 고경자, 고대영, 고영국, 고유경, 고은아, 고일영, 고종열, 고태석, 공만식, 곽순용, 곽영로, 곽용도, 곽준구, 곽지화, 곽현미, 곽현정, 구본학, 구호림, 구흥회, 권나영, 권선준, 권성현, 권숙자, 권승용, 권연숙, 권영례, 권영욱, 권영호, 권정선, 권정호, 권정희, 권현자, 권현철, 권혜경, 기우일, 길미라, 길현순, 길희순, 김감란, 김갑선, 김건식, 김건형, 김견자, 김경남, 김경라, 김경숙, 김경임, 김경자, 김광길, 김광숙, 김교금, 김귀남, 김귀엽, 김규관, 김규진, 김규진, 김규혜, 김근영, 김근임, 김근화, 김기영, 김기총, 김나연, 김남선, 김남현, 김능자, 김다빈, 김대문, 김대영, 김도준, 김도헌, 김도형, 김도희, 김동민, 김동준, 김동환, 김동희, 김만동, 김맹기, 김명옥, 김 모, 김미경, 김미성, 김미숙, 김미순, 김미옥, 김미현, 김민서, 김민정, 김민정, 김민호, 김병하, 김복례, 김복만, 김봉익, 김봉희, 김상권, 김상명, 김상열, 김석영, 김석영, 김석은, 김선미, 김선봉, 김선옥, 김선자, 김선호, 김성주, 김성학, 김세라, 김송주, 김수남, 김수연, 김수진, 김수철, 김수현, 김숙자, 김숙진, 김순덕, 김순옥, 김승용, 김승택, 김승현, 김승호, 김시임, 김시자, 김양숙, 김양순, 김연걸, 김연옥, 김영규, 김영근, 김영미, 김영범, 김영부, 김영분, 김영분, 김영수, 김영숙, 김영임,

김영채, 김영채, 김영춘, 김영호, 김영회, 김영희, 김영희, 김예진, 김옥란, 김옥선, 김옥순, 김옥자, 김용군, 김용순, 김용식, 김용애, 김용옥, 김용옥, 김용재, 김용주, 김용화, 김우혜, 김원제, 김유진, 김윤수, 김윤호, 김은미, 김은심, 김은연, 김은옥, 김은진, 김은희, 김을화, 김장곤, 김재경, 김재광, 김재남, 김재선, 김재옥, 김재현, 김정구, 김정란, 김정숙, 김정자, 김정자, 김정태, 김정한, 김정환, 김정희, 김정희, 김종률, 김종배, 김종부, 김종순, 김종욱, 김종희, 김준영, 김지우, 김진권, 김진규, 김진아, 김진원, 김진호, 김창범, 김춘자, 김춘자, 김태림, 김태봉, 김태은, 김태주, 김태준, 김태진, 김태호, 김평호, 김학삼, 김학진, 김한수, 김해남, 김해운, 김해진, 김향임, 김혁년, 김혁희, 김현경, 김현광, 김현규, 김현숙, 김현신, 김현율, 김현주, 김현준, 김현철, 김현희, 김형남, 김형미, 김혜경, 김혜란, 김혜옥, 김호균, 김홍선, 김화순, 김홍명, 김홍옥, 김희수, 김희영, 나석순, 나성남, 남기덕, 남명문, 남봉두, 남사차, 남양숙, 남춘근, 남혜란, 남혜자, 노수왕, 노재윤, 노정섭, 노풍호, 노현덕, 류순진, 류재만, 류재복, 마점숙, 먼선탁, 문금분, 문성수, 문성호, 문영례, 문정식, 문제희, 문종만, 문종삼, 문종진, 민경호, 민명숙, 민병래, 민병숙, 민성기, 민영주, 민지영, 민향숙, 박강순, 박계순, 박광숙, 박광은, 박금숙, 박기용, 박기운, 박기진, 박기화, 박남규, 박노수, 박노숙, 박대석, 박대영, 박동수, 박말미, 박명호, 박미정, 박미화, 박민정, 박부강, 박사라, 박상민, 박상식, 박상출, 박서경, 박서영, 박선자, 박성준, 박세균, 박세라, 박수연, 박숙주, 박순영, 박신환, 박양심, 박연숙, 박연지, 박영배, 박영심, 박영주, 박옥련, 박옥희 , 박용선, 박우석, 박정선, 박정옥, 박정환, 박정환, 박종갑, 박종규, 박종규, 박종신, 박종효, 박준익, 박준일, 박지은, 박진수, 박찬순, 박창수, 박태수, 박태화, 박한승, 박현주, 박형빈, 박혜란, 박혜진, 박호순, 박효진, 박희숙, 반송해, 방나원, 방예심, 배미자, 배정숙, 백수연, 백승오, 백정순, 백정화, 백증현, 범윤남, 변무영, 변영주, 변희옥, 복옥순, 복현이, 봉하선, 서경미, 서경석, 서　구, 서동현, 서명랑, 서삼순, 서승연, 서연식, 서연일, 서영광, 서영숙,

서용성, 서원자, 서의웅, 서종애, 서주연, 서혜란, 서효환, 설유락, 설윤호, 설희경, 성명하, 성상모, 성숙희, 성연옥, 성우용, 성지영, 성창심, 성치훈, 소 광, 소광례, 손광일, 손영덕, 손은주, 손은화, 손일순, 손일현, 손창례, 손한신, 손현숙, 송경희, 송계현, 송근호, 송기호, 송도남, 송명자, 송명진, 송성헌, 송영옥, 송용찬, 송유환, 송인목, 송인봉, 송일영, 송재임, 송정숙, 송치원, 송태종, 신경숙, 신경순, 신광재, 신광철, 신길자, 신명섭, 신미애, 신선균, 신언영, 신용성, 신은찬, 신재은, 신제성, 신종국, 신진수, 신춘호, 신형호, 신희자, 심미신, 심승보, 심홍주, 심희범, 안광헌, 안병옥, 안서현, 안여진, 안은석, 안정관, 안종원, 안지영, 안현진, 안현찬, 양경화, 양금선, 양동술, 양분열, 양성우, 양성현, 양순려, 양영숙, 양은미, 양재갑, 양재식, 양재하, 양희철, 엄태열, 여정희, 연기순, 염석종, 오경식, 오막례, 오미정, 오병옥, 오복덕, 오삼진, 오상환, 오세창, 오세희, 오순녀, 오순자, 오영수, 오영준, 오예영, 오의남, 오임위, 오재용, 오정숙, 오현정, 우남규, 우내심, 원예리, 원태연, 유경수, 유경애, 유경환, 유계순, 유림종, 유명준, 유병금, 유병옥, 유병화, 유복임, 유봉곤, 유성용, 유성은, 유수희, 유승웅, 유영래, 유영미, 유영환, 유영훈, 유이종, 유일동, 유재환, 유종구, 유충열, 유해영, 유혜진, 유환용, 윤기섭, 윤말숙, 윤미선, 윤병문, 윤성용, 윤성준, 윤안헌, 윤영숙, 윤영숙, 윤영순, 윤영희, 윤영희, 윤은심, 윤을순, 윤재화, 윤정렬, 윤정우, 윤종선, 윤종준, 윤혜숙, 윤훈, 윤홍렬, 이경수, 이경수, 이경심, 이경재, 이계명, 이광순,이광식, 이광웅, 이광의, 이광희, 이교영, 이귀연, 이근자, 이금자, 이금자, 이금주, 이기욱, 이기제, 이기호, 이남희, 이도자, 이동린, 이래희, 이매화, 이명숙, 이명우, 이명희, 이묘순, 이문수, 이문희, 이미정, 이민아, 이민열, 이민우, 이민해, 이민호, 이방희, 이병옥, 이병택, 이병휴, 이봉두, 이봉영, 이봉호, 이삼순, 이상경, 이상기, 이상분, 이상식, 이상혁, 이서연, 이서윤, 이석원, 이선희, 이성례, 이성순, 이성연, 이성혜, 이성호, 이세형, 이소영, 이수남, 이수진, 이숙희, 이순임, 이순자, 이순흠, 이승근, 이승윤, 이승한, 이애선, 이양규, 이양식,

이언희, 이연숙, 이연자, 이영범, 이영빔, 이영숙, 이영순, 이영애, 이예찬, 이옥숙, 이옥희, 이완상, 이완우, 이용태, 이용택, 이용하, 이용현, 이원주, 이윤구, 이윤선, 이은숙, 이은순, 이은자, 이은혜, 이인기, 이인숙, 이인순, 이인옥, 이인철, 이잉남, 이재명, 이재숙, 이재운, 이재자, 이재학, 이재훈, 이정남, 이정무, 이정민, 이정민, 이정민, 이정배, 이정숙, 이정순, 이정애, 이정연, 이종미, 이종열, 이종옥, 이종욱, 이준하, 이준한, 이중진, 이진연, 이진희, 이창구, 이채영, 이채윤, 이철호, 이청사, 이춘일, 이춘화, 이충헌, 이충희, 이태용, 이태진, 이태현, 이판순, 이 풍, 이한자, 이해석, 이해순, 이향순, 이현상, 이현주, 이형심, 이형심, 이혜정, 이홍석, 이화성, 이화용, 이희경, 인근자, 임규진, 임근정, 임근희, 임동길, 임동원, 임무영, 임미자, 임병혁, 임성자, 임소영, 임수남, 임순희, 임승환, 임애자, 임영애, 임우진, 임인숙, 임인순, 임재순, 임재홍, 임정숙, 임채운, 임청수, 임태후, 임헌숙, 임현순, 임희숙, 임희정, 장갑석, 장귀덕, 장기옥, 장미란, 장석성, 장선자, 장성희, 장양순, 장운합, 장윤정, 장재심, 장정원, 장정원, 장정주, 장지만, 장현락, 장현숙, 장형순, 장혜영, 장효순, 장 훈, 전근영, 전 기, 전명철, 전병선, 전병옥, 전성용, 전아름, 전은숙, 전 익, 전정용, 정경남, 정경혜, 정관일, 정광운, 정광위, 정국량, 정규대, 정 금, 정기주, 정기화, 정길순, 정덕순, 정동균, 정매례, 정문호, 정미숙, 정병현, 정봉수, 정사라, 정상호, 정상희, 정석모, 정선옥, 정수영, 정영경, 정영국, 정영신, 정영재, 정영희, 정용택, 정원진, 정유숙, 정윤수, 정윤혁, 정은희, 정재옥, 정재우, 정재윤, 정정남, 정정남, 정제호, 정종득, 정종수, 정종심, 정주원, 정지성, 정진홍, 정태용, 정하성, 정해균, 정 현, 정현수, 정현자, 정혜숙, 정희순, 제숙자, 조금수, 조기영, 조길만, 조남운, 조도현, 조선경, 조성호, 조소현, 조수옥, 조수인, 조수현, 조순희, 조 승, 조승복, 조아름, 조연주, 조영금, 조영남, 조영휘, 조 예, 조월순, 조유상, 조윤형, 조윤화, 조인순, 조정자, 조준현, 조준형, 조창식, 조청자, 조혜순, 조화영, 조흥연, 주미숙, 주용규, 주형범, 주 훈, 지창성, 진기태, 진성실, 차규용, 차병기,

차순덕, 차아름, 차애순, 차연례, 차원준, 채헌주, 채호준, 천병노, 천세영, 최권숙, 최규연, 최금묵, 최길순, 최낙종, 최남순, 최덕석, 최락식, 최미혜, 최병종, 최병호, 최보경, 최봉근, 최상연, 최상흠, 최송범, 최수호, 최순교, 최순안, 최순조, 최양수, 최영미, 최영찬, 최영춘, 최영화, 최우형, 최원섭, 최원필, 최유진, 최윤경, 최윤미, 최윤자, 최재향, 최재현, 최점순, 최정문, 최정석, 최준규, 최지혜, 최태규, 최태영, 최해근, 최해옥, 최혜남, 최혜정, 최홍순, 추세라, 탁귀숙, 탁인숙, 표순근, 표정운, 하금주, 하동숙, 하성숙, 하용적, 하정숙, 한 경, 한명숙, 한사윤, 한상민, 한상철, 한상현, 한수남, 한승진, 한점자, 한준석, 한진석, 한진화, 한현숙, 허경자, 허근옥, 허순욱, 허연서, 허영철, 호성원, 홍경혜, 홍기행, 홍길표, 홍상표, 홍성화, 홍수민, 홍순주, 홍승채, 홍영송, 홍종옥, 홍종희, 홍진표, 황경자, 황봉자, 황서현, 황선숙, 황수연, 황춘숙, 황현숙, 황현정, 황 훈,

〈침구소비자 997인〉

헌법소원(2019~2021)

심판청구서 및 의견서

헌법소원 심판청구서 [2019헌바239]

(2019.7.10)

대리인 : 법무법인 향법

담당변호사 이재화 하인준

헌법소원 심판청구서[사건번호 2019헌바239] (2019.7.10)

청구인

1. 이 상 진

서울

2. 손 중 양

서울

3. 김 숙 희)

서울

위 청구인들의 대리인

법무법인 향법 담당변호사 이재화, 하인준

서울 서초구 서초중앙로 114, 일광빌딩 6층(서초동) /137-881

청 구 취 지

의료법(2016. 5. 29. 법률 제14183호로 개정된 것) 제27조 제1항 및 제87조 제1항 제2호는 헌법에 위반된다.

당 해 사 건

서울중앙지방법원 2018고정1430호 의료법위반 등,

(서울중앙지방법원 2019노1858호로 항소심 계속 중)

서울중앙지방법원 2018초기1811 위헌법률심판제청신청 기각 결정

신청대상법률조항

의료법(2016. 5. 29. 법률 제14183호로 개정된 것)

제27조(무면허 의료행위 등 금지) ① 의료인이 아니면 누구든지 의료행위를 할 수 없으며 의료인도 면허된 것 이외의 의료행위를 할 수 없다. 다만, 다음 각 호의 어느 하나에 해당하는 자는 보건복지부령으로 정하는 범위에서 의료행위를 할 수 있다.

1. 외국의 의료인 면허를 가진 자로서 일정 기간 국내에 체류하는 자
2. 의과대학, 치과대학, 한의과대학, 의학전문대학원, 치의학전문대학원, 한의학전문대학원, 종합병원 또는 외국 의료원조기관의 의료봉사 또는 연구 및 시범사업을 위하여 의료행위를 하는 자
3. 의학 · 치과의학 · 한방의학 또는 간호학을 전공하는 학교의 학생 및 제87조 제1항 제2호

제87조(벌칙) ① 다음 각 호의 어느 하나에 해당하는 자는 5년 이하의 징역이나 5천만 원 이하의 벌금에 처한다.

2. 제12조제2항 및 제3항, 제18조제3항, 제21조의2제5항·제8항, 제23조제3항, 제27조제1항, 제33조제2항·제8항(제82조제3항에서 준용하는 경우를 포함한다)·제10항을 위반한 자. 다만, 제12조제3항의 죄는 피해자의 명시한 의사에 반하여 공소를 제기할 수 없다.

신 청 이 유

1. 사건의 개요

가. 청구인들의 지위

청구인 이상진은 모듬살이연대 봉사팀장으로, 청구인 손중양은 사단법인 허임기념사업회 대표로, 청구인 김숙희는 모듬살이연대 사무국장으로 활동하고 있습니다.

나. 재판의 전제성

서울중앙지방법원은 2018. 6. 19. "청구인 이상진은 한의사 자격을 가진 자가 아님에도 불구하고 2015. 11.경부터 2018. 4. 23.경까지 '모듬살이연대'를 방문한 불특정 다수인을 상대로 침뜸 시술을 해주는 방법으로 무면허 의료행위를 하였고, 청구인 김숙희는 '모듬살이연대' 사무국장으로 청구인 이상진의 무면허 의료행위를 용이하게 하여 방조하였다는 사실로, 청구인 손중양은 '모듬살이연대'의 침뜸 시술을 할 봉사자들을 원활하게 공급할 목적으로 침뜸 교육과정을 개설한 뒤 침뜸 시술을 홍보하고 봉사자들을 배출하는 방법으로 청구인 이상진의 무면허 의료행위를 방조하였다."는 공소사실로 청구인들에게 벌금형의 약식명령을 발령하였습니다(서울중앙지방법원 2018고약7927호). 이에 청구인들은 2018. 6. 27. 정식재판청구를 하였습니다.

서울중앙지방법원은 2019. 6. 12. 청구인 이상진, 김숙희에 대하여 공소사실을 모두 유죄로 인정하여 각 벌금 1,000,000원의 형을 선고하였고, 이에 청구인 이상진, 김숙희는 불복하여 항소를 제기하였습니다. 청구인 손중양에 대한 의료법 방조 혐의에 관하여는 '손중양이 허임기념사업회를 통해 침뜸 교육수강생을 모집하고 교육을 실시한 사실만으로는 이상진의 의료법위반행위 실행 자체를 원조하여 이를 용이 하게 하는 방조행위를 하였다고 보기는 부족하다.'는 취지로 무죄판결을 선고하였으나, 검사가 항소하였습니다. 청구인들의 위 형사사건은 모두 서울중앙지방법원 2019노1858호로 항소심 계속 중입니다.

청구인들의 이 사건 헌법소원심판청구 당시 심판대상 법률조항의 위헌여부는 청구인들의 당해 재판 결론에 영향을 주는 것으로 재판의 전제성을 충족합니다.

다. 당해사건에서의 위헌법률심판제청 및 기각결정, 청구기간의 준수

청구인들은 2018. 8. 17. "이 사건 심판대상 법률조항이 명확성 원칙에 위반되고, 비의료인의 행복추구권 및 국민의 의료행위 선택권을 침해하여 청구인들의 자기결정권, 행복추구권(일반적 행동자유권)을 침해하고, 헌법 제9조(전통문화의 계승·발전, 민족문화의 창달)에 위반된다."는 이유로 서울중앙지방법원에 위헌법률심판제청신청을 하였으나,

서울중앙지방법원은 2019. 6. 12.

"① 이 사건 법률규정이 금지되는 의료행위의 개념을 명확하게 규정하고 있지 않다고 하더라도, 의료법의 입법목적, 의료인의 사명에 관한 의료법상의 여러 규정, 의료행위의 개념에 관한 대법원판례, 한방의료행위에 관련된 법령의 변천과정 등을 볼 때, 건전한 상식과 통상적인 법감정을 가진 사람으로서 구체적으로 어떠한 행위가 이에 해당하는지 의심을 가질 정도로 불명확하다고 할 수 없으므로 위 규정들이 죄형법정주의의 명확성의 원칙에 위배된다고 볼 수 없다.

② 의료인이 아닌 자의 의료행위를 전면적으로 금지한 이 사건 법률조항은, 의료행위를 하려는 자에 대해서는 헌법 제10조의 행복추구권에서 파생하는 일반적 행동의 자유를, 의료행위를 받으려는 자에 대해서는 헌법 제10조의 행복추구권에서 파생하는 자기결정권을 제한하는 규정이 될 수 있을 것이지만, 한편 이는 매우 중대한 헌법적 법익인

국민의 생명권과 건강권을 보호하고 국민의 보건에 관한 국가의 보호의무(헌법 제36조 제3항)를 이행하기 위하여 적합한 조치로서, 위와 같은 중대한 공익이 국민의 기본권을 보다 적게 침해하는 다른 방법으로는 효율적으로 실현될 수 없으므로, 이 사건 법률조항은 과잉금지원칙에 위배되지 아니하여 기본권을 침해하지 아니한다."고 청구인들의 위헌법률심판제청신청을 기각하였습니다(서울중앙지방법원 2018초기1811 결정 참조).

청구인들은 2019. 6. 13. 이 사건 결정을 송달받고 30일 이내인 2019. 7. 10. 이 사건 심판대상 법률조항의 위헌 여부에 관하여 헌법재판소법 제68조 제2항의 헌법소원심판을 청구합니다.

2. 심판대상 법률조항에 대한 헌법재판소의 2010. 7. 29. 결정 이후의 변화

헌법재판소는 2010. 7. 29. 2008헌가19, 2008헌바108, 2009헌마269·736, 2010헌바38, 2010헌마275(병합) 사건에서 "의료법 제27조 제1항 본문의 전단 부분 및 제87조 제1항 제2호 중 제27조 제1항 본문의 전단(각 2007. 4. 11. 법률 제8366호로 전부개정된 것) 중 '의료행위' 및 '한방 의료행위' 부분이 죄형법정주의의 명확성원칙에 위배되지 아니하고, 비의료인의 직업선택의 자유 내지 일반적 행동의 자유 및 의료소비자의 의료행위 선택권을 침해하지 아니한다."는 취지로 동 법률조항의 합헌결정을 내렸지만,

합헌의견(4인)보다 "현행 의료법 규정은 의료소비자의 경제성과 접근성을 고려해 최선의 의료행위를 선택할 권리(자기결정권)를 침해하고, 생명·신체에 위험 가능성이 낮은 의료행위까지 의사 등에게 독점시키는 것은 과잉금지 원칙에 어긋나고(재판관 조대

현, 이동흡, 목영준, 송두환의 반대의견 참조), 비의료인에의한 의료행위 일체를 범죄로 보고 형사처벌까지 하는 것은 의료소비자의 의료행위 선택권을 침해하여 헌법에 위반된다(재판관 김종대의 반대의견).”는 위헌의견(5인) 다수였고, 오히려 합헌의견 중 1인인 김희옥 헌법재판관은 “의료유사행위 또는 보완대체의학에 의한 치료방법을 연구와 검증을 통하여 의료행위에 포함시키거나 별도의 제도를 두어 국민이 이를 이용할 수 있게 하는 것이 헌법 제36조 제3항의 취지에 보다 부합한다.”고 하면서 제도개선이 필요하다는 취지의 보충의견을 밝히기까지 하였습니다.[1)]

이후 9년이 지난 지금까지 입법부와 행정부는 침구사들의 기본권을 보장하기 위한 아무런 대체입법 및 제도개선을 하지 않고 있는 실정으로 다시금 헌법재판소가 국민의 기본권을 보장하는 적극적인 결정이 필요한 시점입니다. 이하 이 사건 법률조항이 ‘위헌’인 이유에 관하여 상술하고자 합니다.

3. 심판대상조항의 위헌성

가. 죄형법정주의의 명확성 원칙 위반

1) 관련 법리

헌법 제12조 및 제13조를 통하여 보장되고 있는 죄형법정주의의 원칙은 범죄와 형벌이 법률로 정하여져야 함을 의미하며, 이러한 죄형법정주의에서 파생되는 명확성의 원칙은 법률에서 처벌하고자 하는 행위가 무엇이며 그에 대한 형벌이 어떠한 것인지를 누

1) 중 제1호증 무면허 의료행위의 규제에 관한 고찰, 중 제3호증 침사 혹은 구사 등의 자격증만 가지고 ‘침’ ‘뜸’ 혹은 ‘혈자리 자석’ 등을 종합시술하는 ‘대체의학’ 등을 통한 무면허 의료행위를 금지 및 처벌하는 ‘의료법’ 및 ‘보건범죄단속에관한특별조치법’ 등의 위헌 여부에 관한 연구, 중 제7호증 ‘소수의 횡포’ 가능성에 대한 위헌심사- 헌재 2010. 7. 29. 2008헌가19 등(병합)과 관련하여》참조

구나 예견할 수 있고, 그에 따라 자신의 행위를 결정할 수 있도록 구성요건을 명확하게 규정하는 것을 의미합니다(헌재 2004. 11. 25. 2004헌바35, 판례집 16-2하, 381, 391).

법규범이 명확한지 여부는 그 법규범이 수범자에게 법규의 의미내용을 알 수 있도록 공정한 고지를 하여 예측가능성을 주고 있는지 여부 및 그 법규범이 법을 해석 · 집행하는 기관에게 충분한 의미내용을 규율하여 자의적인 법해석이나 법집행이 배제되는지 여부, 다시 말하면 예측가능성 및 자의적 법집행 배제가 확보되는지 여부에 따라 이를 판단할 수 있는데, 법규범의 의미내용은 그 문언뿐만 아니라 입법목적이나 입법취지, 입법연혁, 그리고 법규범의 체계적 구조 등을 종합적으로 고려하는 해석방법에 의하여 구체화하게 되므로, 결국 법규범이 명확성원칙에 위반되는지 여부는 위와 같은 해석방법에 의하여 그 의미내용을 합리적으로 파악할 수 있는 해석기준을 얻을 수 있는지 여부에 달려 있습니다(헌재 2005. 6. 30. 2002헌바83, 판례집 17-1, 812, 821-822; 헌재 2010. 11. 25. 2009헌바27, 판례집 22-2하, 368, 377-378 참조).

2) 이 사건 심판대상조항의 불명확성

이 사건 심판대상조항의 '의료행위' 개념의 불명확성으로 인하여 일상적·상식적으로 널리 민간에 행하여지고 있고 그 사용에 별다른 전문성도 필요 없으며 위험성도 없는 수많은 민간의료행위조차 의사 아닌 사람이 할 경우 처벌받게 되어 일반의 법감정에 현저하게 저촉될 뿐만 아니라, 국가형벌권의 자의로부터 국민의 자유와 안전을 보장할 수도 없게 되고, 법관에게 독단적인 해석의 가능성을 폭넓게 허용하게 되며, 형법의 예견가능성을 통한 내면화와 그에 따른 일반 예방적 기능도 수행하지 못하고 있습니다.

가) 침뜸시술을 일률적으로 무면허 의료행위로 처벌하는 것은 명확성의 원칙에 위배됩니다.

침구요법이란 침이나 뜸 등 여러 가지 방법을 운용(運用)하여 체표 위의 일정한 부위(아시혈, 경혈, 경외기혈)에 물리적 자극이나, 열적인 자극을 주어 생리에 반응을 일으킴으로써 질병을 예방하고, 완화, 치료하는 동양의 비약물적 전통요법을 말합니다. 부항이나 안마까지도 넓은 의미에서 침구요법에 포함될 수 있습니다.

아프게 되면 제일 먼저 손이 가서 아픈 곳을 만져주고, 쓰다듬고, 주무르고, 긁어주고, 눌러주고, 꼬집고, 찔러주고, 두드리기도 합니다. 필요에 따라서는 누르거나 찌르는 도구를 활용하기도 하고, 신체에 온열을 가하기도 하면서 신체의 병고(病苦)를 덜고, 건강관리를 하는 요법으로 발전시켜온 오랜 역사가 있습니다. 이러한 것이 침뜸요법(이하 침뜸은 침구와 같은 의미임) 으로 정착되어 왔고, 대부분의 방법이 의료인이 생기기 훨씬 이전부터 민간에서 널리 전수되어 왔으며, 자연의 생태계와 같이 다양한 형태로 발전시키며 활용되어온 방법들입니다. 침구요법이 이렇게 선사시대부터 전해 내려온 전통적 민간의술이라는 특성에 따라서 누구나 해도 안전하고, 약간의 주의사항을 함께 익히면 활용하여 효과를 볼 수 있는 부분이 대단히 많을 수밖에 없습니다.

널리 민간에서 전통으로 전수되어 활용되어온 의술은 '생활의술', '민간의술', '자연의술' 등으로 불리어집니다. 침뜸의 경우도 생활침뜸의 저변 위에서 전문의술, 학문의술, 직업의술, 제도의술, 고급의술로 발전하여 전문적 성격의 침뜸이 생겨나왔다고 볼 수 있습니다. 전문화된 침뜸요법도 다시 민간으로 널리 전해지며 생활침뜸으로 활용되기도 하면서 발전에 발전을 거듭하기도 합니다. 더구나 도구의 발달로 침을 놓거나 뜸을 하는 방법에 있어서도 혁신이 이루어지고, 이에 따라 물리적 자극이나 온열자극을 더욱 안전하면서도 손쉽게 할 수 있는 쪽으로 발전해 왔으며, 앞으로도 이러한 방향으로 나아갈 것입니다.

침뜸요법의 이러한 특성에 따라서 이를 일률적으로 의료행위로 규정하여 금지하도록 하는 것은 사실상 불가능하다고 판단하여, 현행 의료법에서 포괄하지 못하고 있는 의료유사행위나 대체의학적 치료방법에 대해서는 별도의 법률을 제정하도록 해야 한다는 의견들이 기존의 헌법재판관들이나 과거 정부당국, 관련 전문가들 사이에서 제기되어 온 것입니다.

여러 가지 형태의 침구요법 중에 구체적으로 어떤 행위가 의료행위로 처벌이 되는지에 대한 구체적인 규정이 법률에 명시되어 있지 않은 상태에서 민간에서 다양한 형태로 전수되어 내려온 모든 방식의 침뜸시술을 일률적으로 무면허 의료행위로 처벌하는 것은 명확성의 원칙에 위배됩니다.

또한 이 사건 법률 조항으로 인하여 민간에서 경제적 이해와 전혀 관계없이 오직 병고를 덜어주겠다는 생각으로, 물리적 자극(침을 포함한 각종의 자극기구)이나 열적 자극(뜸)을 하여 체기를 내리고 건강을 관리해 주던 우리의 부모와 이웃과 선조들까지 범죄자로 취급되어야 할 지경입니다.

나) '(한방)의료행위' 개념의 불명확성

의료법이 규정하고자 하는 '의료' 개념에 상식적이고 합리적인 제한을 가할 수밖에 없습니다. 즉, 의료인이 아니면 의료행위를 못하게 한 취지에 비추어 보면, 의료법에서의 '의료'란 모든 치료행위를 말하는 것이 아니고, 의료인이 그에 대하여 능통하고 의사들이 아니면 잘 할 수 없으며 의사 아닌 사람이 사용할 경우 환자의 건강을 오히려 악화시킬 위험이 있는 행위에 국한시켜야 하는 것입니다.

현행 의료법이 아무런 제한 없이 모든 의료에 대하여 의사 아닌 자의 의료행위를 금지·처벌하고 있는 것은, 결국 금지되는 의료행위의 개념을 구체적으로 명확하게 정의하지 아니함으로써 범죄의 구성요건을 불확정·불명확하게 한 결과 죄형법정주의의 원칙인 법률명확성의 요구에 반한다고 할 것입니다.

더구나 '한방의료'라는 개념은 더욱 불명확합니다. 법률로 정해진 개념이 아니라 유

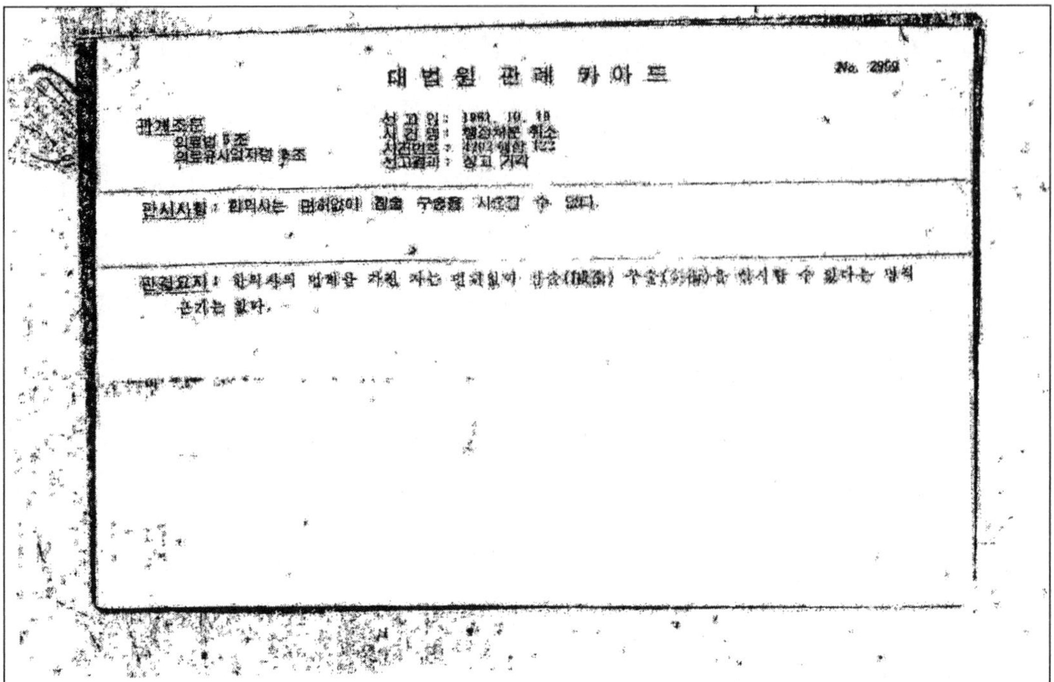

대법원 판례 카아드 No2959
관계조문: 의료법 5조
의료유사업자령 2조
선고일: 1961, 10.10
사건명: 행정처분 취소
사건번호: 4292행상122
선고결과: 상고기각

판시사항: 한의사는 면허없이 침술 구술을 시술할 수 없다.

판결요지: 한의사의 면허를 가진 자는 면허 없이 침술(鍼術) 구술(灸術)을 시술할 수 있다는 근거는 없다.

권해석에 의존하여 판례가 생겨나고, 그러한 유권해석에 의존한 판례가 관행적으로 고착되어 왔습니다.

대법원은 1961. 10. 10. “한의사의 면허를 가진 자는 면허 없이 침술 구술을 시술할 수 있다는 근거는 없다.”고 판시한 바 있습니다(대법원 사건번호 4292행상122) 위 판결 당시 한의사들은 침뜸을 시술할 수 있는 자격이 없었다고 할 수 있습니다. 그런데 어제 어떠한 경로를 통하여 한방의료 개념에 침뜸이 포함되었는지 의아할 수밖에 없습니다.

이에 1988. 8. 29. 대한침구사협회는 한의사의 침구시술허용에 관한 법적 근거를 보건사회부와 법무부 법제처에 질의를 한 바 있습니다. 이 질의에 대한 동년 9. 7. 보건사회부는 "의료법에는 한의사의 침구시술을 허용하는 규정이 없음을 인정한다."면서도, "의료법 시행규칙에 따라 한의사는 침구 시술을 할 수 있다."라고 답변하였습니다.

의료법 시행규칙 제8조와 제30조에에 따르면 한의사 국가시험의 시험과목에 내과학, 외과학, 부인과학, 소아과학, 신경정신과학, 안·이비인후과학, 본초학, 한방생리학, 예방의학 및 보건의약관계법규 등과 함께 침구학이 시험과목에 들어있다는 것이 한의사의 침구시술권을 인정하는 근거라는 것인데, 이는 '법'으로 규정한 것이 아닌 '시행규칙'을 근거로 한 보건사회부의 유권해석에 불과한 것입니다. 법률적 근거가 없는 유권해석을 근거로 한 한의사만이 침구 시술을 독점하게 된 것입니다.

구 보건사회부는 1988. 2. 8. 당시 대한안마사협회의 안마사의 업무 범위에 대한 청원 회신에서 안마사에 관한 규칙 제2조(안마사의 업무범위) 중 '그 밖의 자극요법'에 3호침 이하의 침시술이 포함된다는 내용의 유권해석을 내림으로써 시각장애인 안마사의 침시술을 제도권에 포함시킨 바가 있습니다. 3호침은 지름 0.25mm, 길이 5cm의 침입니다. 지금도 맹인 안마사들은 안마시술 과정에서 3호침을 자극요법의 하나로 관행적으로 사용하고 있습니다.

위와 같은 사정들을 종합하여 보면, 현행 의료법에 의료유사업자인 침사와 구사의 업무로 규정하고 있는 침과 뜸을 '한방의료'에 포함시키고 의료행위와 동일하게 적용하여 이를 위반할 경우 처벌하는 이 사건 심판대상 법률조항은 명확성의 원칙에 위배된다고 할 것입니다.

3) 범죄의 구성요건을 법률이 아닌 시행령에 위임하는 죄형법정주의 위반

헌법 제12조 제1항 제2문과 제13조 제1항 전단에서 밝히는 죄형법정주의는 범죄와 형벌을 입법부가 제정한 형식적 의미의 법률로 규정할 것으로 정합니다.

의료법 제87조, 제27조에 따라 무면허 의료행위로 처벌받는지 여부는 면허의 소지 유무 및 각 면허에서 정한 업무 한계에 따라 결정됩니다. 현행 의료법 제82조는 '안마사에게 의료법 제27조에도 불구하고 안마업무를 할 수 있다.'고 정하고, 동조 제4항에 따라 안마사의 업무한계는 보건복지부령으로 정하고 있습니다. 또한 의료법 제81조는 '이 법이 시행되기 전의 규정에 따라 자격을 받은 접골사, 침사, 구사 등 의료유사업자는 시술을 업으로 할 수 있음'을 정하고, 의료유사업자의 시술행위, 시술업무의 한계 등에 관한 사항은 보건복지부령으로 정하고 있습니다.

이 사건 심판대상 법률조항과 위 규정을 종합하여 보면, '무면허 의료행위'의 대상에 포함되지 않는 침구사 등 의료유사업자와 안마사의 업무범위를 시행령인 보건복지부령으로 정하고 있는바, 이는 구성요건요소를 법률이 아닌 시행령에 위임하는 것으로 죄형법정주의에 위배된다고 할 것입니다.

나. 과잉금지의 원칙 위배

1) 제한되는 기본권 : 비의료인의 직업선택의 자유·행복추구권, 의료소비자의 건강권·의료행위 선택권

모든 국민은 보건에 관하여 국가의 보호를 받을 권리가 있고, 헌법 제10조에 따라 자신의 행위를 스스로 결정할 수 있는 자기결정권이 있으므로, 원칙적으로 국민 스스로가 경제성과 접근성을 고려한 최선의 의료행위를 선택할 권리가 있습니다. 의료인이 아닌 자의 의료행위를 금지하는 의료법 제25조(현 의료법 제27조) 의료면허제도는 일정한 영역에서 의료에 관한 지식과 기능을 가지고 있지만 국가가 인정하는 의료인의 자격을 갖추지 못한 비의료인이 의료행위를 개인의 경제적 소득활동의 기반이자 자아실현의 근거로 삼으려는 자유, 즉 직업선택의 자유를 제한합니다(헌재 2002. 12. 18. 2001헌마370, 판례집 14-2, 882, 886-887 참조).

또한 이 사건 법률조항은 비의료인의 행복추구권(일반적 행동자유권)을 제한합니다. 인체와 경혈의 원리를 이해하고, 종래 민간에서 널리 전수되고 시행되어 온 침·뜸의 원리와 시술에 관한 지식을 습득하고, 이를 바탕으로 스스로의 건강을 지키고 가족과 이웃의 건강을 돌보는 것은 그 자체가 인간의 생존본능이자 당연히 누려야 할 천부적 권리라고 할 수 있습니다. 비의료인도 가족, 친지는 물론 타인의 건강을 지키고 질병을 치료하는 행위를 통해서 행복을 추구할 권리가 있는데, 이 사건 법률조항은 이를 제한하고 있는 것입니다.

인간의 생명권은 가장 우선적으로 보호되어야 할 가치입니다. 제도권 의료인들로부터 치료가 불가능하다는 판단을 받은 환자가 비록 의사면허는 없지만 자신의 질병에 대하여 특별한 치료술을 가진 자로부터 치료받을 권리를 박탈할 수는 없습니다. 이를 박탈하는 것은 환자에 대하여는 인간의 존엄과 가치의 기초가 되는 생명권을 침해하는 것이 되고, 환자의 치료받을 권리 및 치료수단의 선택권을 박탈하는 것이 됩니다. 따라서 이 사건 법률조항은 국민이 건강을 위하여 의료행위를 선택할 수 있는 권리, 즉 의료소비자인 국민의 자기결정권을 제한합니다.

결국 현행 이 사건 심판대상조항은 환자(국민)에 대하여 인간의 존엄과 가치의 기초가 되는 생명권, 건강권, 보건권, 환자의 치료받을 권리 및 치료수단의 선택권을, 그리고 의료제공자에 대하여는 직업선택의 자유, 행복추구권의 본질적 내용을 제한합니다.

2) 과잉금지의 원칙 위반 여부

가) 침해의 최소성 위반

입법자는 공익실현을 위하여 기본권을 제한하는 경우에도 공익을 실현하기에 적합한 여러 수단 중에서 되도록 국민의 기본권을 최소한도로 제한하는 수단을 선택하여야 하므로, 의료면허제도를 설정함에 있어서도 비의료인의 행복추구권과 의료소비자의 의료행위 선택권을 필요최소한의 범위 내에서 제한하여야 합니다.

모든 국민이 수준 높은 의료 혜택을 받게 함으로써 국민의 건강을 보호하고 증진하기 위하여는(의료법 제1조), 국가는 의료행위의 태양이나 생명·신체에 대한 위험성에 따라 다양한 의료인의 자격을 설정함으로써, 의료소비자인 국민으로 하여금 적정한 비용이나 접근성에 맞는 의료행위를 선택할 수 있게 해야 합니다. 만일 개개 의료행위에 필요한 지식과 기술의 정도나 그 위험성 등을 고려함이 없이 비의료인에 의한 의료행위 전부를 일률적·전면적으로 금지한다면, 국민에 대하여 의료행위의 선택가능성을 좁게 함으로써 오히려 이들의 생명·신체에 대한 위해발생을 방지하고자 하는 입법목적과는 반대의 결과를 가져올 여지도 있습니다.

침구는 생명·신체에 대한 위험성이나 부작용에 있어서 통상의 의료행위와 비교가 될 수 없을 만큼 낮습니다. 청구인들이 활동하는 '모듬살이연대'가 2005년경부터 14년째 침뜸 봉사활동을 해왔는데 단 한 건의 사고도 없었다는 사실도 침구의 안전성을 뒷받침합니다. 그럼에도 불구하고 이러한 의료행위까지 한의사에게 독점시키는 것은 국민에 대하여 그들의 생명·신체에 대한 위해발생을 방지한다거나 건강권을 최대한 보장하는 수단이라고 할 수 없습니다.

이 사건 법률조항들의 입법목적을 달성하면서도 국민의 의료행위 선택권을 덜 침해하는 수단은 얼마든지 상정할 수 있습니다. 독일은 치료사, 미국의 일부 주들은 침술사, 일본은 의업유사행위자로서 안마마사지지압사, 침술사, 구사, 유도정복사 등을 인정하고 있습니다. 이와 같이 보건위생상 위해가 생길 우려가 있지만 의사면허를 취득할 정도의 전문적인 지식과 기술이 필요하다고 보기 어려운 행위에 대하여 의사의 면허보다 낮은 수준의 의료기능만으로도 자격을 취득하고 그 범위 내에서 의료행위를 시행할 수 있도록 허용함으로써, 이 사건 법률조항들의 입법목적을 달성하면서도 비의료인의 행복추구권 및 국민의 의료행위 선택권을 최대한 보장할 수 있는 것입니다. 현행 의료법 제81조는 "이 법이 시행되기 전의 규정에 따라 자격을 받은 접골사, 침사, 구사(이하 '의료유사업자'라 한다)는 제27조에도 불구하고 각 해당 시술소에서 시술을 업으로 할 수 있다."고 규정하고 있는바, 위 조항의 의료유사업자에 "보건복지부장관이 실시하는 침구사 자격시험에 합격한 자"를 포함시켜 침구를 행할 수 있는 의료유사업자를 인정하게 할 수 있습니다.

그럼에도 불구하고 생명·신체나 공중위생에 대한 위해발생 가능성이 낮은 침뜸행위까지도 전면적·일률적으로 의사, 한의사 등에게 독점시키는 것은 비의료인의 행복추구권과 국민의 의료행위 선택권을 지나치게 제한하는 것으로서, 최소침해성의 원칙에 반합니다.

나) 법익균형성 위반

생명·신체나 공중위생에 대한 위해발생 가능성이 낮은 의료행위까지도 전면적·일률적으로 한의사 등에게 독점시킴으로써 얻을 수 있는 공익은 다소 추상적인 반면, 이 사건 법률조항들에 의해 제한되는 비의료인의 행복추구권과 의료소비자의 의료행위 선택권은 구체적이고 현실적입니다.

제도권 의료인들로부터 치료가 불가능하다는 판단을 받은 환자가 비록 의사(의과대학을 졸업하고 국가시험에 합격하여 면허를 받은 의사, 치과의사 및 한의사를 포함)면허는 없지만 자신의 질병에 대하여 특별한 치료술을 가진 자로부터 치료받을 권리가 있습니다. 그럼에도 불구하고 환자의 의료행위 선택권을 박탈하는 것은 환자에 대하여는 인간의 존엄과 가치의 기초가 되는 생명권을 침해하는 것이 되고, 환자의 치료받을 권리 및 치료수단의 선택권을 박탈[2)]하는 것이 됩니다. 또한 무면허 의료제공자에 대하여는 자아실현의 기회를 박탈한다는 점에서 헌법 제10조의 행복추구권을 제한한다고 할 것이고, 무상의 봉사활동으로 그러한 의료서비스를 제공할 경우 더욱 그러합니다.

사람의 생명, 신체나 공중위생에 대하여 위해를 발생케 할 우려가 있는 사이비 의료행위를 방지하여야 하는 것은 당연합니다. 그러나 이러한 목적 달성을 위하여 치료결과가 좋든 나쁘든 예외 없이 모든 무면허 의료행위를 금지하는 규제방법은 '대안이 없는 유일한 선택'이지도 않고, 비례의 원칙에 부합하지도 않습니다.

즉, 의료법이 무면허 의료행위 제한에 일정한 예외를 두거나 무면허 '의료행위'의 의미를 좁게 규정하더라도 사이비 의료인들은 형법상 업무상 과실치사상죄나 사기죄 등으로 처벌할 수 있고, 그러한 규정이 부족하다면 의료무능력자인 사이비 의료인의 행위를 가중처벌하는 규정을 두고 법령을 집행하면 될 것인데, 이 사건 심판대상법률조항처럼 모든 무면허 의료행위를 일률적·전면적으로 금지하는 규제방법은 의료능력이 있는 사람의 의술까지 사장시키게 되고(이는 의료제공자의 행복추구권을 침해합니다.) 반사적으로 환자의 생명권, 건강권, 치료받을 권리 및 치료수단의 선택권 등을 침해한다는 점에서 이 사건 법률조항들은 법익의 균형성도 갖추지 못하였다고 할 것입니다.

다) 소결

이 사건 법률조항들로 인하여, '사람의 생명·신체나 공중위생에 대한 위해발생 가능성이 낮은 의료행위'에 대하여 이에 상응한 적절한 자격제도를 마련하지 아니한 채 비의료인에 의한 의료행위를 일률적으로 금지하는 것은 과잉금지원칙에 위반하여 비의료인의 행복추구권 및 의료소비자의 의료행위 선택권을 침해하는 것으로서 헌법에 위반된다고 할 것입니다.

2) 기존 제도권 의료인들이 더 이상 치료하지 못하는 이상 유일한 치료수단을 막는 것은 치료받을 권리 및 치료수단의 선택권을 '제한'하는 것이 아니라 '박탈'하는 것입니다.

다. 위헌 여부에 대한 결정을 함에 있어서 고려할 사항

1) 침뜸은 민족의 공동자산이라는 점

생명은 생명을 낳고, 낳은 생명은 스스로를 지키며 건강하게 살아가고자 합니다. 인류는 험난한 환경 가운데서 자연의 이치를 터득하여, 이를 생명과 건강을 지키는데 적극 활용해 왔습니다. 태초의 의료는 이렇게 생명을 낳고, 건강을 지키고자 하는 데에서 생겨났습니다.

침뜸은 바로 이러한 과정에 생겨난 자연요법입니다. 그만큼 역사도 길고 민간에서 광범하게 활용되어온 전통문화입니다. 침뜸은 민족 구성원들 모두가 생활의술로 널리 활용해 왔습니다. 민족적 공동자산이라고 할 수 있습니다(증 제4호증 전통 침구의 단절과 침구사의 존립 양상 – 원로 침구사의 경험과 인식을 중심으로 참조).

민족적 공동자산을 특정집단의 전유물로 하고 나머지 사람들이 이를 향유하는 것을 금지·처벌하는 것은 정당성이 없습니다.

2) 한의사의 침구독점은 부당하였다는 점[3)]

해방 후 한국정부가 제정한 최초의 의료관계법은 1951년에 공포된 국민의료법입니다. 이 법률은 의사·치과의사·한의사 등을 의료업자로 규정하고, 이들 의료인과는 별도로 접골·침술·구술·안마술업자 등을 '의료유사업자'로 정했습니다. 당시 보건사회부가 의료유사업자제도에 대한 부령을 제정하지 않아 침구사가 배출되지는 않았지만, 1950년대 국민의료법 입법과정에서 한의사들은 침구사제도 존속에 대하여 별다른 의견제시가 없었고, 침구는 한의사의 영역도 아니었습니다. 1962년까지 실시되었던 한의사 자격 검정시험 과목은 첩약조제 관련 과목으로 구성되었을 뿐 침구 관련 과목은 포함되지

3) 증 제10호증 사단법인 허임기념사업회, 침구사 양성을 통한 의료일원화 추진 정책제안 참조

않았습니다. 한의사협회 회장까지 지낸 바 있는 원로 한의사 배원식도 자신은 침구학에 대해 알지 못하며, 일평생 침구를 행한 적이 없고 면허 취득 당시 침구시술행위가 검정과목에서 제외되어 침구시술을 행할 자격도 없다고 밝힌 바 있습니다.

1960년대에 이승만 정부가 학생들의 반정부 시위에 의하여 몰락하고 새로 장면 정부가 수립되면서 '민의의 표출'이 자유로워지면서 다양한 조직과 단체들의 민원이 제기되었습니다. 침구를 배웠던 침구학원 졸업생들과 맹인학교 학생들이 침구사 주무부령 제정을 강력하게 요구하였습니다. 맹인들이 생업으로 안마와 침구를 배웠으나 법적 자격을 얻지 못하게 되자 적극적인 행동에 나섰던 것입니다. 연기를 거듭하던 의료유사업자에 대한 부령이 제정된 것은 국민의료법이 제정되고 10년 가까이 지난 1960. 11.이었습니다.

60년대 당시에도 침사 및 구사 자격시험이 시행되기를 고대하는 이들이 있었습니다. 문교당국이 인가한 11개의 침구사 양성기관에서 소정의 교육을 마친 5천여 명의 졸업생들이었습니다. 부령이 제정됨에 따라 이들 졸업생은 침구사가 될 수 있는 길이 열리는 듯 했습니다.

그러나 1961년 5.16군사쿠데타 이후 군사정부의 국가재건최고회의에서 1962. 3. 20. 국민의료법을 전면적으로 개정한 의료법을 만들면서 의료유사업자 제도에 관한 규정을 삭제해버렸습니다. 국민의료법 제59조에 있었던 "종래에 규정된 접골술·침술·구술·안마술업자 등 의료유사업자제도는 주무부령으로서 정한다."는 조문을 없애버린 것입니다. 이미 면허가 있는 의료유사업자만 인정한다는 부칙만 남겨 놓았습니다.

군사 쿠테타로 불법적으로 권력을 찬탈한 국가재건최고회의에서 국민적 의견수렴도 없이 일방적으로 민간침구인들을 제도권으로 수렴하는 절차를 삭제한 것입니다. 이는 민간에서 널리 침구를 해오면서 제도권 침구사로 진입하고자 하였던 국민들을 배제시킨 것이라고 볼 수 있습니다. 침뜸의 기술을 전승하여 오던 사람을 적극적으로 발굴하여 제도권으로 흡수하여 국가 건설의 자산으로 삼아야 할 국가가 국가를 믿고 침구사의

길을 가겠다는 사람들의 길을 봉쇄해 버린 것입니다.[4)]

침구를 전문으로 해 오던 사람들을 배제하고 한약조제를 주로 해오던 한의사에게만 침구를 독점시킨 것 자체가 정당성이 없기 때문에 60여년이 지난 오늘날까지 침뜸에 대한 한의사들의 배타적 독점에 대한 문제제기가 끊임없이 계속되고 있는 것입니다. 한의사협회의 고발이 끊임없이 이어지는데도 국민들은 여전히 침뜸을 다양한 형태로 전수하여 널리 활용하고 있습니다. 이는 국민들의 소리 없는 저항이자 전통침뜸의 탁월한 효과의 반증이라고 할 것입니다.

요컨대, 널리 민간에 전수되어 민족 구성원 모두가 제한 없이 써오던 침뜸을 민간침구인들의 제도권 수렴과정도 없이 일반 국민들도 활용하지 못하도록 하면서 한의사만 배타적으로 독점하도록 한 것은 내용적·절차적으로도 정당하지 못하다고 할 것입니다.

3) 전통침구인이 무시 배제되고, 제도적 차별과 인권침해를 받는다는 점

오랜 역사를 가진 민간전통요법인 침구는 전문직역으로도 발전하여 왔습니다. 조선에서는 세종대왕 때 시행된 침구의(침의) 제도를 오랜 논의 끝에 성종 때 경국대전에 의원시험과 내의원의원시험과 별도로 침구의 시험에 관한 규정을 두고 침의를 선발하여 국가의 보건의료 자원으로 줄곧 활용해 왔습니다.

구한말 현대적 의료기관에서도 침의가 배치되어 있었습니다. 일제도 한방의료를 담당하던 의생과 별도로 침구를 하던 사람들을 침사 구사 등의 의료유사업자로 인정하였습니다. 그런데 해방 후 대한민국은 민간에서 침술과 뜸요법을 전수받아 전국 방방곡곡에서 백성들의 생활 가운데 깊숙이 자리를 잡은 침구를 무시하고, 전통 침구인들을 제도권에서 배제했습니다.

---

4) 수난의 역정-침구술의 법제화를 위하여 - 한국침술연합회 증보 2008

전통 침구인에 대한 무시와 배제로 비제도권에 머물게 된 이들은 한의사와 같은 제도권 직역과 차별을 불러오고, 차별은 인권침해로 이어지게 되었습니다(청구인들은 침구인들에 대한 차별 시정을 요구하기 위하여 국가인권위원회에 진정을 제기하였고, 추후 국가인권위원회의 관련 의견서를 제출할 예정입니다.)

전통침구인을 배제하는 현행 의료법에 의한 인권침해의 피해자는 해당 침구인들에 그치지 않고 그들의 활동으로 도움을 받을 수 있는 의료선택권자인 국민들도 막대한 피해를 보고 있습니다.

4) 의료인 외에도 침구를 널리 활용하도록 하는 것이 세계 보편이라는 점

국가는 국민의 자발적이고 선량한 활동이 생명이나 신체상에 위해를 미칠 가능성이 있다고 한다면 그와 관련된 분야에 소정의 교육을 받도록 하거나, 관련된 부분에 대하여 검증절차를 거치도록 할 수 있을 것입니다. 침구에 관한 전통이 없었던 나라에서 침구를 업으로 하는 경우에도 소정의 신고절차를 거쳐 허용하거나, 관련한 검증제도를 만들어 침구를 의료인 외에도 할 수 있도록 하여 널리 활용되도록 하고 있습니다.

우리와 침구에 대한 전통이 유사한 일본의 경우는 의사들의 시험과목에 동양의학개론이 필수 과목으로 들어 있고, 의료법과 별도로 의업유사행위자로서 안마마사지지압사, 침술사, 구사, 유도정복사 등을 인정하고 침구를 다양한 보건의료형장에서 널리 활용하고 있습니다.

중국의 경우는 위생부(보건복지부에 해당)에서 발급하는 중의침구의사와 별도로 노동부에서 소정의 과정을 마친 사람들에게 보건침구사라는 직역으로 노동허가증을 발급하여 적법하게 국내외에서 취업하여 침술활동을 할 수 있습니다.

독일은 '면허 없이 직업적인 의료행위를 시행하는 것에 관한 법률'(gesetz uber berufsmaßige ausubung der heilkunde ohne bestallung)에 의하여 국가 보건관청

소속 의사가 의사 면허 없이 의료행위를 하고자 하는 자의 자격요건 및 당해 의료행위가 국민건강에 위험이 있는지를 심사하여 치료사(heilpraktiker)로 허가를 함으로써 의사면허가 없는 자도 일정 의료행위를 할 수 있도록 허용하고 있습니다.(헌법재판소 2010. 7. 29.선고 2008헌가19 등 결정 반대의견, 증 제9호증 외국 및 우리나라의 의료유사 운영실태조사 참조).

미국에서도 침구는 의사들이 침구교육과정을 200~300시간만 이수하면 바로 침구를 시술할 수 있고, 의사와 별도로 치료사 형태로 침술사를 인정하여 4만~5만 명의 침구사가 활동하고 있습니다.

최근 의학계의 세계적 트랜드는 통합입니다. 중국과 일본은 통합이 이미 보편화되는 추세이며 영국, 독일, 프랑스와 미국 등 현대의학의 본고장인 서구 선진국의 의학계도 침구효능을 인정하고 많은 의사들이 침을 배워 현대의료의 임상현장에서 직접 사용하거나, 침구사를 의료인과 별도로 양성하여 침구시술을 하도록 허용합니다. 그러나 우리나라는 치료의 효율성보다 이익집단의 영역다툼에 밀려 양한방의 영역을 구분하고 갈등의 골만 높여가고 있습니다. 하루빨리 침구사를 양성하여 양방과 한방 등 모든 보건의료현장에서 널리 고용하여 활용하도록 하는 것이야 말로 글로벌 보편성에 부합하는 일일 것입니다.

이와 같이 해외에서 의료인 자격이 없는 사람들이 아무런 문제없이 침뜸시술을 행하고 있는바, 유독 우리나라에서만 비의료인에게 침뜸 시술행위를 제한하는 것은 납득하기 어렵습니다.

5) 한국인 침구사들이 해외에서는 널리 인정받고 있다는 점

'접골사 · 침사 · 구사 · 안마사자격시험규정' 제3조 제1항 제2호에는 '보건복지부장관이 인정하는 외국의 의료유사업자양성기관에서 접골술, 침술 또는 구술에 관한 소정의 과정을 수료하고 자격증 또는 면허증을 받은 자'를 한국의 침사 구사 시험 응시 자격이 있다고 규정하고 있습니다. 하지만 보건복지부가 국내에서 침사나 구사 양성기관도 지정하지 않고, 자격시험을 시행하지도 않음으로 인하여 침구사라는 직업선택의 자유를 찾아 외국으로 나갈 수밖에 없습니다. 할 수 없이 많은 시간과 비용을 들여 다른 나라의 침구사 양성기관에서 교육을 받고, 그 나라의 침구사 자격증을 소지 하게 됩니다. 하지만 또 고국으로 돌아와 이를 활용하며 살고 싶어도 그럴 수가 없습니다.

외국에 나가서 그 나라의 침구사 자격을 취득했지만 한국에서는 침구사 자격시험이 시행되지 않으니 다른 나라에서 받은 침구사 양성교육과 자격증을 인정받을 수 있는지 문의조차 할 기회가 없게 됩니다.

직업선택의 자유와 거주이전의 자유는 동전의 양면처럼 함께 붙어 다닙니다. 사람이 어떤 곳에서 산다는 것은 단순한 거주공간만 의미하지 않고 거기서 어떤 일을 하며 삶의 가치를 실현할 것인가 하는 것과 밀접히 연관되어 있습니다.

침구사로서 이웃의 건강을 돌보며 고국에서 살고 싶은데도 한국은 그렇게 할 수 있는 기회를 주지 않고 있습니다. 보건복지부는 직업선택의 자유를 봉쇄함으로써 고국에서 살 수 있는 권리도 앗아 갑니다. 대한민국 국내에서는 무시되고 배제되었던 한국의 전통침구인들이 해외에서는 곳곳에서 인정을 하고 환영을 받으며 훌륭하게 활동하고 있고, 침구불모지도 개척하고 있습니다.

스페인에서는 한국인 침구사 300여명이 당국의 아무런 제한 없이 침술활동을 영위하고 있고, 이들 가운데는 침구사협회를 창립하여 스페인 사람들에게 침구를 교육하여 불모지를 개척해 오고 있고, 지금은 중국과 일본 등의 침구인들이 경쟁적으로 자국의 침구를 전파하여 스페인에는 2만여명의 침구사들이 활동하고 있는 것으로 알려져 있습니다. (증 제11호증 스페인 침구사 인터뷰 참조).

무료봉사로 단지 침뜸을 해줬다는 이유로 고발을 당하고 반복적으로 형사적 재판을 받고 있는 청구인 이상진과 동일하게 한국에서 민간 침구교육기관의 침구교육을 받은 증서를 가지고 필리핀에서는 침구병원을 개원 허가를 받아 침구를 전파하며 침술원을 운영하고 있습니다(증 제12호증 한국인 침구사의 필리핀 내 직업 침구사로서 10년의 기록 참조).

러시아 사할린에서는 한국 침구인이 주립 의료기관의 도움요청까지 받으며 침뜸으로 인술을 실천하고 있습니다. (증 제13호증 오마이뉴스, 2019. 5. 3. '[민병래의 사수만보] 사람 살리는 데 면허가 전부는 아닙니다.'기사 참조)

6) 한의사의 침구 독점은 국민 대다수의 이익에 반한다는 점

국회 입법조사처장을 지낸 바 있는 임종훈 홍익대학교 법대 교수는 2010년 헌법재판소의 침구 관련한 판결에 대하여 "'소수의 횡포' 가능성에 대한 위헌심사 - 헌재 2010. 7. 29. 2008헌가19 등(병합)과 관련하여"라는 제목의 연구논문을 발표했습니다(증 제7호증). 여기서 임 교수는 소수로 구성된 이익집단과 국민 대다수의 이익이 상충하는 사례인 침구사법이 헌법재판소에서 다루어졌다고 풀이했습니다.[5] 침뜸과 관련해서는 소수의 이익집단인 한의사협회와 국민 대다수의 이익이 상충하는 사안이라는 것입니다.

임종훈은 2008년 국회입법조사처장으로 재직하고 있을 당시에 쓴 "입법과 경제적 효율성 - 침구사제도의 입법에 관한 비교제도분석을 중심으로"라는 논문(증 제8호증)에서도 '소수의 횡포'에 의해 침구사 제도가 시행되지 못하고 있음을 연구해 밝힌 바 있었습니다.[6] 이 논문에서 임종훈은 "국회는 대의제민주주의 원리에 충실하게 국민 다수의 뜻을 반영하여 입법을 하여야 하나, 적지 않은 경우 국회는 국민다수의 뜻보다는 잘 조

5) 《'소수의 횡포' 가능성에 대한 위헌심사- 헌재 2010. 7. 29. 2008헌가19 등(병합)과 관련하여》 임종훈, 홍익법학, 13 권 4 호, 2012 홍익대학교 법학연구소

6) 《입법과 경제적 효율성 - 침구사제도의 입법에 관한 비교제도분석을 중심으로》 임종훈, 홍익법학 10 (2), 홍익대학교 법학연구소 2009.06

직화된 소수 이익집단의 입장을 대변하는 입법을 하고 있다."고 밝혔습니다. 다수 국민의 희생 하에 소수 이익집단의 이익을 대변하여 법률 추진이 가로막힌 대표적 사례로 침구사법을 들고 있습니다.

임종훈은 침구사를 별도로 양성하는 입법을 추진할 경우, 국민의 대다수가 이익을 보지만 그 이익의 정도가 개인별로는 얇기 때문에 개인별 이익의 정도가 두터운 한의사 집단의 정치적 영향력에 의해 침구사법의 입법추진이 좌절되어 왔다는 것입니다.

한의사의 침구 독점은 국민의 대다수의 이익에 반함에도 불구하고 한의사 집단의 집요한 반발 때문에 해소되지 못하고 있는바, 헌법재판소 결정을 통하여 국민의 건강권을 도모할 필요성이 긴요합니다.

7) 한의사의 침구 독점으로 국가적 침구술 경쟁력이 퇴보하고 있다는 점

북한, 중국, 일본 등은 민간침구인들을 적극적으로 제도권으로 수렴하여 이를 바탕으로 전통의 침뜸술을 발전시키고 있고, 양한방의 모든 보건의료 현장에서 널리 활용하고 있습니다. 중국은 중의와 양의를 포함한 의사는 물론이고 조리의사와 조산원까지도 침술을 활용하고 있습니다. 중국과 일본은 2~3년의 교육을 통해 수많은 침구사들을 전 세계로 배출하여 국제침구시장을 경쟁적으로 선점하고 있습니다(증 제4호증 전통 침구의 단절과 침구사의 존립 양상 - 원로 침구사의 경험과 인식을 중심으로, 증 제5호증 민족의학 그리고 남북 전통의학 교류, 남북 민족의학 통합, 시너지 대단할 것 참조).

우리나라의 경우는 해방 이후 전통적 침구인이 한 번도 제도권으로 수렴되지 못한데다가 민간 침구인을 무면허라며 지속적으로 단속만 해왔습니다. 민간에서 널리 침뜸을 전수받아 활용해 오고 있는 침뜸 전승자들을 제도권으로 수렴하지 않았으니 우리나라 침뜸술은 퇴보할 수밖에 없었던 것입니다.

우리나라 침구술은 이를 독점하고 있는 한의사의 실력에 좌우될 수밖에 없는 구조인데 한의대에서 침뜸 관련 교육시간이 30시간에 불과하다는 주장이 나와 논란이 된 적도 있습니다. 한의사협회는 무면허 의료행위로 고발하고 있는데 일선 한의사들은 개별적으로 한의사 면허가 없는 민간 침구인들을 찾아다니며 고액의 개별과외를 받고 있는 역설적인 상황입니다.

이 사건 법률조항이 위헌으로 선언되면 침구사 제도가 도입되어 기존에 봉사활동으로 침구를 행하여 온 사람들뿐만 아니라 유능한 인재들이 침구 영역에서 기량을 마음껏 펼칠 수 있습니다. 침구 영역 활성화·대중화로 국민 건강이 향상될 수 있을 뿐만 아니라 전세계에 우리 침구술이 널리 보급되고 외화획득, 일자리 창출의 이득도 발생하는 것입니다.

8) 침뜸은 의료유사업자의 행위로서 간호조무사나 안마사에 준하는 위상이라는 점

의료유사업자에 관한 규정이 법령상 간호조무사 위상 정도로 규정되었습니다. 침사와 구사에 관한 업무규정은 1973년에 '간호보조원·의료유사업자 및 안마사에 관한 규칙'[7]에 간호조무사와 안마사의 업무와 함께 침사와 구사의 업무에 관해 명시하고 있습니다. 이 법령에서 안마사 부분은 '안마사에 관한 규칙'이 별도로 제정되면서 삭제되었고, 침사와 구사에 관한 규정은 현재의 법령집에도 '간호조무사 및 의료유사업자에 관한 규칙'[8] 가운데 엄연히 별도로 자리잡고 있습니다. 즉 "③ 침사는 환자의 경혈에 대하여 침시술행위를 하는 것을 업무로 한다. ④ 구사는 환자의 경혈에 대하여 구시술 행위를 하는 것을 업무로 한다."고 되어 있는 것입니다.

이상으로 볼 때 침사와 구사의 업무는 안마사와 마찬가지로 별도로 독립할 수 있는 의

7) [시행 1973.10.31.] [보건사회부령 제428호, 1973.10.31., 제정]
8) [시행 2017.5.30.] [보건복지부령 제497호, 2017.5.30., 타법개정]

료유사업의 하나임을 알 수 있습니다.

현재의 법령에서도 '접골사 · 침사 · 구사 · 안마사자격시험규정'[9]으로 침사와 구사에 관한 시험규정이 안마사와 같은 법령에 명시되어 있습니다. 간호조무도 안마도 엄연히 별도의 직역으로 존재하듯이 침과 뜸도 굳이 의료인이 행하지 않고도 별도의 직역인 침사와 구사라는 의료유사업자가 할 수 있는 사항입니다. 안마와 나란히 '의료유사행위'로 구분되어 시행되어온 침과 뜸을 의료인인 한의사만이 배타적으로 독점하도록 하는 것은 많은 사회적 논란을 빚으며 60여년 동안 끊임없이 법률적 쟁송의 대상이 되고 있습니다.

간호조무사나 안마사 정도의 교육과정을 이수하면 할 수 있는 침과 뜸을 하는 업종을 별도로 제정하려는 정책을 역대 정부에서 여러 차례 추진한 바가 있었습니다. 하지만 이익집단이 강력하게 진입장벽을 치는 바람에 입법이 이루어지지 못하였을 뿐입니다.

9) 의료유사행위 관련 입법 동향

2007년 「의료법」을 전면 개정하는 과정에서부터 의료유사행위와 관련된 별도 입법이 추진되기 시작했습니다. 이에 따라 한국보건산업진흥원은 2008년 보건복지부 용역으로 '외국 및 우리나라의 의료유사 운영실태조사'를 하여 발표했습니다(증 제9호증).

이 연구용역보고서에서는 현행 '의료유사'의 개념을 존속시킬지 여부에 따른 장단점을 비교하면서 침구 등 의료유사에 대한 자격제도를 명확히 할 것을 제안하고 있습니다. 여기서 제안하는 제도개선 방안은 ① 현 의료유사 개념 폐지하되 개별법으로 추진하는 방안, ② 현 의료유사 개념 폐지하되 치료사 개념으로 의사의 지휘·감독 하에 두는 방안, ③ 현 의료유사 개념을 그대로 유지시키는 방안 등 세 가지로 들고 있습니다.

9) [시행 2013.3.23.] [보건복지부령 제185호, 2013.3.23., 타법개정]

침구를 둘러싼 제도개선 움직임은 그 후에도 여러 형태로 있어왔는데 큰 줄기는 법률체계 상으로 엄연히 존재하는 의료유사업자 문제를 (가칭)「대체의학(alternative medicine)에 관한 법률」을 별도로 제정하여 해소하는 방향으로 흐름이 형성되어 왔습니다.

2010년 헌법재판소가 5(위헌) 대 4(합헌) 의견으로 위헌결정을 위한 정족수에 이르지 못해 위헌결정이 내려지지 않았지만, 위헌 의견을 표명한 재판관이 다수이고 합헌의견 중 1인도 사실상 헌법불합치 내지 입법촉구결정에 버금가는 의견을 밝혔습니다. 이에 따라 침(침사의 업무)이나 뜸(구사의 업무)과 같은 유사의료행위를 포함하여 보완대체의학에 대한 새로운 입법이 필요하다는 주장이 활발하게 제기되었습니다.

그 일환으로 국회입법조사처가 발표한 2011 국정감사 정책자료에서는 ‘침 뜸 시술자격 제한 완화’에 관한 제도개선 방안을 내놓고 있는데, 구체적으로 자연요법, 침이나 뜸 등의 치유기술을 제도권 내로 편입 활성화시킬 제도로 (가칭)「대체의학(alternative medicine)에 관한 법률」제정을 검토할 필요가 있다고 밝혔습니다.

2014. 6.에는 한국보건산업진흥원이 국무총리실 민관합동규제개선추진단에 『보건의료산업 시장분석 및 규제개선방안에 관한 연구』제목의 최종보고서를 제출하였는데, 보건의료산업 규제개선의 주요과제 하나로 ‘대체의학의 합법화’를 명시하고 이와 관련한 ‘대체의료서비스 국내 동향 및 개선방향’을 제시했습니다(증 제10호증 사단법인 허임기념사업회 침구사 양성을 통한 의료일원화 추진 정책제안 제11면 내지 제14면 참조).

이에 따르면 “일본, 중국, 미국, 독일 등은 침구, 안마, 접골, 카이로프랙틱 등과 같은 행위를 법제도와 실제 생활에서 인정하고 있고, 정통의학과 유사한 수준의 체계화된 교육과정과 면허제도를 갖추고 대체의료 관련 자격을 관리하고 있다.”고 전하고, 반면 국내에서는 대체의료서비스 행위 자체가 무면허 의료행위로 처벌받고 국가공인 자격제도 신설도 현행법 체계 하에서는 불가하여 대체의료서비스 활성화에 걸림돌로 작용하고 있음을 지적했습니다.

10) 무료 침뜸 봉사활동을 처벌하는 것이 부당하다는 점

국가는 국민의 자발적이고 선량한 활동이 생명이나 신체상에 위해를 미칠 가능성이 있다고 한다면 그와 관련된 분야에 소정의 교육을 받도록 하거나, 관련된 부분에 대하여 검증절차를 거치도록 할 수는 있을 것입니다. 침구에 관한 전통이 없었던 세계 여러 나라에서도 침구와 관련한 제도를 만들어 널리 활용해 나가고 있습니다. 침이나 뜸으로 생명과 건강에 도움을 줄 수 있는 능력을 갖추고 있는지에 대한 검증방법이 없는 것도 아닌데도 이를 시행하지 않고, 국민이 이러한 능력으로 가족과 이웃의 생명과 건강을 돌볼 수 있는 기회 자체를 봉쇄하는 것은 행복추구권을 부정하는 것일 뿐만 아니라, 국민의 생명권과 건강권을 오히려 침해하는 것이라 할 것입니다.

헌법 전문에 명시된 바와 같이 각인의 기회를 균등히 하고, 능력을 최고도로 발휘하도록 하기 위해서는 국민이 자발적으로 나서서 자신과 가족과 이웃의 생명과 건강을 위해 행하는 자원봉사활동을 처벌만 할 것이 아니라, 자원봉사활동을 잘 할 수 있도록 합당한 제도를 마련하는 것이 국가가 해야 할 일이라고 할 것입니다.

의료는 본래 인간이 생활하는 곳이면 발생하는 일상적 현상임에도 불구하고 의료행위를 모두 국가권력에 의하여 규제하고, 의료인이라는 신분을 위주로 무면허 의료행위를 규율하다 보니 행위와 수단의 차원에서 의료인이 완전히 배타적으로 독점해야 할 이유가 충분하지도 않은 상황에서 의료인이 아니라는 이유로 처벌되는 불합리가 있습니다.

모듬살이연대 건강나눔터 봉사에 참여하는 사람들은 대부분 65세 이상의 은퇴자들로서 전직 공무원, 기업체 임원, 교사 등 학력 수준이 상대적으로 높고 경제적으로도 안정된 생활을 하고 있는 사람들입니다. 은퇴 후 평생교육원에서 1년간 교육을 받고 자신의 건강을 돌보면서 가족과 이웃을 도와줄 수도 있다면 보람된 노후를 살 수 있겠다는 생각으로 봉사활동을 시작한 분들입니다. 이들은 직접 회비를 내고 점심식사는 각자의 경비로 해결합니다. 봉사가 끝난 후에는 청소까지 깨끗하게 한 후 '오늘 하루도 참 행복했다'고 말하며 집으로 돌아갑니다.

침뜸 시술을 받고자 모듬살이연대에 방문하는 사람들도 연세가 많으신 분들로서 퇴행성질환, 성인병, 젊었을 때의 심한 노동으로 인한 근골격계 통증, 암 수술 후 건강관리 등 일상적인 통증으로 어려움을 겪는 사람들입니다. 신체적 고통을 조금이나마 덜고자 하는 분들입니다.

침뜸 봉사자들은 침뜸 시술을 받으면서 그 효능에 감탄하여 우선 본인의 건강을 지키고자 침뜸을 배우고, 자신과 같이 나이가 들어 일상적인 통증으로 고통을 받는 사람들을 돕고 싶다는 순수하고 선한 마음으로 봉사활동에 참여하였습니다. 이러한 사람들을 무면허 의료법위반으로 처벌하는 것이 과연 정당한지 심히 의문입니다.

11) 헌법 제9조의 취지에도 반한다는 점

헌법 제9조 "국가는 전통문화의 계승·발전과 민족문화의 창달에 노력하여야 한다." 라고 규정하고 있습니다. 국가는 민족문화를 창달하여 면면히 이어온 민족의 전통문화를 국민 모두가 향유할 수 있도록 해야 합니다.

뜸은 불을 이용하면서부터 시작되었고, 침은 돌침이나 뼈침 등과 같은 도구를 이용할 때부터 유래된 선사시대 이래의 전통요법입니다. 여러 가지 형태의 열적 자극을 이용하는 자연요법을 뜸이라 하고, 각종의 물리적 자극을 이용하는 건강요법을 침이라 할 수 있습니다. 이러한 자연요법은 생태계의 모습처럼 자극의 정도와 형태와 방법에 따라 수많은 종으로 발전되어 민간 생활에 깊숙이 스며들어 민족의 전통문화로 형성되어 왔습니다.

그러나 이 사건 법률조항들은 민족의 생명과 건강을 지켜온 탁월한 전통문화인 침과 뜸을 계승 · 발전시키지 못하게 하고 있고, 이 법률조항들로 인하여 국가가 오히려 민족의 생명건강문화를 창달하지 못하도록 하는 잘못된 결과를 초래하게 하고 있습니다.

침과 뜸 등이 주류를 이루는 전통민간요법들은 수천년간 우리 민족의 주된 의술로 전승되어 오면서 면허나 자격에 의한 제한 없이 널리 민간에 활용되어온 것들입니다. 그것들은 자연요법으로 방법이 단순하여 거의 위험성이 없는 반면 치료효과는 뛰어납니다. 그럼에도 불구하고 전통 민간의학의 수많은 장점과 치료효과는 외면한 채 극소한 위험성만을 크게 과장하여 무조건 전면 금지하고 처벌하는 것은 불필요한 과잉규제를 통하여 자유와 권리의 본질적 내용을 침해하고 있는 것이라고 볼 수밖에 없습니다.

4. 결 론

생명은 생명을 낳고, 낳은 생명은 스스로를 지키며 건강하게 살고자 합니다. 인류는 험난한 환경 가운데 자연의 이치를 터득하여 이를 생명과 건강을 지키는데 적극 활용해 왔습니다. 침뜸은 이러한 과정에서 생겨난 '자연요법'이자 민족 구성원들 모두가 활용해온 '생활의술'입니다. 민족적 공동자산인 침뜸을 특정집단의 전유물로 하고 나머지 사람들이 이를 향유하는 것을 금지하고 처벌하는 것은 정당성이 없습니다.

여러 가지 침구요법 중에 구체적으로 어떤 행위가 의료행위로 처벌이 되는지에 대하여 명시하지 아니하고 민간에서 다양한 형태로 전수되어 온 모든 방식의 침뜸 시술을 일률적으로 처벌하는 것은 명확성의 원칙에 반합니다.

현행 의료법 제81조의 의료유사업자에 "침구사 자격시험에 합격한 자"를 포함시켜 침구 등을 행할 수 있도록 규정하고 있음에도 정부는 침구사 자격시험을 실시하지 않고 있습니다. 국가가 사람의 생명, 신체나 궁중위생에 대한 위해의 발생 가능성이 낮은 의료행위에 대하여 이에 상응하는 적절한 자격제도를 마련하지 아니한 채, 비의료인에 의한 의료행위를 일률적으로 금지하는 것은 과잉금지원칙에 위반하여 의료소비자의 의료행위 선택권과 비의료인의 직업선택의 자유·행복추구권을 침해하는 것으로, 위헌입니다.

위와 같은 이유로, 의료법 (2016. 5. 29. 법률 제14183호로 개정된 것) 제27조 제1항 및 제87조 제1항 제2호는 명확성 원칙에 위반되고, 비의료인의 직업선택의 자유, 행복추구권 및 의료소비자의 의료행위 선택권을 침해하여 청구인들의 직업선택의 자유, 자기결정권, 행복추구권(일반적 행동자유권)을 침해하고, 헌법 제9조(전통문화의 계승·발전, 민족문화의 창달)를 위반한 위헌적 법률이므로, 이 사건 심판대상법률조항에 대하여 위헌결정을 내려주시길 바랍니다.

증 거 자 료

증 제1호증 무면허 의료행위의 규제에 관한 고찰

증 제2호증 제5장 전통 침구의술의 활성화 방안에 대한 연구

증 제3호증 침사 혹은 구사 등의 자격증만 가지고 '침' '뜸' 혹은 '혈자리 자석' 등을 종합시술하는 '대체의학' 등을 통한 무면허 의료행위를 금지 및 처벌하는 '의료법' 및 '보건범죄단속에관한특별조치법' 등의 위헌 여부에 관한 연구

증 제4호증 전통 침구의 단절과 침구사의 존립 양상 – 원로 침구사의 경험과 인식을 중심으로

1. 증 제5호증 민족의학 그리고 남북 전통의학 교류, 남북 민족의학 통합, 시너지 대단할 것
1. 증 제6호증 무면허 의료행위 형사처벌의 타당성
1. 증 제7호증 '소수의 횡포' 가능성에 대한 위헌심사 - 헌재 2010. 7. 29. 2008헌가19 등(병합)과 관련하여》
1. 증 제8호증 입법과 경제적 효율성 - 침구사제도의 입법에 관한 비교제도분석을 중심으로
1. 증 제9호증 외국 및 우리나라의 의료유사 운영실태조사
1. 증 제10호증 사단법인 허임기념사업회, 침구사 양성을 통한 의료일원화 추진 정책제안
1. 증 제11호증 스페인 침구사 인터뷰
1. 증 제12호증 한국인 침구사의 필리핀 내 직업 침구사로서 10년의 기록
1. 증 제12호증 오마이뉴스, 2019. 5. 3. '[민병래의 사수만보] 사람 살리는 데 면허가 전부는 아닙니다.'

첨 부 서 류

1. 위헌제청신청서
2. 위헌제청신청기각 결정문 및 동 결정의 송달증명서
3. 당해 사건의 판결문
4. 위임장

2019. 7. .

청구인들 대리인
법무법인 향법
담당변호사 이재화
하인준

헌법재판소귀 중

헌법소원 심판청구서 [2019헌마1435]

(2019.12.26)

대리인 : 법무법인 현

담당변호사 김승대 강찬우

헌법소원 심판청구서 [2019헌마1435] (2019.12.26)

청구인　　문기웅 외 2,071명 (청구인 명단은 별지1,2,3 기재와 같음).

대리인　　법무법인 현

담당변호사　김승대, 강찬우

서울 강남구 도산대로 139 제이타워 6층

청구취지

의료법 제27조 제1항, 제87조의2 제2항 본문과 제2호 중 제27조 제1항에 관한 부분은 각 헌법에 위반된다.

라는 결정을 구합니다.

침해된 기본권

헌법 제10조 행복추구권 및 이로부터 파생되는 건강권, 의료행위 선택권, 치료의 자유

헌법 제11조 제1항, 제2항 평등권 헌법 제15조 직업 선택의 자유

헌법 제36조 제3항 국민보건에 관한 국가의 보호 청구권

심판청구의 대상

의료법 제27조(무면허 의료행위 등 금지)

① 의료인이 아니면 누구든지 의료행위를 할 수 없으며 의료인도 면허된 것 이외의 의료행위를 할 수 없다. 다만, 다음 각 호의 어느 하나에 해당하는 자는 보건복지부령으로 정하는 범위에서 의료행위를 할 수 있다.

1. 외국의 의료인 면허를 가진 자로서 일정 기간 국내에 체류하는 자

2. 의과대학, 치과대학, 한의과대학, 종합병원 또는 외국 의료원조기관의 의료봉사 또는 연구 및 시범사업을 위하여 의료행위를 하는 자

3. 의학 · 치과의학 · 한방의학 또는 간호학을 전공하는 학교의 학생

의료법 제87조의2(2019. 8. 27. 법률 제16555호로 신설되어 2019. 11. 27. 발효된 것)(벌칙)

① 생략

② 다음 각 호의 어느 하나에 해당하는 자는 5년 이하의 징역이나 5천만원 이하의 벌금에 처한다.

1. 생략

2. 제12조제2항 및 제3항, 제18조제3항, 제21조의2제5항 · 제8항, 제23조제3항, 제27조제1항, 제33조제2항(제82조제3항에서 준용하는 경우만을 말한다) · 제8항(제82조 제3항에서 준용하는 경우를 포함한다) · 제10항을 위반한 자. 다만, 제12조제3항의 죄 는 피해자의 명시한 의사에 반하여 공소를 제기할 수 없다.

청구 이유

< 목 차 >

마. 일 본

바. 프랑스와 퀘벡

사. 중 국

아. 세계 각국 침구사 제도로부터의 시사점

2. 침구종주국(鍼灸宗主國)인 우리나라의 침구제도의 역사적 현실

가. 세계 최초의 침구술 발원지

나. 조선 초기의 침구의(鍼灸醫) 제도의 정립과 법제화

다. 17세기 조선 침구학의 독보적 발전

라. 일제강점기와 해방 및 군사정부의 침구사 제도 말살 탄압

3. 헌법재판소의 선 결정례와 이에 대한 사정 변경

가. 헌법재판소 선결정례의 요지

나. 헌법재판소 결정 이후의 사정변경

(1) 고령사회의 진입과 1차의료 침구술의 보급 필요성 절실화

(2) 침구교육기관의 합법화와 침구전문인력의 대폭적 증가

(3) 침구 세계화에 따른 우리 국민의 국제적 침구활동의 확대

Ⅰ. 사건의 개요

청구인 문기웅(별지1 기재 순번 93번)등 별지1 및 별지2 기재 1,077인은 적법한 침구학교육단체에서 제공하는 우리나라 고래의 전통의술로서의 침구술 교육을 이수하여 이를 습득하였거나 교육이수 중으로서 습득이 예정된 사람들(이하 '침구인'이라 한다) 이고, 청구인 김다빈 등 별지3 기재 995인은 자신들의 건강을 관리하고 지병을 치료 함에 있어서 경제성과 접근성이 용이하며 치료 효과가 우수한 침구시술에 관심을 가지고 이를 전문 침구인들로부터 합법적으로 시술받고자 하는 사람들로서, 이 사건 심판대상 조항들인 의료법 제27조 제1항과 제87조의2 제1항 제2호가 의료인이 아니면 의료행위를 할 수 없도록 하고 이를 위반한 경우 처벌하되, 일정한 정당한 사유가 있는 경우에는 예외를 설정하여 그 의료행위를 처벌할 수 없도록 규정하는바, 이 조항 들이 적법한 침구학 교육단체에서 침구학을 교육받아 침구시술을 할 수 있는 지식과 기능을 가진 사람이 그 침구시술을 희망하는 국민들에게 침구시술을 할 수 있도록 하 는 예외를 두지 아니한 것은 불완전·불충분·불공정한 차별적 입법으로서 부진정 입법 부작위에 해당하고 이는 위 청구인 문기웅 등 위 청구인 1,077인의 직업선택의 자유 와 평등권 등과 청구인 김다빈 등 위 청구인 995인의 의료행위 선택권, 건강권 및 행 복추구권 등 기본권을 침해하므로 이 조항들에 대하여 2019. 12. 26. 그 위헌을 구하는 이 사건 헌법소원심판을 청구하기에 이르렀습니다.

Ⅱ. 적법요건의 구비

1. 헌법소원 대상성 충족

이 사건 심판대상 조항들은 현재 시행되고 있는 현행의 법률이므로 헌법소원의 대 상이 되는 공권력의 행사에 해당합니다.

2. 권리침해 관련성의 구비

가. 권리침해의 자기관련성

(1) 법 리

청구인은 공권력 작용에 대하여 자신이 스스로 법적으로 관련되어야 합니다. 법령에 의한 기본권 침해의 경우 원칙적으로 동 법령의 규율을 받는 수규자(受規者)가 헌법소원을 제기할 수 있으나, 수규자가 아닌 제3자라고 하더라도 기본권 침해의 특별한 사정이 있으면 자기관련성이 인정됩니다. 법령에 의한 기본권 침해의 경우에 어떠한 경우에 제3자인 청구인의 자기관련성을 인정할 수 있는가의 문제는 무엇보다도 법의 목적 및 실질적인 규율대상, 법규정에서의 제한이나 금지가 제3자에게 미치는 효과나 그 진지성의 정도 등을 종합적으로 고려하여 판단됩니다.

(2) 이 사건에의 적용

청구인 문기웅 등은 적법한 침구학 교육단체에서 제공하는 우리나라 고래의 전통의술로서의 침구술 교육을 이수하여 이를 습득하고 적법한 침구시술을 희망하는 사람들로서 이 사건 법률조항들에 의하여 그 시술행위가 금지되고 처벌되므로 동 조항의 적용을 받고있는 수규자에 해당합니다.

청구인 김다빈 등은 자신들의 건강을 관리하고 지병을 치료함에 있어서 경제성과 접근성이 용이하며 치료 효과가 우수한 침구시술에 관심을 가지고 이를 전문 침구사들로부터 합법적으로 시술받고자 하는 사람들로서 무면허 의료행위를 금지하고 처벌하는 이 사건 조항들에 대한 직접적인 수범자는 아니지만 이로 인하여 전문적 침구사들로부터 침구시술을 받을 방법이 차단되어 자신들의 건강권과 행복추구권 및 특히 국민으로서 당연히 누려야 할 기본권인 의료행위 선택권과 치료의 자유가 심각하게 침해되고 있으므로 기본권 침해의 특별한 사정이 있어서 자기관련성이 있습니다.

나. 권리침해의 현재성

(1) 법 리

청구인은 공권력 작용과 현재 관련이 있어야 합니다. 그러나 헌법재판소는 기본권침해가 장래에 발생하더라도 그 침해가 틀림없을 것으로 현재 확실히 예측될 정도로 기본권 침해 상황이 성숙되어 있다면 기본권 구제의 실효성을 위하여 침해의 현재성을 인정하고 있습니다(상황성숙론).

(2) 이 사건에의 적용

이 사건 법률조항들은 현재 시행 중인 규정들로서 청구인들은 이로 인하여 기본권들이 침해되고 있는 상황에 있습니다. 따라서 권리침해의 현재성이 있습니다. 다만 현재 침뜸교육을 이수 중에 있는 별지1 기재 청구인명단 중 순번 1번 청구인 구본형으로부터 순번 92번 청구인 박기봉에 이르는 청구인 92명은 2019. 12. 28.부터 2020. 6. 9.까지 사이에 침구교육을 이수하고 과정을 수료할 예정이므로 동 교육 수료일에 치료의 자유와 침구사 직업선택의 자유에 대한 기본권 침해가 발생할 것이라고 할 것이나, 이러한 기본권의 침해가 현재 시점에서도 확실히 예상되고 있으므로 이러한 상황성숙에 따라 현재성이 인정된다고 할 것입니다.

다. 권리침해의 직접성

(1) 법 리

법률 또는 법률조항 자체가 헌법소원의 대상이 될 수 있으려면 일반적으로 구체적인 집행행위를 기다리지 아니하고 그 법률 또는 법률조항에 의하여 직접 기본권을 침해받아야 합니다. 따라서 법률 또는 법률조항이 구체적인 집행행위를 예정하고 있는 경우에는 직접성의 요건이 결여됩니다. 그러나 국민에게 일정한 행위의무 또는 행위

금지의무를 부과하는 법규정을 정한 후 이를 위반할 경우 제재수단으로서 형벌 또는 행정벌 등을 부과할 것을 정한 경우에, 그 형벌이나 행정벌의 부과를 위 직접성에서 말하는 집행행위라고는 할 수 없습니다. 국민은 별도의 집행행위를 기다릴 필요 없이 제재의 근거가 되는 법률의 시행 자체로 행위의무 또는 행위금지의무를 직접 부담하 는 것이기 때문입니다. 설령 형벌의 부과를 구체적인 집행행위라고 보더라도, 이러한 법규범을 다투기 위하여 국민이 이 법규범을 실제로 위반하여 재판을 통한 형벌이나 벌금부과를 받게 되는 위험을 감수할 것을 국민에게 요구할 수 없기 때문입니다(헌재 1998. 3. 26. 97헌마194; 1996. 2. 29. 94헌마213 등)

(2) 이 사건에의 적용

이 사건 심판대상인 조항들은 청구인인 침구사들의 침구시술행위를 금지·처벌함을 정하고 있고 이러한 시술을 받는 행위 또한 금지하는 내용을 가지는 것으로서 동 조 항에 의거한 구체적 집행행위를 기다리지 아니하고 그대로 수범자에게 법적 효과를 가지는 것이므로 더 나아가 판단할 필요 없이 기본권 침해의 직접성이 인정됩니다.

3. 보충성 원칙의 충족

(1) 법 리

헌법재판소법 제68조 제1항 단서는 "(헌법소원심판은)다른 법률에 구제절차가 있는 경우에는 그 절차를 모두 거친 후가 아니면 청구할 수 없습니다"고 하여 헌법소원의 보충성을 밝히고 있습니다. 헌법소원은 그 본질상 헌법상 보장된 기본권 침해에 대한 예비적이고 보충적인 최후의 구제수단이므로 공권력작용으로 말미암아 기본권의 침해가 있는 경우에는 먼저 다른 법률이 정한 절차에 따라 침해된 기본권의 구제를 받기 위한 모든 수단을 다하였음에도 불구하고 그 구제를 받지 못한 경우에 비로소 청구할 수 있습니다.

그러나 다른 법률에 의한 구제절차가 마땅히 존재하지 아니하는 경우에는 바로 헌법소원심판을 청구할 수 있습니다. 법령자체에 의한 직접적인 기본권 침해가 문제될 때에는 그 법령 자체의 효력을 직접 다투는 것을 소송물로 하여 일반법원에 소송을 제기할 수 없어서, 구제절차가 있는 경우가 아니므로 바로 헌법소원을 청구할 수 있습니다.

(2) 이 사건에의 적용

이 사건의 심판대상은 의료법의 법률조항들로서 이러한 법률 자체를 대상으로 일반법원에 소송을 제기할 수 없어서 구제절차가 존재하는 경우가 아니므로 보충성의 요 건을 이미 충족하고 있습니다.

4. 청구기간의 준수

(1) 법 리

(가) 입법자가 어떤 사항에 관하여 입법은 하였으나 그 입법의 내용 · 범위 · 절차 등이 당해 사항을 불완전, 불충분하게 규율함으로써 입법행위에 결함이 있는 부진정입

법부작위에 대하여 다툴 경우에는 불완전한 법규 자체를 대상으로 그것이 헌법위반이라는 적극적인 헌법소원을 제기하여야 하고, 이때에는 헌법재판소법 제69조 제1항에서 정하고 있는 청구기간의 적용을 받습니다.(헌재 2007. 7. 26. 2006헌마1164 등).

(나) 또한 법령에 대한 헌법소원의 청구기간은 그 법률의 시행과 동시에 기본권의 침해를 받게 되는 경우에는 그 법률이 시행된 사실을 안 날부터 90일 이내에, 법률이 시행된 날부터 1년 이내에 헌법소원을 청구하여야 하고, 법률이 시행된 뒤에 비로소 그 법률에 해당되는 사유가 발생하여 기본권의 침해를 받게 되는 경우에는 그 사유가 발생하였음을 안 날부터 90일 이내에, 그 사유가 발생한 날부터 1년 이내에 헌법소원 을 청구하여야 합니다(헌재 2014. 1. 28. 2013헌마105, 2015. 4. 30. 2012헌마38).

(2) 이 사건에의 적용

(가) 이 사건 심판대상 조항 중 의료법 제87조의2 제2항은 2019. 8. 27. 신설되어 2019. 11. 27.부터 발효되었는바, 같은 해 12월에 청구하는 이 사건 심판청구가 헌법재판소법 제69조에 의한 심판청구기간을 준수하였음은 역수상 명백합니다.

이에 따라 벌칙조항인 동 조항의 내용의 일부로서 처벌의 구성요건으로 되어있는 의료법 제27조 제1항도 이 사건 심판청구의 대상이 되고 있으므로 이 조항 부분에 대한 청구기간도 준수되었습니다. 따라서 모든 청구인들은 이 사건 의료법 심판대상 조항들에 대하여 헌법소원 심판의 청구기간을 모두 준수하였습니다.

(나) 또한 다음의 측면에서도 청구인들의 청구기간은 준수되었습니다.

(ⅰ) 별지1 기재 청구인명단 중 순번 93번 청구인 문기웅으로부터 순번 299번 청구인 최기운에 이르는 207인의 청구인들은 2019. 8. 28.로부터 2019. 12. 22. 까지 사 이에 정통침뜸평생교육원 등 침구교육기관에서 침구교육을 받고 그 과정을 수료하여 침구인으로서 활동할 능력과 자질을 갖추게 되었는바, 이때부터 침구활동을 하고자 하는 위 청구인들은 비로소 이 사건 조항들의 적용을 받게 되어 자신들의 치료의 자유와 침

구사로서의 직업선택의 자유를 침해당하였으므로 이 청구인들이 위 청구기간 을 준수하였음은 역수상 명백합니다.

(ii) 또한 별지1 기재 청구인명단 중 순번 1번 청구인 구본형으로부터 순번 92번 청구인 박기봉에 이르는 청구인 92인은 현재 침구교육기관으로부터 교육을 받고 있는 상황에 있으며, 앞서 본 바와 같이 기본권 침해가 현재 확실히 예측되는 상황성숙에 따라 현재성이 예외적으로 인정된다고 할 것이므로 기본권 침해로 인한 청구기간의 기산점 자체가 도래하지 아니하였으므로 당초부터 청구기간 도과의 문제가 없습니다.

(iii) 나아가 별지3 기재 청구인들인 명단 순번 1번 청구인 김다빈으로부터 명단 순번 995번 청구인 이형심에 이르는 청구인 995인은 2019. 10. 이후 자신의 지병과 통 증을 관리·치료하기 위해서 침구술을 활용하고자 하나 이 사건 조항들로 인하여 침구 전문가에 의한 이러한 시술을 받지 못하여 자신들이 원하는 의료행위를 선택할 기본 권을 침해당하게 되었다는 것이므로 이 청구인들이 위 청구기간을 준수하였음도 역수 상 명백합니다.

따라서 이 사건 헌법소원 심판청구의 청구인들은 모두 청구기간을 준수하였습니다.

Ⅲ. 본안에 관한 의견

1. 세계 각국의 침구치료사 제도

가. 독 일

(1) 독일에서는 치료사(Heilpraktiker)업을 제도적으로 인정하고 있는데, 치료사는 의사가 아니면서 의료술을 직업적으로 행하는 사람을 말합니다. 독일에서 침구사는 이러한 치료사의 한 형태로 수용되어 있습니다. 치료사로서 의료행위를 하기 위해서는 국가의 허가를 받아야 하고, 치료사는 자신의 치료행위에 대하여 고유한 책임을 부담하고 소득세법상의 자유업으로서 과세의 대상이 됩니다.

(2) 중세 이래 전통적으로 독일에서는 의사와 약사 이외에 경험에 의한 민간적 제 조와 치료를 시행하는 치료사가 인정되어 활동해 왔습니다. 1869년에 북독일연방의 법으로 상공조례(Gewerbeordnung)가 제정된 이래[1] 독일 시민에게는 광범위한 치료의 자유(Kurierfreiheit)가 인정되어 치료행위는 모든 사람들이 허가없이 행사할 수 있는 권리로 인식되었습니다. 치료의 자유는 한편으로는 각 개인에게 '자신의 치료행위자를 선택할 자유를 보장한다'는 것과 다른 한편으로는 '의사 아닌 자에 의한 치료행위를 방해(verhindern)할 수 없다'는 것을 원칙적 내용으로 하였습니다.[2]

20세기에 들어와서는 치료사들은 독일 각지에서 많는 치료사단체를 형성하였는데 1928년에는 전체를 결합하는 독일치료사협회를 결성하기까지 했지만 정치적 영향력은 크게 기르지 못한 채 히틀러의 나치 시대에 들어가게 되었습니다.

1) 북독일연방의 상공조례는 이후 1871년 성립한 독일제국의 법규범으로 승계되어 전체 독일 국민에게 발효되었다.
2) Michael Quaas/Rüdiger Zuck, Medizinrecht, 2. Aufl., München, 2008, S. 747.

(3) 나치 독일은 전통적인 치료권을 인정받아온 치료사들을 조직적으로 탄압하고 말살하기 위한 정책을 펴기 시작했습니다. 1934년 나치정권은 나치당원인 에른스트 케스(Ernst Kees)를 독일치료사협회의 수장으로 임명한 다음 치료사협회에서 새로운 나치국가건설과 국민건강에 부합하지 않는 모든 요소를 배제하여야 한다는 명목을 내 걸고 압박을 시작하였고, 1938년에 이르러 독일 의사회장인 게르하르트 바그너(Gerhard Wagner)가 그동안 치료사에게 인정되던 치료의 자유(Kurierfreiheit)와 독일의 나치주의는 서로 부합할 수 없다는 원칙을 세워서 치료사법 제정작업을 시작했습니다.

(4) 이에 따라 1939년 나치와 의사협회 지도부는 상호 비밀약정에 의하여 '한시법'으로서 치료사법(Heilpraktikergesetz)을 제정하였는데, 이는 의사 아닌 치료사에 의한 시술은 한정된 예외적 상황에서 허가를 받아야만 행할 수 있도록 하였으며, 무엇이 예외적 상황에 해당할 것인지는 나치당국이 결정하는 것으로 규정하였습니다. 한시법(Aussterbegesetz)이므로 일정 기간이 지나면 이 제도를 폐지한다는 것이며, 아울러 이러한 치료술을 가르칠 목적으로 교육기관을 설립하는 것을 금지하였습니다. 치료사 허가를 받기 위한 신청기간은 단기간으로 설정되고 독일인이 아니거나 독일혈통이 아닌 자는 허가를 받을 수 없도록 규정하였습니다. 1943년에 이르러서는 법 시행령의 개정으로 모든 치료사 학교를 폐지하고 모든 형태의 치료사 교육을 금지했습니다.

(5) 이처럼 독일 전통의 치료사 제도를 조직적으로 박해한 나치체제는 제2차 세계 대전을 일으키고 수많은 만행을 저지르며 독일을 철저한 파멸로 이끈 다음 패전으로 붕괴했습니다.

독일 분단 이후 동독에서는 새로 들어선 공산주의 정권이 치료사법을 강압적으로 폐지시키고 기존의 치료사는 의사면허규정(Approbationsordnung für Ärzte)의 적용을 받도록 하였습니다. 이에 따라 치료사 면허의 새로운 취득은 불 가능하여졌고 다만 패전 이전부터 면허를 소지하였던 기존의 치료사들만 직업을 유지·행사할 수 있게 되었습니다. 그리하여 동독에서 치료사의 직업은 계속 사멸과정을 밟았으며 1989년 베를린 장벽이 무너질 당시 오직 11명의 치료사만 남게 되었습니다. 통일 이후 동독은 서독의 법질서에 통합되었으므로 서독의 치료사법 질서에 편입되었고, 동독 체제 하에서 억압받아 소멸의 길을 걸었던 직업으로서의 치료사업은 부활하였습니다.

(6) 서독에서는 1947년 5월 각 지역치료사협회의 공동체로서 독일치료사회가 뮌헨에 본부를 두고 결성되었고 현재의 독일치료사전문협회로 발전하였습니다. 나치체제 를 벗어난 서독의 자유민주주의 체제 하에서 무엇보다 크게 달라진 점은, 1952년에 이르러 서독은 독일에서 전통적으로 인정되었던 치료사의 치료의 자유에 대한 나치시대의 법적 제한은 이제 독일연방공화국의 기본법에 위반된다고 하여 위헌으로 폐지한 점에 있습니다. 치료사법과 허가제도는 그대로 존속되었지만 그 의미해석은 나치시대와 크게 달라져서 원칙적 자유와 예외적 허가의 이념 하에 새롭게 운용되었습니다. 이에 따라 연방헌법재판소는 다음과 같은 취지의 판결을 한 바 있습니다.

"의사 아닌 치료행위자의 허가강제를 통하여 국민건강을 지키고자 하는 입법목적은 … 기본법에 반하지 않는다. 국민건강의 문제는 중대한 공익이 걸린 문제로서 해당 직업의 허가제는 비례의 원칙을 위반하는 것이 아니다. 특히 치료사 계층 자체의 제거를 기도하였던 이 법률의 원래 기능은 기본법이 발효된 이후 수십 년간 법실무상으로 치료사법 제2조 제1항(치료사 허가 조항)을 규제적 예외조항으로부터 청구권적 규범으로 변형시킨 것에 의하여 본질적으로 변경되었다. 환자를 부적절한 치료행위에 빠지지 않도록 하고자 하는 허가강제의 목적은 이전과 마찬가지로 여전히 정당하며 입법자의 입법의사를 반영하는 의미를 가진다. 그러므로 동 조항이 계속 효력을 유지하는 것은 기본법에 반하지 않는다.[3]"

---

3) Beschluss vom 10. Mai 1988, 1 BvR 482/84, 1 BvR 1166/85, BVerGE 78, 179, 192f.

요컨대 연방헌법재판소는 나치시대에 제정된 치료사법이 치료사 제도를 말살하고 치료사 계층을 제거하고자 하였던 것은 위헌이지만, 기본법 발효 이후 이 치료사 허가조항을 국민건강을 유지하는 범위 내에서 치료사들의 직업과 치료의 자유의 적정한 실현을 위한 청구권적 규범으로 본질을 바꾸어 운용하게 되었으므로 합헌이라고 판단한 것입니다.

이러한 개선된 입법과 판례로 인하여 독일에서는 치료사 직업별 전문별 단체가 폭넓게 결성되었고, 치료사의 숫자도 증가하였습니다. 2015년 독일에서는 4만3천명(남 8천명, 여 3만5천명)의 치료사가 활동하고 있으며 그 중 2만7천명(남 3천명, 여 2만4 천명)이 파트타임으로 일하고 있습니다.

나. 스위스

스위스에는 독일과 같이 자연치료사(Naturheilpraktiker)라는 직업군이 합법적으로 인정되고 있습니다. 자연치료사에게 인정되는 네 가지 분야 중에는 중국전통의학(TCM) 분야가 있고 이에 따라 침구술이 자연치료사의 의료행위 분야에 포함되고 있습니다. 스위스에서 침구술은 대체의학 중에서 가장 빈번하게 활용되고 있는 의술입니다. 대체의학 법제에서 스위스의 두드러진 특징은 아예 헌법에 “연방과 각 주는 그 관할 범위 내에서 대체의학을 배려하는 법적 규율을 행한다.”는 조항을 두어서 헌법이 비의사 대체의학에 대한 자격의 창설을 직접 요구하고 있다는 데에 있습니다.[4] 즉 스위스에서 침구술을 비롯한 비의사 ‘대체의학’은 헌법에 의하여 ‘제도적 보장’을 받고 있는 것이며, 침구사 등 자연치료사 제도 자체를 폐지하는 것은 헌법위반에 해당 함이 명문으로 도출되는 것입니다. 자연치료사에 대한 자격시험은 스위스 대체의학업단체(Organisation der Arbeitswelt Alternativmedizin Schweiz)가 주관합니다.

4) 스위스 연방헌법 Art. 118a (Komplementärmedizin) ; Bund und Kantone sorgen im Rahmen ihrer Zuständigkeiten für die Berücksichtigung der Komplementärmedizin.

다. 미 국

미국에서는 침구술을 포함한 각종 보완대체의학(complementary and alternative medicine)이 이민자를 중심으로 광범위하고 활용되어왔습니다. 이에 대한 미국법의 태도는 기본적으로 그 활동의 자유를 인정하였으며 행정적 규제는 주의 관할 사항으로서 각주마다 규율의 내용이 조금씩 다른 다양성이 나타납니다. 다만 공익위생적으로 중요성을 가진 '사용될 수 있는 침(needle)'에 관해서는 연방법인 식품의약관리법 (FDA)에 의하여 규율됩니다. 침구술의 경우 1970년도에 캘리포니아에서 면허제도가 도입된 것을 필두로 와이오밍과 아이다호의 2개주를 제외한 모든 주들에서 면허가 인정되어 있으며,[5] 1만4천명 이상의 침구술사가 면허를 받고 활동합니다. 여기에 더하여 약 3천명의 의사들이 침구술을 공부하여 자신들의 의료행위에 활용하고 있습니 다.[6] 침구술·동양의학 공인위원회(Accredited Commission for Acupucture and Oriental Medicine) 등 여러 민간교육기관과 협의체가 주 정부의 인가를 받고 결성되어 침구학의 학습·보급과 발전에 기여하고 있습니다. 조사에 의하면 미국 인구의 43%가 정기적으로 대체의술을 이용하고 있다고 하며[7] 소득수준이 높은 계층에서 오히려 많은 활용도를 보인다고 합니다. 미국에서 침구술은 특히 목·척추 디스크, 관절염 등에 효능이 있는 것으로 알려져 널리 활용되고 있습니다.[8]

라. 영 국

영국에서는 침구사에 대한 법률상 규제가 존재하지 않으며 다만 침구사 영업을 하려면 지방자치단체에 신고하도록 하는 행정적 관리만 하고 있습니다. 침구사들은 영국침

5) Chan K Lee H, The Way Forward for Chinese medicine, CRC Press, 2001, p. 349.
6) WHO Global Atlas of taraditional complementary and alternative medicine, World Health Organisation, 2005, p. 65.
7) Ibid, p. 66.
8) Ibid, p. 67.

구위원회(British Acupuncture Council)와 같은 전국 단위의 침구사연합체에 등록하여 동 연합체의 자율적 규제를 받으면서 자유롭게 영업하고 있습니다. 이러한 등록 침구사의 시술에 대해서는 일반적으로 매우 안전한 것으로 인정받고 있습니다. 결국 영국 국민들은 침구시술을 별도로 배운 의사에게 가거나 침구사자율단체에 등록한 전문 침구사에게 가서 침구술을 시술받을 수 있는 선택권을 가집니다.

영국침구연합체는 침구사들의 순수 자치단체이나, 의회의 통제를 받는 전문직기준청(Professional Standards Authority)에 회비를 내고 감독을 받습니다. 전문직기준청은 국민건강개혁법에 의하여 설립된 기구이며, 침구위원회를 비롯한 산하 전문직 단체들이 그 회원 적격을 판단한 결정에 대하여 심사할 권한을 가집니다. 이처럼 영국에서는 민간 자율의 대체의학직업군으로 침구사를 인정하고 있으며 국민건강 보호 차원의 관리는 침구사들이 조직한 자율적 단체에 대한 감독의 형태로 간접적으로 이행하고 있습니다.

마. 일 본

중국과 한국으로부터 전래한 침구술을 습득한 일본은 ① 침관(鍼管)이라는 도구를 발전시켜서 경미한 자극을 주는 방법을 진화시키고 ② 맹인 침구사들은 침구 점을 '눈으로 보는' 것이 아니라 '느낌으로 찾는' 시술법을 발전시키는 등 일본의 침구술은 동양 침구술 내에서도 고유한 특성을 가진 것으로 말해집니다. 명치유신 이후에도 침구술은 민간에서 널리 활용되어 근대화된 법제에서 영업면허에 의하여 운영되었고 관계 (官界)에서도 지지자가 많았으며 대학에서는 과학적 연구의 대상이 되기도 하였습니다. 일본 제국의 말기인 1944년에는 침구의사법(鍼灸醫師法)이 제정되어 침구사를 정규적 의료제도권의 한 분야로 포섭하기에 이르렀습니다.

1945년 일본이 태평양전쟁에서 패전한 후 일본을 점령한 연합군사령부(GHQ)의 위생부에서는 '의사업 이외의 치료행위를 전면 금지'하는 권고안을 발한 바 있었습니다.

그러나 미군점령당국의 전면금지안은 고유 침구술에 대한 자부심이 강했던 일본 내의 반발로 법률로 관철되지 못했습니다.[9] 결국 1947년 12월 '안마·침구·유도정복등 영업법(按摩·鍼灸·柔道整復等 營業法)'이 성립하여 명치(明治)정부 이래의 영업면허(營業免許) 제도를 폐지하고 대신 국가자격의 신분면허(身分免許) 제도로 전환하는 것으로 하였습니다. 일본은 이러한 침구사 자격면허제도를 현재까지 시행하여 침구사 제도를 합법적 의료제도 내로 포섭하고 있는 것입니다.

침구에 관한 고등교육제도에 관해서는 1978년 침구를 전공하는 최초의 3년제 대학(明治鍼灸短期大學)을 설치한 이래, 1983년 이를 4년제 정규대학(明治鍼灸大學)으로 승격시키고, 1991년 침구관련 대학원 석사과정, 1994년 침구관련 대학원 박사과정을 설치한 바 있습니다.

1998년에는 규제완화의 차원에서 침구 국가시험 응시를 위한 3년의 교육을 이수할 수 있는 침구양성기관(鍼灸養成機關)의 신규 허가기준을 대폭 완화하여 그 신설이 증가하였고 이에 따라 일본에서는 근래에 침구사의 수는 더욱 증가하는 상태에 있습니다.

바. 프랑스와 퀘벡

프랑스에서 침구학은 7개 대학에서 강의되고,[10] 이수자에게는 2007년 이후 도입된 침구자격이 부여됩니다. 일반적으로 의사 또는 조산사의 자격을 가진 사람이 침구 자격을 얻을 수 있지만, 예외적으로 소수의 침구연구자와 교육자도 침구치료가 가능합니다. 이와 함께 몽펠리에(Montpellier) 의과대학의 중의학 강의에는 침구학이 포함되는데, 이 교육의 특징은 의사 이외에 의사 아닌 일반인이 수강하여 교육받음으로써 이수자격(diplômes universitaires de médecine chinoise)을 취득할 수 있다는 데에 있습니다. 그 외에도 프랑스의 몇몇 중의사 양성학교에서는 북경, 상해, 천진 등에 소재하는

9) 조병희 외 6인, 대체의학과 침뜸의 현황과 과제, 서울대학교 보건대학원, 2003. 3. 50면.
10) Aix-Marseille 2, Montpellier 1, Nantes, Paris XIII, Bordeaux 2, Lyon 1, Strasbourg I.

중국대학들과 협력관계를 맺어서 의사는 물론 의사 아닌 사람들도 수강하여 이수 자격을 얻을 수 있는 침구교육을 시행하고 있습니다. 이러한 침술교육학교를 졸업한 사람은 프랑스 국립통계연구소(L'Insee[11])의 규범이 인정하는 개인기업 또는 자유업으로 활동할 수 있게 됩니다.12)

캐나다에 속하지만 프랑스의 언어와 문화 및 법제도를 따르는 퀘벡(Québec)주는 프랑스의 경우보다 더 나아가서 직접 침구사 자격을 국가제도로 인정하고 있습니다. 퀘벡주는 수도 토론토가 있는 온타리오 등 영국계 캐나다 주들과 같이 침구사 자격제도를 가지며 퀘벡 주 정부가 재정지원하는 로즈몽대학(Collège de Rosemont)에서 침구술 교육과정을 열고 있으며 이 과정은 의사 뿐만 아니라 비의사인 일반인도 이수 할 수 있도록 하고 있습니다.

사. 중 국

중국은 고래부터 침구술이 발전하고 국민들에 의하여 널리 이용된 국가입니다. 그러나 근대 이후 서양의학이 전래되자 쇠퇴하다가 중국공산당의 내전 승리 이후 모택동에 의하여 침구술을 '도교(道教)에 기초한 것으로서 마르크스(Marx)주의에 반한다' 는 이유로 금지당하기까지 하였습니다. 그러나 당시 중국의 극심한 의사 부족 때문에 결국 다시 복권, 허용되고 나중에는 '애국적 의술'로 평가, 장려되었습니다. 이처럼 중국에서 침구술은 공산주의화 된 이후에도 거대하고 복잡한 중국 저변 사회의 의료적 수요에 대응하기 위하여 불가결한 독자적 전통의학으로 생존한 것입니다.

이러한 상황은 중국의 의료제도에도 그대로 반영되어 있습니다. 중국의 의료제도상 의사는 서양의(西洋医)에 해당하는 임상의사와 치과의사 및 공공위생의사 외에 중국 전통의 중의사(中医師)로 분류되고 중의사에는 중서결합의사 및 몽고의, 위구르의, 티

11) L'Institut national de la statistique et des études économiques, 줄여서 L'Insee로 통칭함. 12) 鍼灸マッサージ海外事情 2016 フランス, 医道の日本, 2016年 3月, 75巻 3号, 22面.

뱃의 등 민족의(民族医)가 포함됩니다. 침구술은 그중 중의사의 정규면허를 가진 자가 시행할 수 있는 것으로 기본적으로 분류되어 있습니다.

그렇지만 실제 중국의 의료 사정은 이와 같은 원칙적 양상보다 훨씬 다양하고 현실적입니다. 의과대학을 나와서 정규교육과 수련을 받은 의사 이외에도, 단기과정인 전문대를 졸업한 보조의사에 해당하는 조리의사(助理医師)가 존재합니다. 조리의사는 주로 농촌에서 많이 근무하는데 이를 향촌의사(鄉村医師)라고 하며 그 수는 백만명을 상회할 것으로 추정되고 있습니다. 이들은 정규의사면허가 없는 상태이나 중국의 시골에서 침구시술을 비롯한 의료활동을 하고 있으며 가난한 인민들을 구제하는 공로가 크고 국가가 이를 행정적으로 통제할 여력도 없으므로 개인활동에 의한 의료활동을 하는 것이 허용되고 있습니다.

또한 이와 같이 다양한 의사 제도와는 별도로 근래에 들어서는 보건침구사라는 직업을 양성하여 국민보건과 질병예방에까지 적극 활용하고 있습니다. 즉 침구술만의 합법적인 의료적 지위가 인정되고 있는 것입니다. 침구는 아픈 곳을 직접적으로 물리적으로 다룰 뿐이므로 약물과 같은 부작용이 없으므로 여전히 중국사회에서 1차적 진료로서 큰 인기를 가지고 보편화되어 있습니다.

아. 세계 각국 침구사 제도로부터의 시사점

이상 살펴본 선진 제국과 침구술의 전통을 이어온 중국 등의 세계의 침구사 제도를 살펴본 결과 다음의 점을 확인할 수 있습니다.

(1) 침구술과 침구사 제도는 한국과 중국에서 유래하고 일본에 전파된 동양의술로서 의학계의 서세동점 현상에도 불구하고 여러 증세에 탁월한 효과를 인정받아 동서양이 공유하는 치료술로 보급 발전되어 '세계 보편의 독자적 치료사 제도'로 인정되고 있다

는 점입니다. 이는 동양에서 유래한 의술이라고 하는 점에서 공통점이 있는 한약처방을 위주로 한 한방의술이 중국을 넘어선 서양 또는 세계보편의 의료로는 널리 제도화되지 못하고 있는 점과 확연히 차이가 나는 점입니다.

(2) 나아가 각국이 침구술을 제도적으로 수용하는 방법으로서는, ① 영국과 미국의 많은 주들의 경우와 같이 침구치료의 자유를 널리 인정하고 직접적 행정규제 없이 간접적 위생관리만 행하는 자율적 개방 방식, ② 독일과 일본, 스위스와 미국의 캘리포니아주 등의 경우와 같이 침구사 자격제도를 두어 이를 통하여 규율된 침구서비스를 국민들이 받을 수 있도록 하는 침구사 자격제도 방식, ③ 프랑스의 경우와 같이 원칙적으로 일반 의사에게 침구의 전문의가 되도록 하나 예외적으로 동양의학 교육기관을 졸업한 침구사에게는 독자적 침구업을 할 수 있게 하는 예외적 허용 방식, ④ 중국의 경우와 같이 원칙적으로 중의사에게 침구의 전문의가 되도록 하지만, 시골지역 등을 중심으로 활동하는 의과대학 교육을 받지 못한 비정규의사인 향촌의사의 시술을 허용하는 사실상 허용 방식으로 분류될 수 있습니다.

여기서 종합적으로 파악되는 것은 고래의 침구술 전통을 이어온 중국과 일본뿐만 아니라 미국과 영국 등 앵글로색슨계 국가 및 나아가 독일과 스위스 등 대부분의 선진국가에서 의사가 아닌 침구사를 법적 규율이 없는 자유직업인으로서 또는 법적 규율에 의한 자격인으로서 인정하거나, 예외적 또는 사실상 치료전문가로서 그 활동을 적법하게 허용하고 있다는 점입니다.

(3) 역사적으로 볼 때 동서양을 막론하고 정규의사와는 분리된 독자적 침구사 제도를 금지하고 탄압하는 사례가 없지 않았습니다.

그 대표적인 경우가 나치독일과 동독 공산당이 침구사를 포함한 전통적 치료요법을 행하는 치료사 제도가 나치즘 또는 공산주의에 반한다는 이유로 이를 금지 탄압하였던 사례입니다. 또한 일본에서도 태평양전쟁 패전 이후 미군 당국이 침구사 제도를 폐지하고자 하는 명령을 내린 바 있었습니다. 중국에서도 국공내전에서 공산당이 승리하여 본토를 장악한 후 모택동은 침구술이 중국 전통의 의료술임에도 불구하고 공산주의 이념에 반한다는 이유로 이를 금지한 바 있었습니다.

그러나 독일은 나치독일과 동독 공산당의 붕괴에 의하여 침구사를 비롯한 치료사 제도는 부활하여 전 독일에 시행되고 있고, 일본에서도 일본 국민들의 반대로 침구사 제도가 폐지를 면하였으며, 중국에서는 아무리 공산당이 이념을 강조하여도 부족한 의료서비스로 고통받는 가난한 인민들이 침구술을 계속 이용함으로써 향촌의사로 대표되는 침구사의 역할은 사실상 허용되어 오고 있습니다.

이러한 역사적 경험에 비추어 볼 때 기존하던 침구사 제도의 폐지는 전체주의 세력 내지 군부세력이 국가사회를 획일화하여 장악하기 위한 한 방편으로 주로 활용되어왔음을 알 수 있습니다. 그러나 선진제국 또는 중국의 역사에서 이러한 시도들은 효능 있고 저렴한 의료서비스를 선택할 자유를 누리기를 원하는 국민들에 의하여 거부되고 저항을 받았으며, 종국적으로는 모두 실패하였음을 알 수 있습니다. 이러한 역사적 경험은 우리나라에게도 시사하는 바가 크다고 할 것입니다.

2. 침구종주국(鍼灸宗主國)인 우리나라의 침구제도의 역사적 현실

가. 세계 최초의 침구술 발원지

역사적으로 볼 때 우리나라는 침구술을 창시하고 발전시킨 세계 침구술의 종주국입니다. 우리나라가 중국보다 침구술을 앞서 사용했다는 것은 문헌을 통하여 알 수 있는

데 대표적인 것은 고대 중국에서 나온 동양의학의 경전인 '황제내경(黃帝內經)' 입니다.[12] 이 책에서 침의 기원을 다음과 같이 기록하고 있습니다.

"동쪽 지역은 천지가 시작되는 곳으로서 생선과 소금이 생산되는 지역이며 바다를 끼고 있다. 그곳 사람들은 물고기를 주로 먹고 짠 것을 좋아하는데, … 소금은 혈을 손상시킨다. 그러므로 … 그들에게 발생하는 병은 대부분 옹양(癰瘍)인데, 그것을 치료할 때는 의례껏 폄석(砭石)을 사용했다. 그러므로 폄석은 동방에서 전래되었다."[13]

폄석은 돌침으로서 선사시대 이래의 외과용 치료 도구이며 철기시대 이후 쇠침의 원형입니다. 이처럼 우리 민족의 침구술은 원래 중국보다 더 앞선 것이었으나, 문자로 이를 체계화하지 못한 상태에서 중국으로 침구술이 전출되고 그곳에서 문헌으로 정리되었던 것입니다. 중국의 침구 서적은 고구려 평원왕(平原王) 원년인 564년 일본으로 최초로 전파된 것으로 알려져 있습니다. 이렇게 우리나라에서 발원한 침구술은 처음에는 중국에, 다시 우리나라를 거쳐 일본으로 전파되는 등 여러 경로를 통해 교류가 이루어지면서 동아시아 지역의 질병을 치료하는 핵심적인 전통의술로 백성들의 생활 깊숙이 자리 잡았습니다.[14]

나. 조선 초기의 침구의(鍼灸醫)제도의 정립과 법제화

우리나라에서는 이미 조선 초기 때부터 한방의와 완전히 구분된 침구의가 전문업종으로서 제도적으로 자리 잡았습니다. 세종실록에 의하면, 1433년(세종15년) 6월 1일 중추원사로서 전의제조(典醫提調)를 맡고 있던 황자후(黃子厚)가 세종대왕에게 '침구

12) 황제내경은 중국의 가장 오래된 의학서로서 진한(秦漢)시대에 편찬된 것으로 알려져 있다.
13) 東方地域, 天地之所始生也. 魚鹽之地, 海濱傍水. 其民食魚而嗜鹹, … 鹽者勝血, 故其民皆黑色理, 其病皆爲癰瘍, 其治宜砭石. 故砭石者, 亦從東方來.
14) 손중양, 허임 침구의 역사적 의미와 현대적 계승, 사단법인 허임기념사업회, 2014, 3-7면.

(針灸)를 전문으로 하는 업종'을 창설할 것을 건의했습니다.[15)][16)] 이를 받아들인 세종은 5년 뒤 1438년(세종20년) 3월 16일에는 매년 침구전문생을 3인씩 채용하여 삼의사(三醫 司)인 내의원과 전의감과 혜민국에 1명씩 배치하도록 했습니다. 침구술은 세종대왕에 의하여 조선의 제도권 내에서 처음으로 침구전문업종으로 독립 분과된 것입니다.

1474년 한계희(1423년~1482년)라는 학자는 중국 침구서인 『신응경(神應經)의 간행 서문에서 "침뜸 처방은 돈을 들여가며 멀리서 구하는 수고를 안 해도 되며, … 준비하기 쉽고 휴대하기도 편하며, 빈부귀천이나 병의 완급에 관계없이 적합지 않을 때가 없고, 하물며 효과에 있어서도 약으로는 기대할 수 없는 바가 있다"라고 기술하였는바, 약제 중심의 한방과는 차별되는 침구의 특성 즉 경제성과 간편성 및 치료 효과의 탁월성 등 장점을 잘 인식하고 있었음을 알 수 있습니다. 바로 이러한 이유로 한약방 있는 곳을 찾아가 값비싼 한약을 조제하여 장기간 복용하는 한방치료와 별도로 침뜸은 일반 백성들에게는 물론 왕실이나 관료들에게도 꼭 필요한 치료수단이었던 것입니다.[16)]

1485년 마침내 약 1세기에 걸쳐 완성한 조선 최고의 법전 『경국대전(經國大典)』의 의과취재(醫科取才, 의과시험)에 침구분야와 약제분야의 취재를 분리한다고 기록하고, 침구를 분리 · 독립할 것을 법으로 규정하여 시행하기에 이르렀습니다. 이에 따라 경국대전에 의과시험에서 침구의 취재를 위한 별도의 과목이 선정되었습니다.[17)]

---

15) "병을 속히 고치는 데는 침과 뜸 만한 것이 없습니다. 의원으로서 침놓고 뜸 뜨는 구멍을 밝게 알면, 한 푼의 약도 쓰지 않고 모든 병을 고칠 것입니다. 지금부터 중국의 의술을 익히는 법에 의하여 각각 전문(專門)을 세우고 주종소(鑄鍾所)로 하여금 구리로 사람을 만들게 하여, 점혈법(點穴法)에 의하여 재주를 시험하면, 의원을 취재(取才)하는 법이 또한 확실할 것입니다." 세종실록 세종15 년(1433) 6월1일.
16) 손중양, 허임 침구의 역사적 의미와 현대적 계승, 12-13면.
17) 韓國醫學史육金斗鍾, 287

다. 17세기 조선 침구학의 독보적 발전

임진왜란과 병자호란의 거듭된 전란을 겪으면서 각종 창상(創傷)이나 종양(腫瘍) 등 외과영역 질환의 치료 수요가 급격히 증가하자 이에 대한 대처의 많은 부분은 침구영역 즉 침의의 몫이 되었습니다.[18]

이 시기에 많은 뛰어난 침의가 나타났으나 그중에 서도 단연 두각을 나타낸 침의는 허임(許任)입니다. 그는 선조, 광해군 및 인조에 이르는 3대의 임금을 치료한 침의로서 명성과 권위를 얻었을 뿐만 아니라 『침구경험방』(鍼灸經驗方)이라는 불후의 명저를 남겼습니다.

1644년에 간행된 허임의 『침구경험방』은 조선중기 침구학 발전의 위대한 성과물로서, 중국의 침구의서를 그대로 사용하던 종래의 태도에서 벗어나 당시까지의 침구이론을 재정리하고 '임상적 경험'을 중시하고 이에 결합시켜 침구의술을 더욱 발전시키고 체계화하였습니다. 또한 침구경험방은 일본에까지 전파 번역되어 일본의 임상침구학 발전의 기초가 되는 등 동아시아 전체의 침구학에 새로운 발전과 도약의 계기가 되어 우리나라의 침구 종주국으로서의 위상을 회복하게 한 점에서 큰 의의가 있었습니다.[19]

라. 일제강점기와 해방 및 군사정부의 침구사 제도 말살 탄압

조선 말기 서세동점의 혼란기를 거쳐 우리나라는 일본제국의 강점상태에 들어갔습니다. 일제강점기에 우리나라의 침구의는 '침사(鍼士)'와 '구사(灸士)'가 되었습니다. 일제는 '안마술 · 침술 · 구술 영업취체규칙(按摩術·鍼術·灸術 營業取締規則)'을 만들고,[20]

18)《許任 鍼灸經驗方 硏究》박문현, 2002. 경희대학교 한의학과 박사학위논문

19) 1725년 판본 『침구경험방』은 일본 유학생 야마가와준안(山川淳菴)이 일본으로 돌아갈 때 가져간 『침구경험방』을 통하여 처음 간행됐다. 그는 서문에서 "조선에서는 침구가 의가(醫家)의 요체였고, 그 효험이 가장 빨랐는데 치료방법은 한결같이 모두 허씨의 경험방을 배워서 하는 것이었다"고 목격담을 말하고, "조선의 침술이 최고라고 하고, 평소 중국에까지 그 명성이 자자하다는 말이 정말 꾸며낸 말이 아니었다"며 조선 침구술이 으뜸이었음을 전하고 있다. 享保大阪刻本: 上, 中, 下3冊, 享保十年(1725年), 罔田三郎右衛門, 大阪吳服町書林. 10行16字.

20) 1914년 10월 조선총독부 경령(警令) 제10호.

안마사 · 침사 · 구사의 면허 제도를 마련하여 조선에 거주하는 일본인 침구인들과 함께 조선인 침구인들도 관리하였습니다.

해방 후 우리 정부가 제정한 최초의 의료관계법으로서 1951년 공포된 국민의료법 은 의사·치과의사·한의사 등을 의료업자로 규정하고 접골·침술·구술·안마술업자 등은 의료유사업자로 정했습니다.

당시 침구는 한의사의 영역이 아니었고 1962년까지 실시 되었던 한의사 자격 검정시험 과목은 첩약조제 관련 과목으로 구성되었을 뿐 침구 관련 과목이 포함되지 않았습니다. 1961년 대법원은 “침구사 자격증을 소지하지 않은 한의사가 침술이나 구술을 실시할 수 있다는 법적인 근거는 없다.”고 판시하기도 하였습 니다.[21]

4.19혁명 직후인 1960년 11월에는 비로소 의료유사업자령과 자격시험규정이 제정되어 침사나 구사 등의 자격시험이 실시될 법적 근거가 마련되었으나, 시험실시가 이루어지지 못한 채 5·16 군사쿠데타를 맞이하게 되었습니다.

박정희 군사정부는 ‘조국 근대화’를 지향하면서 의료분야에서 여러 가지 변혁조치를 취하였습니다. 의료 근대화의 명목으로 ‘전통의 잔재’를 없애고자 하였는데, ‘전통’은 곧 ‘낙후와 빈곤’의 원인이라는 것이었습니다. 이러한 상황에서 한의사와 침구사, 안마사 같은 동양의학의 전통은 비과학적인 것으로 간주되었고 1962년에 국민의료법을 의료법으로 개정하면서 이를 일거에 없애려고 시도하였습니다. 그러자 이에 대한 한의사들의 강력한 반발이 제기되면서 한의사 제도를 폐지하는데 실패하였지만, 군사정부의 국가재건최고회의는 1962. 3. 20. 상대적으로 힘이 약하였던 침구사 제도를 완전히 폐지해 버렸습니다. 그 과정도 세심한 검토를 거치지도 않고 비과학적 의료행위를 근절하여야 한다는 식으로 무조건 폐지시켜 버렸습니다.[22]

---

21) 대법원 1961. 10. 10. 4292행상122 행정처분취소사건 판결
22) 조병희, 한국 침구사제도의 역사와 현황, '세계 침구제도의 현황과 한국의 미래에 관한 심포지엄'

그 결과 우리나라는 해방 후 침구사 배출은 한 차례도 제대로 이루어지지 못하게 되었고, 다만 해방 이전에 침구사 자격을 취득한 기(旣) 자격취득자에 대해서만, '당시의 의료유사업자의 자격과 기타 의료상의 권리는 동법(同法)에 의하여 취득한 것으로 간주한다.'는 경과규정으로 유지시켰을 뿐입니다. 더욱이 개정 의료법은 침구사 양성규정을 삭제하면서 침구를 한의사가 관장한다는 등의 경과규정을 마련하지도 않음으로써 이후 집단 갈등의 불씨가 되었습니다. 사실 당시까지 한의사 시험에 침구과목이 들어가 있지도 않았고, 한의사가 침구시술을 할 수 있다는 법적인 근거가 없다는 대법원판례까지 나와 있는 상황에서 침구사의 업무영역을 한의사가 관장을 한다고 규정할 수도 없었습니다.[23)]

침구사와 침구제도는 이렇게 박정희 군사정부에 의해 수난의 시대를 맞이하게 되었고 군사정부의 조치가 담긴 의료관계법 조항들은 고스란히 그대로 남아 아직도 발효 중에 있습니다. 그리하여 침구학의 현대적 계승은 왜곡되고, 침구술을 둘러싼 국민과 직역간의 갈등은 갈수록 첨예한 양상으로 고조되고 있습니다.

3. 헌법재판소의 선 결정례와 이에 대한 사정 변경

가. 헌법재판소 선 결정례의 요지

헌법재판소는 2010.7.29. 2008헌가19 등 결정에서 재판관 5인의 다수의견은 이 사건 심판대상 조항들이 헌법에 위반된다고 판단하였으나, 나머지 재판관 4인이 합헌의 의견을 택함으로써 다수의견이 위헌임에도 불구하고 위헌의 결정을 선고하지 못한 바 있습니다.

국회 자료집, 2005. 8. 29. 105면.

23) 손중양, 앞의 글, 91-92면

(1) 재판관 4인의 위헌의견

다수 5인 재판관의 위헌의견 중 4인의 의견은 "모든 국민은 의료행위에 관한 자기 결정권과 의료행위를 자신의 직업으로 선택할 자유를 가지므로, 국가는 의료면허제도의 운영에 따른 국민의 기본권 제한을 꼭 필요한 범위로 최소화시켜야 한다. 그러므로 국가는 의료행위의 태양이나 생명·신체에 대한 위험성에 따라 다양한 의료인의 자격을 설정함으로써, 의료소비자인 국민으로 하여금 적정한 비용이나 접근성에 맞는 의료행위를 선택할 수 있게 해야 한다. 예를 들면, 침구(鍼灸)는, 생명·신체에 대한 위험성이나 부작용에 있어서 통상의 의료행위와 비교가 될 수 없을 만큼 낮음에도 불구하고 이러한 의료행위까지 현행 의료인에게 독점시키는 것은 의료행위에 대한 비용을 부담할 능력이 없는 국민의 건강권을 최대한 보장하는 수단이라고 할 수 없다. … 이 사건 조항들이, 사람의 생명·신체나 공중위생에 대한 위해발생 가능성이 낮은 의료행위에 대하여 이에 상응한 적절한 자격제도를 마련하지 아니한 채, 비의료인에 의한 의료행위를 일률적으로 금지하는 것은 과잉금지원칙에 위반하여 의료소비자의 의료행위 선택권과 비의료인의 직업선택의 자유를 침해하는 것으로서 헌법에 위반된다."는 것입니다.

(2) 재판관 1인의 위헌의견

다수의견 중 나머지 1인의 의견은 "이 사건 조항들은 제도권 의료인에게만 의료행위를 독점토록 해주고 이를 위해 비의료인에 의한 의료행위를 모두 금지시킨 뒤 이에 위반하면 형사처벌까지 함으로써, 의료소비자인 국민이 i) 의료인에 의해 치료불가 판정을 받았거나 ii) 과다한 비용 때문에 의료인에 의한 의료행위를 선택할 수 없거나 iii) 비의료인에 의한 의료행위를 선택했지만 결과적으로 질병이 치료되었거나 iv) 일부 침, 뜸, 자석요법 등과 같이 부작용의 위험성이 크지 않고 시술을 중단하면 쉽게 시술 전의 상태로 돌아갈 수 있는 시술을 한 경우까지도 비의료인에 의한 의료행위라면 이를 모두 범죄로 몰아 일절 선택할 수 없도록 하는 것은 과잉금지의 원칙에 반하여 의료소비자의 의료행위 선택권을 침해한다."고 판단한 바 있습니다.

(3) 재판관 4인의 합헌 의견 (법정의견)

이에 대하여 법정의견이 된 4인 재판관의 의견은 이 사건 심판대상조항과 같은 내용의 조항에 대한 최초의 합헌결정인 1996. 10. 31. 94헌가7 결정(판례집 8-2, 408)의 결정 이유를 이어받아 이를 그대로 인용하여, " …. 이 사건 법률조항이 의료인이 아닌 자의 의료행위를 전면적으로 금지한 것은 매우 중대한 헌법적 법익인 국민의 생명권과 건강권을 보호하고 국민의 보건에 관한 국가의 보호의무(헌법 제36조 제3항) 를 이행하기 위하여 적합한 조치로서, 위와 같은 중대한 공익이 국민의 기본권을 보다 적게 침해하는 다른 방법으로는 효율적으로 실현될 수 없으므로, 이 사건 법률조항으로 인한 기본권의 제한은 비례의 원칙에 부합하는 것으로서 헌법적으로 정당화되는 것이다."라고 합니다.

(4) 합헌의견 중 재판관 1인의 보충의견

이 합헌의견에 속하는 4인 재판관 중 1인이 다음과 같은 보충의견을 밝히고 있습니다. 즉 "헌법 제36조 제3항에 의해 국가는 적극적으로 국민의 보건을 위한 정책을 수립하고 시행하여야 할 의무를 부담한다는 측면에서 볼 때, 보건위생상 위해가 생길 우려가 없는 범위 내에서 제도권 의료행위 이외의 치료방법을 적극적으로 연구하여 이를 의료행위에 편입하거나 또는 국민이 쉽게 이용할 수 있도록 하는 제도를 마련할 필요성이 있다. … 의료유사행위 또는 보완대체의학에 의한 치료방법을 연구와 검증을 통하여 의료행위에 포함시키거나 별도의 제도를 두어 국민이 이를 이용할 수 있게 하는 것이 헌법 제36조 제3항의 취지에 보다 부합한다."라고 하였습니다.

이 보충의견은 다른 3인의 재판관이 단순한 입법정책의 문제로 본 것을 헌법 제36조 제3항의 국민의 보건에 관한 국가적 급부를 요구할 권리의 헌법문제로 파악한 것이며 이는 사회적 기본권으로서 이에 대한 국가의 배려가 전적으로 결여되면 위헌의 문제가 발생할 수 있는 것을 지적한 의견으로서 취지상으로는 5인 재판관의 위헌 의견에 접근하는 것이라고 생각됩니다.

(5) 2010. 7. 29. 결정 이후

2013. 6. 27. 이 사건 조항들에 대한 같은 취지의 헌법재판소 결정이 있었고(2010헌마658), 합헌의 법정의견과 위헌의 반대의견이 있었는데 그 요지는 각각 위 2010. 7. 29. 결정과 같은 취지에 해당하였습니다.

나. 헌법재판소 결정 이후의 사정변경

그렇다면 위 결정이 있고 난 이후 10년 가까운 기간이 경과한 현재의 시점에서 우리나라의 인구 구성과 의료환경적 상태 및 침구인의 상황 등 이 사건 조항들의 국민 기본권 침해와 관련된 사정들이 새로이 변경된 점이 있는지 여부를 살펴보고 이에 따라 국가의 보호의무 준수 여부와 국민의 기본권 침해 여부를 판단하여야 한다고 생각됩니다. 이 점에 관해서는 다음과 같은 중대한 사정변경이 있다고 사료됩니다.

(1) 고령사회의 진입과 1차의료 침구술의 보급 필요성 절실화

유엔은 65세 인구가 전체 인구에서 차지하는 비율이 7% 이상이면 고령화사회, 14% 이상이면 고령사회, 20%를 넘으면 초고령사회로 구분합니다. 우리나라는 2007년 당시 65세 이상 고령층 인구가 9.9%였으나, 2018년에 이르러서는 14.4%로 급격히 증가하여 이제는 유엔과 국제사회가 인정하는 완전한 고령사회의 단계에 진입하였습 니다. 이는 세계에서 가장 빠르게 초고령사회로 진입하였던 일본보다도 4배 정도 빠른 증가속도입니다.

이와 같이 빠른 고령사회 진입으로 인하여 우리나라의 의료비에 대한 사회적 부담은 급격하게 증대되고 있습니다. 한국의 경상의료비는 1980년대 1.4조원이었으나, 2013년 98.3조원으로 100조원 대에 이르렀고 다시 2018년에는 144.4조원으로 150조 원대 가까이로 100배 증가하였습니다.[24] 이를 건강보험 상의 전체 진료비로 보면 2018년 77조9,141억원인 바, 그 중 65세 이상 고령자의 진료비는 31조1173억원에 이르러 전체의 39.9%에 달하고 있으며, 이는 전년보다 14.7% 증가한 액수입니다. 또한 2018년 65세 이상 1인당 진료비는 438만 7천원으로 일반국민의 1인당 진료비 152만 6천 원의 약 3배에 이릅니다. 이는 또한 전년의 398만 7천원보다 10.0% 증가하였으며, 매년 급 격히 증가하는 추세입니다. 65세 이상 고령자의 진료비의 증가율은 2018년 14.7%로, 일반 국민의 전체 진료비 증가율 11.9%보다 현저히 높으며, 이러한 추세는 지난 10년간 꾸준히 지속되었습니다.[25] 이처럼 65세 이상의 고령자의 진료비는 일반인의 3배에 이르고 있고, 이러한 고령자층이 세계에서 가장 빠른 속도로 증가하고 있는 것이 우리나라의 의료체계의 현실입니다.

이제 고령사회를 맞이하여 고령자층에 대한 특단의 의료대책과 발상의 전환이 이루어지지 않으면 우리나라의 의료재정 체계는 조만간 파탄에 이를 수밖에 없는 상황에 이르렀습니다. 이제 고령자에 대한 잘못된 낭비적 진료행태가 없는지 여부를 정확히 파악하여 과잉진료를 막고 노인성 질환에 적합한 효과적이고 경제적인 치료방법을 적극적으로 수용하여 고령자의 증가에 대비한 의료체계의 합리화와 개선을 실현하지 않으면 안 될 절박한 사정에 도달한 것입니다.

한편 2017년 보건복지부 노인실태조사에 의하면 90%의 65세 이상 노인은 1개 이상의 만성질환을 앓고 있고 3개 이상의 만성질환을 앓고 있는 노인도 51%로 절반을 넘고

24) 보건복지부 2017년 국민보건계정 통계.
25) 진료비 증가율은 2011년 고령자 7.6%, 전체 5.5%, 2013년 고령자 9.3%, 전체 5.2%, 2015년 고령자 10.5%, 전체 6.4%, 2017년 고령자 10.5%, 전체 7.7%로서 매년 고령자는 일반인에 비하여 2-4% 높은 진료비 증가율을 보이고 있어서 진료비 격차가 더욱 벌어지고 있습니다. 통계청, 2019 고령자통계, 34면.

있습니다.[26] 또 2018년 통계청의 조사에 의하면, 65세 이상 고령자는 스스로의 건강상태에 대하여 22.8%만이 '건강이 좋다'고 평가할 뿐 43.5%가 주관적 건강상태가 나쁘다고 평가하고 있습니다.

이처럼 65세 이상의 고령자들은 청장년층에 비해 건강상태가 열악하고 대부분 만성질환인 질병을 가지고 있는데, 그 질환은 노쇠함으로 인해 기혈순환이 원활하지 못하고 자연회복력과 신체방어력이 저하되어 생기는 질환으로 대부분 뚜렷한 병명을 알 수 없고 지속되는 통증으로 끊임없이 병원을 찾게 하는 특성을 가집니다.[27] 이런 까닭에 고령자들은 치료효과가 미미함에도 불구하고 빈번히 여러 병원을 찾게 되고, 병원은 수많은 진단과 검사 및 수술 등을 통하여 과잉된 진료를 행하여 앞서 통계에서 본 바와 같이 고령자의 진료비를 청장년층에 비하여 3배 이상으로 불필요하게 상승시키고 있습니다. 또한 노인들은 여러 병원을 거치는 과정에서 최종적으로는 3차의료기관인 대형병원을 방문하게 되는데 여기서는 고가의 의료장비를 동원한 필요 이상의 과잉진료의 가능성이 높아지게 되고 결국 우리 사회 전체에 과중한 진료비용 부담을 초래하여 청장년층에게 불합리한 의료비 전가현상을 발생시키게 됩니다.

2018년 고령사회에 접어든 우리나라의 의료체제가 재정적으로 붕괴되지 않도록 하기 위하여 이제 어떤 특별한 방안이 시행되어야 할 절박한 시점에 도달하였다고 할 것입니다.

여기서 문제의 원인이 되는 고령자의 의료 수요는 만성질환과 통증완화에 특별한 효과가 있음이 세계적으로 인정되어있는 침구술을 1차적 의료서비스로 활 용할 필요성이 크게 부각된다고 하겠습니다.

침구의료의 특성은 약물과 수술방법을 쓰지 않고 기혈통로인 경락과 경혈을 자극해

26) 진료비 증가율은 2011년 고령자 7.6%, 전체 5.5%, 2013년 고령자 9.3%, 전체 5.2%, 2015년 고령자 10.5%, 전체 6.4%, 2017년 고령자 10.5%, 전체 7.7%로서 매년 고령자는 일반인에 비하여 2-4% 높은 진료비 증가율을 보이고 있어서 진료비 격차가 더욱 벌어지고 있습니다. 통계청, 2019 고령자통계, 34면.

27) 정경희 외 10인, 2017년도 노인실태조사, 보건복지부 정책보고서, 307-309면.

몸 전체의 기혈순행을 돕고 면역력을 증가시켜 인체 자체의 자연치유와 예방을 기하는 치료입니다. 또한 고가의 의료장비나 장소에 구애받지 않고 편리하게 시술하여 즉시 효과를 볼 수 있어서 저비용 고효율의 탁월한 효과를 가집니다. 또한 고령자들은 의료기관이 제대로 분포하지 아니한 농어촌 지역에 상대적으로 집중 거주하고 있고 이러한 현상은 지난 10년간 지속적으로 더욱 현저하게 진행되어왔습니다.

이렇게 볼 때 고령사회로 들어선 우리나라의 의료체계에서 정규의료제도를 이용하기 전 1차 의료로서 침구의술을 보급시켜야 할 필요성이 절실하게 된 상황이라고 할 것입니다.

(2) 침구교육기관의 합법화와 침구전문인력의 대폭적 증가

전통민간요법인 침구행위의 적헌성 여부에 관하여 심층 판단하였던 헌법재판소 2010. 7. 29. 2008헌가19 결정이 있은 후 만 1년이 지난 2011. 7. 28. 대법원은 우리나라 침구제도에 이정표가 될 중요한 판결을 내린 바 있고, 2016. 7. 22. 대법원은 다시 한번 같은 취지의 판결을 내렸습니다. 이는 침구교육제도에 관한 것으로서 일반 국민들에게 침구행위를 가르치기 위한 교육기관을 설립하는 것을 침구행위를 교육대상으로 한다는 내용적 사유로 국가가 막을 수 없으며 이러한 침구교육기관의 운영은 합법이라는 취지의 것입니다.

대법원의 이 판결은 "건강의 유지·증진에 관한 일반 국민의 높은 관심과 지식 욕구는 언론매체에 의한 기사와 보도, 각종 정보통신매체의 지식사이트 등을 통한 여러 형태의 사회적 교육에 의해서 충족되고 있고, 그 결과 이제는 단순한 건강의 유지·증진뿐 아니라 웬만한 질병의 원인과 증상, 치료와 예방에 이르기까지 전문적 의학지식의 일부가 널리 지식과 정보 습득의 대상이 되고 있다. 이러한 의학적 지식과 정보의 광범위한 전파 과정에서 일부 잘못된 지식의 무분별한 습득이나 어설픈 실천이 조장될 우려가 있을지 모르나, 이러한 이유만으로 특별한 법령상 근거도 없이 의학지식과 정보를 전문가들 사이에서만 독점하도록 제한하고 일반인들에게는 그에 대한 접근이나 학습조차 금지할 수는 없을 것이므로, 이 사건 교육과정을 통하여 인체와 경혈의 원리를 이해하고, 종래 민간에서 널리 전수되고 시행되어 온 침·뜸의 원리와 시술에 관한 지식을 습득하는 것 자체가 평생교육의 대상에서 제외된다고 볼 수도 없다. 자신의 건강을 지키고 증진시키기 위해 인체와 질병에 관한 지식을 학습할 기회를 갖는 것은 행복의 추구와 인간다운 생활을 위한 국민의 기본적 권리에 속하므로 별도의 입법조치가 없는 한 이를 제한할 수 없다"고 판단하였습니다.

이후 침구시술을 할 수 있는 침구인 양성교육기관은 합법화되었고 이에 따라 서울은 물론이고 대구 등 전국 각지에 평생교육기관으로서 침구교육기관이 설립되어 많은 침구전문인력을 양성해 오고 있습니다. 대표적으로는 서울에 정통침뜸 평생교육원이 존재하고 여기서는 전 과정 1년으로 진행되는 교육과정이 개설되어 있고, 수료 후 정회원 시험이 실시되어 합격하면 정통침구학회의 정회원이 되도록 하고 있습니다. 또 한 CH 아카데미라는 침구평생교육기관이 설립되어 기본과 중급 및 전문과정을 개설하여 전문적 침구교육을 실시하고 있으며 허임기념사업회 침뜸학교가 열려서 6개월의 입문·기본과정 및 5개월의 전문과정을 개설하며 각 수료시험을 실시하여 합격하면 수료증을 내주고 있습니다. 기타 한방서당 등 많은 침구교육기관들이 적법하게 침구술 교육과정을 실시하고 있습니다. 이들 교육기관의 교육의 질은 일본의 3년제 정규 침구전문대학의 수준과 비등한 것으로 평가되며 수료에 즈음한 시험의 수준도 이와 같이 이루어지고 있습니다.

이와 같이 침구교육은 헌법 제31조 제6항에 보장한 바 국민의 평생교육의 일환으로 널리 실시되고 있으며 그 결과 현재 우리나라의 민간 침구전문가는 약 30만명에 이르는 것으로 추산되고 있습니다.

국가가 이러한 교육기관을 통하여 침구술에 관한 교육과 전문가 양성을 허용하면서도 국민들이 합법적으로 배운 침구행위를 모두 금지하면서 실행하면 모두 색출하여 처벌하겠다고 나오는 것은 국가가 국민의 건강증진을 위한 일상행위를 위협하는 것에 다름 아니며 국가의 국민에 대한 도리가 아닙니다. 또한 이는 침구교육을 규율하는 법규범과 침구행위를 규율하는 법규범 사이에 그 규범의 실질적 내용과 규범의 근거가 되는 원칙 면에서 모두 상호 배치되고 모순되는 상태에 빠지게 된 것을 의미합니다. 그 원인은 무엇보다도 한의사의 침구독점을 허용하면서 그 결과 한의사 이외의 침구전문가의 침구시술을 일괄 금지하고 처벌하는 이 사건 의료법 조항을 불합리하게 계속 유지하는 데에서 야기되고 있는 것입니다.

이와같이 위 2010년의 헌법재판소의 위헌다수의견의 합헌결정 이후 침구제도에 관해서는 침구교육제도와 침구행위 자체를 전면 금지하는 의료법 조항 사이에 심각한 차별과 법체계 정당성 위반의 현상이 발생하게 되었습니다. 이는 그 자체로서 강력한 위헌의 징표일 뿐만 아니라, 위 헌법재판소의 판결 이후 우리나라의 침구제도에서 발생한 심각한 '사정변경'의 하나로 파악된다고 할 것입니다.

(3) 침구 세계화에 따른 우리 국민의 국제적 침구활동의 확대

최근 10년 이래 우리 국민의 해외방문과 교류는 비약적으로 증대되었고 이에 따라 우리 국민의 국제적 침구활동이 활발해졌습니다. 이 점에서 최근 현저히 나타나는 것은 침구제도가 확립된 미국 독일 스페인 등 선진국에서의 직업적 활동이 증가하고, 외부적 의료지원이 필요한 개발도상국의 경우에는 우리 국민의 봉사적 활동이 증대하고 있는 현상입니다.

선진국의 경우이든 개발도상국의 경우이든 외국에서 우리 국민들에 대하여 침구시술을 받고자 하는 수요가 큰 이유는 침구술은 결국 동양에서 발상한 의료술이고 그 중에서도 특히 한국은 중국보다도 앞선 침구술의 전통을 가진 발전된 침구 국가라는 명성이 아직도 인정되고 있기 때문입니다.

우리나라 침구인들의 국외활동을 구체적으로 보면, 먼저 스페인에서의 우리 국민의 침구활동이 최근 매우 활발하여졌습니다. 이들의 활동상황을 보면 스페인에서는 태권도 사범으로 간 한국인들이 한국에서 배운 침뜸을 시술하여 효험을 보여준 것을 계기로 스페인 당국의 허가를 받아 침술원을 하는 경우가 많고 이들은 '스페인침구협의'를 결성하였으며 여기에는 한국의 평생교육원 등에서 교육받은 침구인들이 상당수 가입하여 활동하고 있습니다. 독일에서는 독일치료사의 허가를 받아 활동하는 상당수의 한국인들이 있으며, 미국의 경우에도 한국에서 침뜸교육을 받아서 미국의 침술사 자격을 받고 침술원을 운영하는 한국인들이 많습니다. 미국과 독일, 스페인의 경우 한국을 오가면서 생활하는 이들이 많은 관계로 이들은 한국에 돌아오면 무료 침구봉사활동이라도 하고자 하는데, 미국과 독일, 스페인에서는 자신들의 직업이 적법하고 한국에서는 불법이라는 점에서 커다란 불합리함과 불편함을 느끼고 있는 실정입니다.

또한 한국에서 침구교육을 받은 후 특히 동남아시아 국가들, 이를 테면 필리핀, 미얀마, 베트남, 캄보디아 등지로 나가 침구사로 활동하고자 하는 사람들이 있습니다. 특히 이러한 개발도상국으로 향하는 침구인들은 무료침구활동 등 봉사활동을 하기 위한 목적을 가진 경우가 많은데, 이러한 활동조차 우리 국내법으로 제약당한다는 점에서 국제적 자선(慈善)을 위한 활동에 지장을 받고 있는 상황입니다.

나아가 러시아의 사할린에 사는 동포들이나 요르단 카자흐스탄 등 세계 각지에서 한국에서 배운 침구술을 활용하여 지역사회에 봉사하고 직업활동을 하고자 하는 한국인 이주자들이 늘어나고 있는 실정입니다.

이처럼 세계 각지에서 침구술의 유용함을 알고 활용하고 있고 그 발상지인 동양의 침구인들로부터 이를 시술받고 배우고자 하고 있는바, 중국과 일본은 유럽과 미주 아시아 등 각지에서 각자 자기들의 고유한 침구술을 홍보하고 전파하면서 침구종주국의 지위를 놓고 경쟁하고 있는 상황입니다.

그러나 정작 동양에서도 침구술을 창시한 민족이며 중세에는 가장 뛰어난 침구학과 침구제도를 보유하였던 우리나라는 서양에서 큰 관심이 없는 한약처방 위주의 한의사 면허가 없으면 자격을 가질 수 없다는 불합리한 입법에 걸려서 침구인들이 국제적 침구활동을 하는 데에 커다란 제약을 받고 있으며 중국과 일본에 뒤처지고 있는 실정입니다.

(4) 침구행위의 위법 여부에 관한 새로운 판례와 법집행 관련 법적 혼란 발생

위 헌법재판소의 결정 이후 침구행위의 의료행위 여부에 관한 한 어떠한 의학적 전문가가 이를 행하여야만 하는지 여부에 관하여 판례법상 또는 법집행상 많은 새로운 혼란이 발생하고 있는 새로운 사정들이 발생하고 있습니다. 이제 일반상식을 가진 관련 국민들은 이 사건 조항과 그 해석만으로는 침구사에 의한 어떠한 행위가 금지되며 어떠한 행위가 실질적으로 허용될 것인지 여부에 대하여 정확히 예측할 수 없어 그 행동을 결정할 수 없는 상황에 처하고 있습니다.

먼저 뜸시술에 관해서 살펴보면, 2015년 2월에 대법원은 환자의 피부에 직접 닿지 않는 쑥뜸 시술 이른바 간접구(間接灸) 시술이 반드시 한의사만이 하여야 할 '의료행위'가 아니라고 판결하였고(대법원 2015, 2. 12. 선고 2013도5852), 나아가 법원은 2018년 11월에 이르러 직접구(直接灸)라고 하더라도 섭씨 60도 정도가 나오는 쌀알 반 알 만한 크기(半米粒)의 뜸이라면 의료인이 행하여야만 할 행위라고 보기 어렵다고 판결한 바 있습니다(2018. 11. 15. 대전지방법원 2018노1703).

그런데 침구전문가가 보통 행하는 쑥뜸시술은 보다 효능이 좋은 직접구라고 하더라도 그 대부분이 쌀알 반 알 정도의 작은 쑥의 시술이며 그 이상은 별로 필요하지도 않아 실행되지 않습니다.

그렇다면 이러한 최근의 법원의 판결들은 사실상 모든 쑥뜸행위를 판례법에 의하여 합법인 것으로 돌려놓고 있어서 종래의 의료행위의 의미 해석에 커다란 변화를 가져왔습니다.

나아가 침시술에 관하여 보건대 이미 대법원은 수지침의 경우에는 반드시 한의사에 의하여 행해지지 않아도 되는 정당행위인 것으로 판결하여 왔습니다(대법원 2000. 4. 25. 선고 98도2389). 그리고 법원은 체침의 경우 한의사만이 할 수 있는 의료행위에 해당한다는 판결을 내고 있지만, 정부는 이를 그대로 따르지 않고 2016년 9월 안마사의 업무범위 중에는 자극요법으로 3호침[28] 이내의 침사용을 허용한다는 지침을 고수하면서 수사기관과 전국의 지방자치단체 등에 이를 통보하였습니다.[29] 그런데 침구전문가가 행하는 침시술에 있어서 90% 이상의 대부분의 경우는 3호침과 그 이하 규모의 침을 사용할 뿐이고, 더 큰 침은 실제로 거의 사용되지 않습니다.

법원의 판결에도 불구하고 법의 집행은 행정부의 권한이므로 행정부의 통치권에 놓인 국민은 구체적인 경우 무엇이 법인지에 관하여는 일차적으로 행정부의 방침에 따라 움직일 수밖에 없을 것입니다. 행정부가 사건을 적발하여 기소하지 않는 이상 법원은 판단 기회조차 없을 것이기 때문입니다.

침구시술을 침구사가 하면 불법인데, 안마를 하는 안마사와 한약처방을 하는 한의사가 하면 괜찮다고 하는 것은 직업의 본질이 뒤바뀐 것으로서 일반 국민으로서는 상식적으로 믿기 어려운 부분이고, 결국 문제가 생기면 법원에 가서 소송을 해야 하는데 그 결과도 자꾸 뒤바뀌므로 구체적 상황에 따라 어떻게 나올지 알 수 없다는 것이 지금까지의 경험입니다.

결국 우리 의료사회에서 대부분의 침시술의 허용 주체에 관하여 한의사·안마사 또는

28) 길이 5센티미터 굵기 0.20밀리미터 내외의 침으로 사용 보편적으로 사용됩니다.
29) 보건복지부, 2016. 9. 30. 시행, '안마사 침시술행위(3호침 이하) 관련 협조요청', 보건의료정책과 -8617. 공문. 참조.

침구사 간에 심각한 법적 혼란과 불안정이 초래된 상태에 빠져 있습니다.

(5) 최근 사회 민주화의 진전과 군사정권 잔재청산 완결 당위성의 증대

우리 사회는 1989년 현행 헌법이 시행된 이후 우여곡절을 겪으면서도 민주화가 꾸준히 진행되어 왔습니다. 특히 우리 사회의 민주화는 과거 쿠데타에 의하여 군사정부가 들어선 탓으로 이에 대한 민주주의의 회복의 투쟁과정에서 진전되어 왔다고 할 것입니다. 군사정권이 남긴 잔재의 청산은 그 이후 들어선 정부의 성격에 따라 부침이 있었지만, 특히 2017년 3월 헌법재판소의 대통령 탄핵인용 결정과 이후의 새로운 정부 구성으로 우리 사회에서 군사정권 문화의 잔재청산의 요구는 더욱 고조되었고 그동안 약 30년 내지 50년이라는 장기간의 시간이 흐른 점을 고려할 때 이제는 완전한 청산이 실현되어야 할 단계에 왔다고 생각됩니다.

앞서 본 바와 같이 우리 의료법제에 전통적으로 이미 존재하였던 침구사 제도를 폐지시켜 버린 것은 1962년의 일로서 5·16 군사정부의 권위주의적 결정에 의한 것이었습니다. 이 조치는 국회가 해산된 상태에서 국가재건최고회의라는 군사정부의 전단적 의사결정기구에 의하여 임의로 결정된 것으로 이해관계 집단과 국민 전체의 광범위한 의견을 수렴하고 그 결론에 의하여 시행한 것이 아니었습니다.

단지 정권을 잡게 된 군인들이 사안의 중요성과 복잡함을 고려하지 아니한 채 자신들의 힘을 과시하는 수단의 하나로 채택되어 정책으로서 현실화되어 버린 것입니다. 그럼에도 불구하고 우리나라의 군사정권의 청산과 사회민주화의 과정이 전진과 후퇴를 반복하는 형태로 애매하게 진행됨으로써 개혁·개선의 우선 순위에서 밀리고 이러한 군사정권의 정책적 잔재가 아직도 남게 된 것입니다. 그 대표적인 사례가 바로 침구사제도의 폐지와 그 침구행위의 불법화인 것입니다.

동서양을 막론하고 침구사 제도는 정규의료를 보완하는 대체의학술의 하나로서 발전되어 왔는데 군사정권이나 전체주의 정권이 들어서서 이를 금지해 버린 사례는 앞서 본 바와 같이 외국에서도 발견됩니다.

독일의 경우 나치정권이 들어서자 나치는 정규의료인의 지지를 얻기 위해서 그 이전부터 독일에서 대체의술로 인정되어온 침구사를 포함한 각종 치료사 제도를 폐지시키고 이를 한시적으로 운영하고자 하였습니다. 패전 후 동독 공산당은 동독지역에서 치료사 제도를 완전히 폐지하고 이미 존재하던 치료사만 남겨두어 노령으로 자연소멸 하게 하였습니다. 독일에서의 전체주의 정권들의 이러한 행위는 1962년 우리나라에서 쿠데타로 정권을 잡은 군사정부가 시행한 것과 완전히 같은 조치입니다. 독일에서는 1989년 동독이 붕괴됨으로써 겨우 서독의 치료사 제도가 동독지역에 적용될 수 있게 되고 침구사를 비롯한 치료사 제도가 부활하게 되었습니다.

중국의 경우도 동독과 비슷한 면이 있습니다. 모택동은 1949년 국민당을 몰아내고 중국 본토를 장악한 이후 전통의술인 침구는 합리성을 추구하는 공산주의 국가에 맞지 않는다고 하여 이를 금지시켰지만, 정규의료가 극히 빈약한 상황에서 저층국민들 이 의료서비스를 받기 위한 불가피한 선택으로서 향촌지역의 침구제도는 살아남았으며 지금도 정규의 중의사가 아닌 보건침구사 등에 의하여 침구술은 합법적으로 시행되고 있습니다. 일본에서도 제2차 세계대전 이후 점령당국인 맥아더 연합군사령부에 서 침구술을 야만적인 것으로 보고 금지령을 내린 바 있지만 일본인들 전체 여론의 반대에 부딪혀 결국 철회한 바가 있었습니다.

이처럼 동서양의 주요 국가들에서도 군사정부나 독재정권 또는 전체주의 정권은 자신들의 권력과 합리성을 과시하기 위하여 의료사회의 약자집단에 해당하는 침구사를 비롯한 대체의학 종사자를 박해한 역사적 경험을 가지고 있습니다. 이들 국가에서는 이

제 어떤 형태로든 침구사 제도는 부활하였으며 이는 모든 국민의 의료복지를 위하여 필요하다는 인식이 보편화되고 국가정책에 반영되었기 때문입니다.

이제 최근의 우리 사회의 민주적 변화로 볼 때, 군사정부의 독단적 결정에 의하여 도입된 한의사에 의한 침구독점과 침구사의 불법화는 시정되어야 할 때가 왔으며 관련된 군사문화의 잔재는 청산되어야 할 것입니다.

4. 심판대상 조항들의 기본권 침해 내용

가. 의료행위 선택권과 치료의 자유의 침해

(1) 법 리

(ⅰ) 헌법 제10조 제1문은 모든 국민은 인간으로서의 존엄과 가치를 가지며 행복을 추구할 권리를 가진다고 천명하였고, 헌법 제37조 제1항은 국민의 자유와 권리는 헌 법에 열거되지 아니한 이유로 경시되지 아니한다고 규정하였습니다. 인간으로서의 존 엄과 가치를 확보하고 행복을 추구하는 데 있어서는 개인의 건강을 유지하고 사는 것 이 전제이자 그 기본적인 내용이 될 것으므로 위 조항들에서 헌법에 명시하지 아니한 기본권으로서 국민의 건강권이 도출될 것입니다.

건강권과 행복추구권의 한 형태인 일반적 행동 자유권으로부터 각 개인은 질병이나 기타 몸의 이상이 있을 때 '자신의 몸을 치료하는 행위를 스스로 선택할 자유'가 인정되어야 할 것입니다. 국민의 기본권으로서의 이러한 치료행위 선택권은 반드시 정규교육을 받은 제도권 의사의 치료행위로만 선택대상이 국한될 수 없으며, '제도의료' 밖에 존재하는 '비제도권 전통의료'로부터 치료행위를 선택할 권리가 포함된다고 할 것입니다.

의사·한의사 등 정비된 제도의료 내의 의료서비스를 받아 보아도 자신의 병 을 고칠 수 없을 때와 같이 제도의료에 만족할 수 없는 경우가 있고, 이 때에 환자는 스스로 제도권·비제도권을 막론하고 널리 자신의 치료행위를 선택할 수 있어야 하며, 바로 이 점에서 '치료행위 선택권'의 기본권으로서의 독자적 존재이유가 있다고 생각됩니다. 나아가 위의 헌법조항들을 근거로 하여 자신의 건강과 마찬가지로 '타인의 건 강을 돌보고 회복시켜 주기 위한 행동을 할 자유'도 인정된다고 할 것입니다.

(ii) 독일에서는 인간의 이러한 치료활동과 관련하여 이미 19세기부터 '치료의 자유(Kurierfreiheit)'가 널리 인정되어 왔습니다. 입헌주의가 발달하기 이전부터 이러한 인간 자유의 개념이 보편화된 이유는 어느 사회이건 근대화 이전부터 전통적 의술이 발달하여 왔고 근대적 정규의료제도가 도입된 이후라고 하더라도 국민들이 전통적으로 누려온 치료술을 시행하고 시행받을 자유를 국민들로부터 함부로 박탈해 갈 수는 없기 때문입니다. 독일에서는 중세 이후 독일 국민들이 친근하게 받아온 여러 전통적 치료시술들을 받을 자유를 유지하였으며 이러한 자유가 19세기에 '치료의 자유'로 개념화한 것입니다. 독일에서 치료의 자유는 '아픈 이를 돌보기 위한 모든 사람의 권리 (jedermann zustehendes Recht zur Behandlung von Kranken)'로서 ① 각 개인이 '자신의 치료행위자를 선택할 수 있는 자유'와 ② '의사 아닌 자에 의한 치료행위를 금지당하지 아니할 자유'를 포함하였습니다.[30)]

물론 이러한 치료의 자유가 어떠한 제한도 할 수 없다는 것은 아닙니다. 국민건강 보호의 문제는 중대한 공익이 걸린 문제로서 치료의 자유의 제한의 입법목적이 될 수 있을 것입니다. 독일에서도 치료사법이 제정되어 치료사의 허가제 등 법적 규율이 도입됨으로서 치료의 자유는 국민건강의 공익에 의하여 제한되고 있습니다. 그러나 독일 고래의 치료사 제도 자체를 폐지하고 치료사를 말살하는 것은 치료의 자유의 침해에 해당합니다.

30) Michael Quaas/Rüdiger Zuck, Medizinrecht, 2. Aufl., München, 2008, S. 470.

(2) 이 사건에의 적용

이처럼 국민의 의료행위 선택권과 치료의 자유의 제한은 우리나라의 경우 헌법 제 37조 제2항의 기본권 제한의 법리, 특히 과잉금지의 원칙에 부합하여야 하므로 이하에서 이에 관하여 살펴보고자 합니다.

(가) 목적의 정당성

의료행위는 사람의 생명이나 신체를 다루는 일로서 이를 그르칠 경우 그 피해는 회복할 수 없거나 회복하기 어려운 것이므로, 사람의 생명, 신체나 공중위생에 위해를 발생하게 할 우려가 있는 의료행위를 미리 막자는 이 사건 조항들의 입법목적은 정당하다고 할 것입니다(헌재 1996. 10. 31. 선고 94헌가7, 판례집 8-2, 408, 416 참조).

(나) 수단의 적합성

그러나 제도권 의료인에 포섭되지 아니한 비제도권 의료행위자의 의료행위를 어떠한 예외도 없이 일괄 금지하고 처벌하는 입법은 반드시 위 공익 목적에 부응하는 적절한 수단이 된다고 할 수 없습니다. 개개 의료행위에 필요한 지식과 기술의 정도나 그 위험성 등을 고려함이 없이 비의료인에 의한 의료행위 전부를 일률적·전면적으로 금지한다면, 의료행위에 대한 비용을 부담할 능력이 없는 국민에 대하여 의료행위의 선택가능성을 좁게 함으로써 오히려 이들의 생명·신체에 대한 위해 발생을 방지하고자 하는 입법목적과는 반대의 결과를 가져올 여지도 있기 때문입니다.

이를테면 ① 의료인에 의해 치료불가 판정을 받은 경우 ② 과다한 비용 등의 이유로 의료인에 의한 의료행위를 선택할 수 없는 경우 ③ 비의료인이 현재의 과학수준으로는 용납하기 어려운 치료방법을 썼으나 결과적으로 질병이 치료된 경우 ④ 침, 뜸과 같이 부작용의 위험성이 크지 않고 시술을 중단하면 쉽게 시술 전의 상태로 돌아갈 수 있는 경우 등에도 이 사건 조항들과 같이 비의료인에 의한 의료행위를 사전에 일체 금지하고 위반 시 이를 형사처벌하는 것은, 위와 같은 경우에 처한 개개 국민의 생명, 신체에 대한 위해 발생을 방지하기 위한 적절한 수단이라고 할 수 없습니다. 오히려 위와 같은 경우, 국가는 국민이 다른 의료행위도 선택할 수 있는 가능성을 열어 놓고, 행정적 감독 등 간접적 통제만 함으로써, 국민 스스로가 의료인에 의한 의료행위가 비의료인에 의한 의료행위보다 낫다고 판단해 의료인에 의한 의료행위만 수용하도록 유도해 나가거나, 특히 위 ④의 침구술처럼 부작용의 위험성이 크지 않은 일부 의료행위에 대해서는 그 치료를 담당할 수 있는 간이한 치료사 자격제도를 만들어 국민이 저렴한 비용으로 손쉽게 치료받을 수 있는 방안을 마련하는 것이 개개 국민의 생명이나 신체를 보호하는 적절한 방법이 될 것입니다(헌재 2010. 7. 29. 2008 헌가19 등, 판례집 22-2상, 37, 71).

(다) 피해의 최소성

(ⅰ) 또한 입법자는 공익실현을 위하여 기본권을 제한하는 경우에도 이를 실현하기에 적합한 여러 수단 중에서 되도록 국민의 기본권을 가장 존중하고 이를 최소한도로 제한하는 수단을 선택하여야 하므로, 의료면허제도를 설정함에 있어서도 의료소비자 의 의료행위 선택권과 치료의 자유를 필요최소한의 범위 내에서 제한하여야 합니다.

(ⅱ) 의료행위라 함은 '질병의 예방과 치료에 관한 행위로서 의학적 전문지식이 있는 자가 행하지 아니하면 사람의 생명, 신체나 공중위생에 위해가 발생할 우려가 있는 행위'를 말합니다. 여기서 의료행위는 서양에서 전래된 의료행위와 동양 고래의 의료행위를 모두 포함하며, 행위의 태양에 따라 의학적 전문지식이나 생명·신체의 위해 성에 차이가 날 수 밖에 없습니다. 따라서 국민건강의 보호증진이라는 공익 목적을 실현함에 있어서도 국가는 의료행위의 태양이나 특징, 생명·신체에 대한 위험성에 따라 다양한 의료인의 자격을 설정함으로써, 의료소비자인 국민으로 하여금 적정한 비용이나 접근성에 맞는 의료행위를 선택할 수 있게 해야 합니다. 서양의의 경우 일반 의와 치과의가 구분되는 것이 그 대표적인 사례인데, 동양의의 경우에도 전통적으로 한방의(조선시대의 藥醫)와 침

구의(조선시대의 鍼醫)가 구분되어 온 점이 여기서 고려되어야 할 것입니다.

침(鍼)은 경혈에 침을 사용하여 물리적 자극을 주는 것이고, 구(灸)는 쑥을 이용하여 경혈 부위에 열을 가하는 것이므로, 생명·신체에 대한 위험성이나 부작용이 인체에 약제를 복용시키는 한방의의 의료행위와 비교가 될 수 없을 만큼 낮습니다. 또한 침구의 술을 시행하는 데에는 한약재 등 재료를 구비할 시설이 필요 없고 간편한 침구도구 만을 가지고 환자가 있는 곳으로 가서 시술하는 것이 가능하므로 비용이 낮고 간편성이 뛰어납니다. 그럼에도 불구하고 이러한 의료행위까지 제도권 의료인이 된 한의사에게 독점시키는 것은 의료행위에 대한 비용을 부담할 능력이 없는 국민에 대하여 경제적 측면이나 접근성의 측면에서 불필요한 과도한 제약을 가하는 것이고 의료소비자인 국민의 의료행위 선택권이나 치료의 자유 나아가 건강권을 최대한 보장하는 수단이라고 할 수 없습니다.

(라) 법익의 균형성

(i) 생명·신체나 공중위생에 대한 위해 발생 가능성이 낮은 침구 의료행위만을 전문으로 하는 침구사 제도를 허용하지 아니한 채 침구 의료행위를 한약처방을 위시한 동양의학 전반을 다루는 한의사에게 전면적·일률적으로 독점시킴으로써 얻을 수 있는 법익은 직접적으로는 한의사라는 직역집단의 이익이고, 공공의 이익에 봉사한다는 의미에서는 추상적이고 불확실한 것으로서 그 공익성이 희박합니다. 반면 침구의술만을 전문적으로 다루는 침구사 제도를 금지하는 이 사건 조항들에 의해 제한되는 의료소비자의 의료행위 선택권은 이를 실현하지 못할 경우 당해 국민의 생명이나 신체를 치유할 수 없게 되는 현실적 법익이 문제되어 구체적이며 중대합니다.

(ii) 나아가 이 사건 조항들로 인하여 한의사가 누리는 침구의료행위 독점권은 이를 상실한다고 하더라도 한의사들이 침구의료행위를 할 수 있는 권리를 상실시키는 것은 아니므로 그들의 법익 침해의 정도는 경미한 것입니다. 이에 비하여 국민은 이 사건 조항들

이 무효가 됨으로써 한의사의 침구행위 독점권이 없어진다면 ① 침구사에게 가서 전문적인 침구시술만을 받는 의료서비스를 받거나, 아니면 ② 한의사에게 가서 한약처방과 침구시술을 병행하는 의료서비스를 받거나 하는 의료행위 선택권을 회복하는 법적 이익을 얻게 될 것입니다. 한의사가 이 분야의 독점권을 상실하는 것은 한 직역 집단의 사익임에 비하여 국민의 의료행위 선택권의 확대는 국민 집단 전체의 이익으로 그 법익의 정도가 크며, 헌법이 요구하는 '국민보건 보호'를 충실히 하는 데에 이바지하는 것으로서 사익이라기보다는 오히려 공익에 가까운 중대한 법적 이익이라고 할 것입니다.

(iii) 그러므로 이 사건 조항들이 보호하는 침구의료행위에 대한 한의사 독점권과 이를 통하여 저해되는 국민의 의료행위 선택권의 법익을 교량하여 보아도 현저히 법익의 형평성은 상실되어 있다고 할 것입니다.

나. 직업선택의 자유의 침해

(1) 법 리

헌법재판소는 직업의 자유 제한에 관하여 ① 직업 행사의 자유를 제한하는 단계와 ② 주관적 사유에 의한 직업 결정의 자유를 제한하는 단계 및 ③ 객관적 사유에 의한 직업 결정의 자유를 제한하는 문제의 세 가지 단계로 나누어 단계가 높아짐에 따라 더 엄격한 헌법심사를 받아야 한다는 잣대를 제시하고 있습니다. 그리하여 단순히 직업수행의 자유를 경미하게 제한할 때에는 광범위한 입법재량을 인정하여 완화된 심사를 할 수 있지만, 개인적인 노력과 주관적 능력의 판정 여하에 따라 제한 여부를 결정하는 주관적 사유에 의한 직업선택의 자유 제한이나 국가에 의하여 주어진 객관적 조건에 의하여 부과되는 제한인 경우에는 과잉금지 원칙에 의한 엄격한 심사를 하여야 합니다.

(2) 이 사건에의 적용

이 사건 심판대상 조항들에 의하여 직업으로서 침구행위는 한의사 면허를 받지 않으면 금지되고 처벌되는 것으로 운용되고 있습니다. 이는 침구업에 대한 한의사 자격을 요하는 것으로 주관적 사유에 의한 직업선택의 자유의 제한이라고 할 수 있으며, 기본권 제한의 심사원칙인 과잉금지 원칙에 부합하는지 여부를 살펴보아야 할 것입니다.

(가) 목적의 정당성

이 사건 조항들이 내세우고 추구하는 국민의 생명·신체나 공중위생에 대한 위해 발생의 방지라는 국가적 입법목적 자체는 정당합니다.

(나) 방법의 적합성

이 사건 조항들은 국민건강 보호의 입법목적을 실현하기 위해서 침구시술을 직업으로 행하고자 하는 자는 한의사 교육을 받고 한의사 면허를 반드시 받아야 한다는 것을 요구합니다.

일반적으로 한의사는 환자에게 탕약 처방을 위주로 하는 동양의술을 시행하므로 한의사가 되기 위해서는 각종 한약재의 성분과 내용 및 효능 등을 습득하고 이를 처방하는 데 필요한 기본원리와 지식과 경험을 전수받아야 합니다. 한약처방은 약물을 인체에 투여하는 것이므로 이를 시술하는 한의사는 그 위험성을 고려하여 투여되는 약물이 인체에 어떠한 영향을 미치는 것인지에 대한 깊은 이해가 필요할 뿐만 아니라 복용 방법이나 효과 발생에 있어서도 많은 공부와 경험이 필요할 것입니다. 한의과대 학 등 한의사 양성기관은 이를 위주로 교육하며 그 면허시험은 그 교육된 지식을 확인하는 것이 됩니다.

그러나 침구의술은 시술의 내용이나 방법, 효과 또는 영업의 면에서 모두 한방의술과 전혀 다른 성격의 의술에 해당합니다.[31)]

31) 중국 진(秦)나라 때부터 구비되어오던 의관(醫官)제도는 수당 시대에 완비되면서 침구과는 의과(醫科) 와는 별도로 전문과(專門科)로 정비되었다. 의과 조직에 사용하던 '방(方)' 자는 중국어로

① 침술은 경혈에 침을 사용하여 물리적 자극을 주는 것이고 구술은 쑥을 이용하여 경혈 부위에 열을 가하는 요법에 불과하여 그 의술의 내용이 한의사들이 행하는 약재 사용이나 탕약 처방과 전혀 다른 것입니다.

② 방법 면에서 침구술은 문제되는 경혈을 찾아서 가장 적절한 정도의 시술을 하여야 하는데 이는 문헌에서 글로 표현된 자료만으로는 완전히 배우기 어렵고 각자 임상적 경험에 의하여 침구의 기술적 깊이를 더 해나가면서 개발되어 나가는 특징이 있습니다. 이는 침구의가 한의사와 겸직하면서 그 보조수단으로 시행되어서는 제대로 된 숙련된 시술이 이루어질 수 없고 독자적인 침구전문가가 되어야만 침구술이 제대로 이루어질 수 있음을 의미하는 것입니다. 우리나라의 침구 역사에서도 뛰어난 침구사는 한약처방으로 시술하는 한방의와는 별도로 독립된 전문가들이었으며 최고의 한방의라고 하여도 반드시 유능한 침구사인 것은 아니었습니다.[32)]

③ 또한 침구술의 효과는 간편한 시술에도 불구하고 특정한 영역의 질환에서는 부작용 없이 매우 신속하고 효율적인 효과를 나타내는 것으로 잘 알려져 있습니다. 이는 일정 기간 탕약 복용 등 약물의 투여로 인체의 체질을 개선시키고 건강을 회복시킴으로써 장기적이고 종국적인 효과를 도모하는 한방시술과는 차별화됩 니다. ④ 업무활동의 면에서 침구의에게는 약재를 구비하여 처방하기 위한 시설이 필요없고 단지 침구의 간편한 도구만으로 어디든지 시술이 가능합니다. 따라서 직업으로서 활동도 한방의와는 크

약제처방을 뜻하는 것으로 쓰이고 침구는 별도의 제도로 되어 있었다. 그러므로 한방은 침구사와 별개인 한의사 의 약제처방 행위를 의미한다. 조병희, 한국의 침구제도 현황과 과제, 세계침구제도의 현황과 한국의 미래에 관한 심포지엄, 2005. 8. 29. 국회 입법공청회 자료집, 136면.

32) 이조실록에는 조선시대 최고의 의학자인 허준과 침술과 뜸법에 제일인자로 성장하는 허임이 동시에 등장하여 선조의 편두통을 치료하는 장면을 기록한 것이 있다. 선조의 편두통(偏頭痛)이 갑작스럽게 발작하자 허준이 아뢰기를, "증세가 긴급하니 상례에 구애받을 수 없고 침의들은 반드시 침을 놓아 열기(熱氣)를 해소시킨 다음에야 통증이 감소된다고 합니다. 소신(小臣)은 침놓는 법을 알지 못합니다마는 그들의 말이 이러하기 때문에 아뢰는 것입니다. 허임도 평소에 말하기를 '경맥(經脈)을 이끌어낸 뒤에 아시혈(阿是穴)에 침을 놓을 수 있다'고 했는데, 이 말이 일리가 있는 듯합니다"고 하였고 이에 따라 선조는 허임의 침을 맞았다고 기록한다. 이처럼 한방의의 명의인 허준도 침을 놓지는 못하고 왕의 시침에서 허임의 시술을 받게 하고 있다. 선조실록육선조 37년(1604) 9월23일 기록.

게 다릅니다. 일반적으로 한의사는 약재를 준비하고 상태를 진단하며 환자를 맞이할 병원시설이 필요하지만 침구사는 직업활동의 공간이 특별히 필요하지 아니하며 침구도구만 간편하게 소지하고 환자를 찾아가서 시술해주는 것으로도 충분한 것입니다.

침구술과 한방의술은 동양에서 창시되어 발전한 전통의술이라는 점에서는 공통되지만 이상과 같이 내용, 방법, 효과, 업무활동의 모든 면에서 서로 구분되는 현저히 다른 의술이며, 침구사 또는 한의사가 되기 위하여 필요한 지식과 경험의 내용은 각자 다른 것입니다. 따라서 침구사가 되기 위하여 반드시 한의사가 되기 위한 한방지식 을 갖추어야 할 필요는 없습니다. 바로 이 점을 직시하여 우리나라는 전통적으로 약의(藥醫)와 침의(鍼醫)를 구분하여왔던 것입니다. 이는 마치 양의(洋醫)에 있어서 일반의사와 치과의사가 구분되며, 치과의사가 되기 위해서 일반 의사의 자격과 면허를 갖추어야 할 필요가 없는 것과 유사한 이치라고 할 것입니다.

(다) 피해의 최소성

국민의 생명·신체나 공중위생에 대한 위해의 방지 등을 위하여 침구시술을 행하려는 자들의 기본권을 제한한다고 하더라도 그 입법목적을 달성하는 방법 중에서 기본권이 제한되는 자들의 피해가 최소한이 되는 범위 내에서 제한이 이루어져야 합니다. 침구시술 행위가 치료행위의 일종으로서 '국민건강과 공중위생의 유지'라는 중대한 공익이 걸린 문제인 것은 사실입니다. 그러나 같은 의료인이면서도 치료의 성격이 다른 한의사에게 침구술을 행할 독점적 자격을 부여하여 결과적으로 침구사가 되려면 한의사의 자격을 얻어야만 하도록 하는 것은 침구사가 되고자 하는 자들에 대하여 직업 선택상 지나친 피해를 가져오는 조치입니다. 침구사에 대한 국민건강과 공중위생상의 규제는 국가가 침구사가 되려는 자들로부터 침구업 자체에 대한 영업 신청을 받아서 적절한 치료행위로서 침구시술을 하는데 필요한 충분한 교육를 받고 자격을 이수한 자에 대하여 허가를 주고 이를 사후관리하는 방법에 의하여 얼마든지 실현될 수 있습니다. 여기에 더하여 침구술과는 기본적으로 무관한 한의사로서의 자격을 요구하는 것은 침구사가 되려고 하는 자에게 입법목적과 관계없는 필요 이상의 부담과 피해를 발생시키는 조치로서 기본권 침해의 최소성의 요구에도 위반하고 있습니다.

(라) 법익의 균형성

이 사건 조항들에 의하여 보호하는 법익은 추상적으로는 국민의 건강과 공중의 위생안전이라고 하겠으나 구체적으로는 침구술을 시행할 권한을 부여받은 한의사 집단의 침구독점권이라고 하겠습니다. 이에 대하여 이 사건 조항들에 의하여 제한되는 법익은 한의사가 아니라 침구사가 되려고 하는 자의 직업선택의 사익이라고 할 것입니다.

우선 이 사건 조항들로 인하여 보호되어야 할 공익은, 한의사의 침구독점이 아니라도 독일의 경우와 같이 별도의 침구사 제도를 도입하여 면허 등의 방법으로 적절히 규율하면 충분히 실현될 수 있는 대체성이 있는 것인 반면, 침해되는 사익은 침구사가 되려고 하는 자들의 직업활동을 완전히 차단당하는 중대한 것이므로 공사익 간의 균형은 무너져 있습니다.

또한 이 사건 조항들로 인한 한의사집단의 침구에 관한 이익은 그 독점권의 유지에 있는 바, 이 독점권이 해소된다고 하더라도 한의사는 침구사와 병행하여 침구술을 할 권리가 방해당하는 것은 아니므로 한의사의 침구에 관한 본질적 이익이 침해당하 는 것은 아닌 반면, 이 사건 조항으로 한의사의 침구독점권이 인정됨으로써 침구사가 되려고 하는 자들이 받는 손해는 침구의 직업활동을 완전히 차단당하는 중대한 것이므로 이 점에서도 법익의 균형은 무너져 있다고 할 것입니다.

다. 평등권의 침해

(1) 법 리

(가) 헌법 제11조 제1항의 평등 원칙은

입법자에게 본질적으로 같은 것을 자의적으로 다르게, 본질적으로 다른 것을 자의적으로 같게 취급하는 것을 금합니다. 평등 원칙의 위반을 인정하기 위해서는 우선 법적용에 관련하여 상호 배타적인 '두 개의 비교집단'을 일정한 기준에 따라서 구분할 수 있어야 합니다. 비교 대상을 이루는 두 개의 비교집단의 사실관계 사이에 서로 상이한 취급을 정당화할 수 있을 정도의 차이가 없음에도 불구하고 두 사실관계를 서로 다르게 취급한다면, 입법자는 이로써 평등권을 침해한 것으로 볼 수 있습니다.

그러나 서로 비교될 수 있는 두 사실관계가 모든 관점에서 완전히 동일한 것이 아니라 단지 일정 요소에 있어서만 동일한 경우에 비교되는 두 사실관계를 법적으로 동일한 것으로 볼 것인지 아니면 다른 것으로 볼 것인지를 판단하기 위하여 어떠한 요소가 결정적인 기준이 되는가가 문제됩니다. 두 개의 사실관계가 본질적으로 동일한가의 판단은 일반적으로 당해 법률조항의 의미와 목적에 달려 있습니다(헌재 1996. 12. 26. 96헌가18, 판례집 8-2, 680, 701).

(나) 평등 위반 여부를 심사함에 있어

엄격한 심사척도에 의할 것인지, 완화된 심사척도에 의할 것인지는 입법자에게 인정되는 입법형성권의 정도에 따라 달라지는 바, 헌법에서 특별히 평등을 요구하고 있는 경우와 차별적 취급으로 인하여 관련 기 본권에 대한 중대한 제한을 초래하게 되는 경우에는 입법형성권은 축소되어 보다 엄격한 심사척도가 적용되어야 합니다. 엄격한 심사를 한다는 것은 합리적 이유의 유무만을 심사하는 자의금지원칙에 따른 심사에 그치지 아니하고 비례성원칙에 따른 심사, 즉 차별취급의 목적과 수단간에 엄격한 비례관계가 성립하는지를 기준으로 한 심 사를 행함을 의미합니다.(헌재 1999. 12. 23. 98헌마363, 판례집 11-2, 770.)

2) 이 사건에의 적용

(가) 비교집단의 존재

1962년 군사정부의 국가재건최고회의가 제정한 의료법에 의하여 침구사 제도가 폐지되어 침구사집단은 축소 소멸의 과정을 겪었으나, 2011. 7. 28.과 2016. 7. 22. 두 차례에 걸쳐 대법원은 평생교육기관에서 일반국민에게 침구행위를 가르치는 것을 국가가 인위적으로 막을 수 없으며 침구교육기관의 운영은 합법이라고 판결하였습니다.

대법원의 이 판결 이후 침구시술을 할 수 있는 침구인 양성교육기관은 합법화되었고 이에 따라 전국 각지에 평생교육기관으로서 침구교육기관이 설립되어 많은 침구인력을 양성해 오고 있습니다. 대표적으로는 서울에 정통침뜸평생교육원이 존재하고 여기서는 전 과정 12개월의 침뜸교육과정이 개설되어 있고, 수료 후 정회원 시험이 실시되어 합격하면 정통침구학회의 정회원이 되도록 하고 있습니다. 또한 전국에서 여러 침구평생교육기관 등 각종 침구교육기관들이 적법하게 침구술 교육과정을 실시하고 있습니다. 침구교육은 헌법 제31조 제6항에 보장한 바 국민의 평생교육의 일환으로 널리 실시되고 있으며 그 결과 현재 우리나라의 민간 침구인 층은 약 30만명에 이르는 것으로 추산되고 있습니다.

이처럼 최근 침구교육기관의 합법적 활동으로 침구인의 수는 대폭 증가하였고 침구인 집단은 사회적 비중을 가진 충분한 규모로서 이 사건 조항들의 적용에서 법적으로 달리 취급되는 한의사 집단과 비교되는 집단을 형성하고 있습니다.

(나) 심사의 척도

청구인들은 이 사건 조항들로 인하여 침구시술을 금지당하여 그 침구사로서의 직업선택의 자유를 완전히 제한당하고 있습니다. 그들이 침구교육을 받고 익힌 침구술을 실행하려면 한의사 면허시험에 합격하여 한의사가 되어라는 것인데 이는 곧 '한의사 와는 독립된 침구사'라는 직업의 자유 자체를 허용하지 않는 것을 의미합니다. 그러므로 이 사건 조항들은 한의사가 아닌 침구사 집단의 직업선택의 자유와 아울러 이들로부터 간편하고 경제적으로 침구시술을 받고자 하는 일반국민인 의료소비자의 의료행위 선택권을 중대하게 침해하는 것으로서 비례의 원칙에 의한 엄격한 심사척도가 적용되어야 할 것입니다.

(다) 비례의 원칙 위반

① 차별 목적의 정당성 결여

앞서 본 바와 같이 우리나라에서 고래로 발전한 의술은 한방의술과 침구의술로 구분됩니다. 그리고 적어도 조선시대 이후 경국대전 등 국가규범상의 직제로 한약처방과 조제투여를 시술하는 '약의'와 침구시술을 행하는 '침의'가 구분되어 각각 독립한 의술 직역으로 발전해 왔습니다. 이러한 민족 고래의 의료제도는 서양의학이 전래되고 난 후 일제강점기에도 그대로 이어지고 해방 후 국민의료법에 의하여 한의사 제도와 침구사 제도가 도입된 바 있습니다.

그리하여 한의사는 약의로서 한약의 조제처방을 업무로 하고, 침구사는 침구술을 업무로 하는 등 각자에게 전문성이 있는 업무영역을 맡아 행하였습니다. 그러나 5·16 쿠데타로 들어선 군사정부는 의료근대화를 명분으로 서양의 제도만 남겨두고 한의사와 침구사 등 동양 고래의 의술을 쓰는 직업을 모두 폐지할 것을 시도하였지만 한의사 층은 이에 강력히 반발하여 그 직업이 보존되었으나 상대적으로 힘이 약했던 침구사 층은 군사정부에 대항하여 제도를 지키지 못했습니다. 그 결과 침구사 제도는 폐지되었고 침구의술은 잔존하는 침구사 외 자격있 는 행위주체가 없어진 소멸단계로 들어가다가, 법률이 아닌 하위 명령규칙의 변경에 의하여 한의사 국가시험에 침구학을 넣었다는 것을 근거로 하여 한의사의 업무영역으로 슬그머니 편입되었습니다.

당초 군사정부의 의료개혁의 목표는 '낙후와 빈곤의 원인인 불합리한 전통의 잔재를 없애고 의료제도의 근대화를 이루겠다'는 것이었고 이러한 개혁목표 자체도 침구학의 유용성이 세계적으로 인정되어있는 지금의 시각에서는 정당한 것이었다고 평가하기 어렵습니다. 이에 따라 한의사와 침구사 등 전통의료제도를 폐지시키는 추진과 정에서 한의사 계층의 반발과 실력행사에 못 이겨서 한의사제도는 없애지 못하고 존치시킨 반면 침구사제도만 그대로 폐지하게 되었는데, 이로 인하여 발생하게 된 한의사와 침구사 양 계층의 법적 차별은 어떠한 합리적 명분도 가지지 아니합니다. 이는 당초에 군사정부조차 의도하지 아니하였던 결과이기 때문입니다. 그저 군사문화에 따라 제도 변경을 추진할 당시의 사회계층의 역학관계를 반영한 우연한 결과적 산물일 뿐, 아무런 합리적인 정당 사유를 가지지 아니합니다.

② 차별 수단의 적합성의 결여

차별목적이 정당하지 아니한 이상 차별수단의 목적 적합성은 따져볼 필요조차 없으나, 한의사에 비교하여 침구사는 의학적 교육이 부족하고 의료인으로서의 능력과 자질이 부족하여 국민건강과 위생의 보호를 위하여 차별한다고 상정하여 본다고 하더라도 양 계층의 이러한 차별의 내용은 목적에 대한 수단 적합성이 없습니다.

원래 조선시대 등 전통적으로 한방의와 침구의가 구분되어 온 이유는 한방의는 수많은 약재(藥材)에 대하여 철저히 공부하고 적절한 처방을 하는 것을 교육받아야 하는 분야인데 반하여 침구의는 이러한 의학적 공부에 의한 박식(博識)보다는 침구에 관한 기본원리를 익혀서 실제 시술의 경험에 의하여 체득(體得)해나가야 하는 분야인 점에서 전혀 다르기 때문입니다. 침구인 양성에는 복잡하고 장기간이 소요되는 약재 처방 중심의 한방의학 교육이 필요하지 아니하며, 이것은 침구사교육이 한의사교육과 서로 다른 본질적 차이점입니다.

그리고 각종 약재를 인체에 투여하는 한방시술에 비하여 몇몇 경혈 부위를 침과 뜸으로 자극하는 데 불과한 침구술은 인체에 약재를 투여하는 한방의료술에 비교하여 인체 건강에 미치는 위험의 정도가 현저히 낮습니다. 또한 침구술이 간단한 시술방법에 비하여 각종 노환과 통증 완화 등에는 탁월한 효과를 가진다는 점은 서양의학 측에서조차 인정하고 있습니다. 한의사로서의 정규교육을 받지 못하고 한약처방을 잘 할 수 없다는 이유로 침구의로서의 자질과 능력이 모자란다고는 전혀 말할 수 없습니다. 따라서 한의사가 아니면 침구술을 할 수 없다는 입법적 강제에 의하여 침구술에 관하여 한의사와 침구사를 차별하는 것은 국민보건 위생의 증진을 위한 그 어떠한 사유에서 보더라도 적절한 수단이 될 수 없습니다.

③ 차별로 인한 피해의 최소화 및 법익의 균형성 여부

위에서 본 바와 같이 한의사 침구독점으로 인한 한의사와 침구사의 차별 취급은 그 차별의 입법목적에서부터 아무런 정당성이 없고, 차별수단으로 한의사 아닌 본래의 침구전문가에게 침구시술을 전면 금지한 것도 차별의 적절성을 이미 상실한 것입니다. 그러므로 이 사건 조항들에 의한 침구사의 한의사에 대한 차별은 그 피해의 최소성과 법익의 균형성을 따질 필요도 없이 평등원칙에 위반하고 있습니다.

④ 소 결

그렇다면 새로운 침구교육에 의하여 형성된 침구인 계층들에 대하여 여전히 침구시술을 금지하고 한의사 계층에게 침구시술의 권한을 독점시키고 있는 이 사건 조항들은 그러한 입법 내용이 처음 도입될 당시부터 정당하고 합리적인 사유를 가지지 아니한 채 시행되어온 것으로 차별 목적의 정당성이 없고, 침구에 관하여 교육받은 본래의 침구인들은 침구시술을 할 수 없게 금지하는 한편 한약의 처방과 제조를 위주로 하는 한의사에게만 침구술을 독점시키는 것은 차별 수단의 적절성도 없으므로 더 나아가 평등 심사를 할 것도 없이 평등원칙에 위배되고 청구인들의 평등권을 침해합니다.

라. 명확성 원칙의 위배

(1) 법 리

기본권을 제한하는 법률은 그 내용이 명확하여야 합니다. 기본권을 제한하는 법률의 내용이 막연하면 집행기관은 자신들의 견해에 따라 기본권을 제한하게 되고 이는 입법자가 제정한 법률에 의하여 기본권의 제한이 이루어져야 한다는 원칙을 사실상 무용(無用)하게 합니다. 여기서 어느 정도 명확하여야 하는가 하는 명확성의 정도가 문제되는데, 상식을 가진 일반인이 그 규정의 문언을 읽었을 때 어떠한 행동이 금지되고 어떠한 행동이 허용되는지를 알 수 있는 정도가 되어서 자신의 행동을 용이하게 이에 맞추어 갈 수 있는 예측가능성이 있는지 여부에 따릅니다. 무엇을 금지하고 무엇을 허용하는 것인지 예측하고 자신의 행동을 이에 맞출 수 있는 정도로 족하며 모든 경우를 서술적으로 표현할 필요는 없다고 할 것입니다.

그리하여 다소 광범위하여 법관의 보충적인 해석을 필요로 하는 개념을 사용하였다고 하더라도 통상의 해석방법에 의하여 건전한 상식과 통상적인 법감정을 가진 사람이면 당해 규정의 보호법익과 금지된 행위를 알 수 있도록 규정하였다면 헌법이 요구하는 법률의 명확성에 배치되는 것이 아닐 것입니다. 그리고 규정에 대한 예측가능성 유무를 판단할 때는 당해 특정조항 하나만을 가지고 판단할 것이 아니고, 관련 법조항 전체를 유기적·체계적으로 종합 판단하여야 하며, 각 대상법률의 성질에 따라 구체 적·개별적으로 검토하여야 합니다(헌재 1996. 2. 29. 94헌마13, 판례집 8-1, 126, 137; 2001. 1. 18. 99헌바112, 판례집 13-1, 85, 93).

(2) 새로운 사정변경과 이 사건 법률조항의 불명확성

이 사건 조항의 불명확성 여부에 관해서는 헌법재판소가 이미 2010. 7. 29. 2008헌가19 결정에서 4인의 법정의견으로 이 사건 조항 중 의료행위 부분이 명확성 원칙에 위배되지 않는다는 결정을 내린 바 있습니다.

그 요지는 의료법의 입법목적, 의료인의 사명에 관한 의료법상의 여러 규정, 의료행위의 개념에 관한 대법원판례 등을 종합하여 보면, 이 사건 의료법 조항들 중 “의료행위”의 개념은 질병의 예방과 치료에 관한 행위로서 의학적 전문지식이 있는 자가 행하지 아니하면 사람의 생명, 신체나 공중위생에 위해가 발생할 우려가 있는 행위를 말하고, 이는 건전한 일반상식을 가진 자에 의하여 일의적으로 파악되기 어렵다거나 법관에 의한 적용단계에서 다의적으로 해석될 우려가 있다고 보기 어려우므로, 법률 명확성원칙에 위배된다고 할 수 없다는 것이었습니다.

그러나 앞서 ‘헌법재판소의 결정 이후의 사정변경’에 관하여 말씀드린 바와 같이, 헌재 결정 이후 침구행위의 의료행위 여부에 관한 한 어떠한 의학적 전문가가 이를 행하여야만 하는지 여부에 관하여 판례법 상 또는 법집행상 많은 새로운 혼란이 발생하고 있는 새로운 사정들이 발생하고 있습니다.

이제 일반상식을 가진 관련 국민들은 이 사건 조항과 그 해석만으로는 침구사에 의한 어떠한 행위가 금지되며 어떠한 행위가 실질적으로 허용될 것인지 여부에 대하여 정확히 예측할 수 없어 그 행동을 결정할 수 없는 상황에 처하고 있습니다.

앞서 말씀드린 바와 같이, 뜸시술에 관해서 대법원은 2015년 2월 환자의 피부에 직접 닿지 않는 쑥뜸 시술 이른바 간접구(間接灸) 시술이 반드시 한의사만이 하여야 할 ‘의료행위’가 아니라고 판결하였고(대법원 2015, 2. 12. 선고 2013도5852),

나아가 법원은 2018년 11월에 이르러 직접구(直接灸)라고 하더라도 섭씨 60도 정도가 나오는 쌀알 반 알 만한 크기(半米粒)의 뜸이라면 의료인이 행하여야만 할 행위라고 보기 어렵다고 판결한 바 있습니다(2018. 11. 15. 대전지방법원 2018노1703).

그런데 침구전문가가 보통 행하는 쑥뜸시술은 보다 효능이 좋은 직접구라고 하더라도 그 대부분이 쌀알 반 알 정도의 작은 쑥의 시술이며 그 이상은 별로 필요하지도 않아 실행되지 않습니다.

그렇다면 이러한 최근의 법원의 판결들은 사실상 모든 쑥뜸행위를 판례법에 의하여 합법인 것으로 돌려놓고 있어서 종래의 의료행위의 의미 해석에 커다란 변화를 가져왔습니다.

침시술에 관하여도 이미 대법원은 수지침의 경우에는 반드시 한의사에 의하여 행해지지 않아도 되는 정당행위인 것으로 판결하여 왔습니다(대법원 2000. 4. 25. 선고 98도2389).

그리고 법원은 체침의 경우 한의사만이 할 수 있는 의료행위에 해당한다는 판결을 내고 있지만, 정부는 이를 그대로 따르지 않고 2016년 9 월 안마사의 업무범위 중에는 자극요법으로 3호침 이내의 침사용을 허용한다는 지침을 고수하면서 수사기관과 전국의 지방자치단체 등에 이를 통보하였습니다.

그런데 침구전문가가 행하는 침시술에 있어서 90% 이상의 대부분의 경우는 3호침과 그 이하 규모의 침을 사용할 뿐이고, 더 큰 침은 실제로 거의 사용되지 않습니다. 법원의 판결에도 불구하고 법의 집행은 행정부의 권한이므로 행정부의 통치권에 놓인 국민은 구체적인 경우 무엇이 법인지에 관하여는 일차적으로 행정부의 방침에 따라 움직일 수밖에 없을 것입니다. 행정부가 사건을 적발하여 기소하지 않는 이상 법원은 판단기회조차 없을 것이기 때문입니다.

침구시술을 침구사가 하면 불법인데, 안마를 하는 안마사와 한약처방을 하는 한의사가 하면 괜찮다고 하는 것은 직업의 본질이 뒤바뀐 것으로서 일반 국민으로서는 상식적으로 믿기 어려운 부분이고, 결국 문제가 생기면 법원에 가서 소송을 해야 하는데 그 결과도 자꾸 뒤바뀌므로 구체적 상황에 따라 어떻게 나올지 알 수 없다는 것이 지금까지의 경험입니다.

결국 우리 의료사회에서 대부분의 침시술의 허용 주체에 관하여 한의사·안마사 또 는 침구사 간에 심각한 법적 혼란과 불안정이 초래된 상태에 빠졌으며, 통상의 법감정을 가진 의료소비자 또는 침구사 등 국민들은 평소에 어떻게 자신의 행위를 결정해 나가야 할 것인지 제대로 알 수 없게 되었습니다. 이러한 사정은 이 사건 법률조항의 구체적 의미의 불명확성을 발생시키는 것이라고 생각됩니다.

마. 적법절차 원칙의 위배

(1) 법 리

헌법 제12조 제1항 제2문 중 '누구든지 … 적법한 절차에 의하지 아니하고는 처벌·보안처분·강제노역을 받지 아니한다'고 하여 적법절차의 원칙을 천명하고 있습니다. 그러나 적법절차 원칙은 단지 위 헌법조항의 언급 부분뿐만 아니라 일반적으로 기본권을 제한하는 모든 국가작용에 적용되며 입법작용도 국가작용이므로 기본권을 제한하는 법률은 법률을 제정할 당시 이해관계가 있는 국민들의 의견을 충분히 수렴하는 절차를 거친 다음 제정되어야 합니다.

특히 이와 같은 국민적 의견의 수렴절차를 거치지 않고 일부 권력 담당자의 임의적 의사에 의하여 제정하면 적법절차의 위반으로서 헌법적 정당성을 상실할 것입니다. 이에 관하여 헌법재판소는 "적법절차원칙에서 도출할 수 있는 가장 중요한 절차적 요청 중의 하나로, 당사자에게 적절한 고지(告知)를 행할 것, 당사자에게 의견 및 자료 제출의 기회를 부여할 것을 들 수 있겠으나, 이 원칙이 구체적으로 어떠한 절차를 어느 정도로 요구하는지는 일률적으로 말하기 어렵고, 규율되는 사항의 성질, 관련 당사자의 사익(私益), 절차의 이행으로 제고될 가치, 국가작용의 효율성, 절차에 소요되는 비용, 불복

의 기회 등 다양한 요소들을 형량하여 개별적으로 판단"한다고 판시한 바 있습니다.[33)]

(2) 이 사건에의 적용

이 사건 조항들이 의료인인 한의사 아니면 침구행위를 할 수 없도록 금지하게 된 것은 5·16 쿠데타 후 군사정부에서 만든 국가재건최고회의가 1962년 종래의 국민의 료법을 의료법으로 개정하면서 침구사 제도를 폐지시켜 버린 데에서부터 시작하였습니다. 국가재건최고회의는 쿠데타 주도세력이 정변 직후 '군사혁명위원회'에서 이름을 바꾸어 발족시킨 입법·행정·사법의 3권을 행사했던 통치기구입니다.

당시 군사정부는 한의사와 침구사, 안마사와 같은 동양의학의 전통에서 나온 의료업을 모두 일거에 없애려고 하였는데, 이미 제도의료에 편입되어 기반을 잡고 있던 한의사의 강력한 반발로 한의사만 남겨두고 침구사 제도는 완전히 폐지하였습니다.

그 과정은 많은 의료종사자의 이익과 생계가 달린 전통적 의료제도의 한 부분을 갑자기 소멸시키게 되었음에도 불구하고 이러한 대규모 기본권 제한조치를 실행하는 데 있어서 사전에 거쳐야 할 세심한 검토나 의견수렴의 과정이 전혀 없었고, 단지 비과학적 의료행위를 근절한다는 식으로 무조건 폐기시켜 버렸습니다.

조직력이 약했던 침구계 인사들은 군사정부의 조치에 제대로 반대하지도 못하고 이 침구사 폐지 입법은 그 후 수차례의 의료법 개정에도 그대로 존속하여 현행의 제도에 이르고 있는 것입니다.

이 최초의 입법과정은 그 입법주체의 위헌적 본질을 차치하더라도, 국가의료 제도의 한 부분을 소멸시킴으로써 침구의료 소비자인 국민과 당해 직업계층의 법익에 대한 중대한 제한을 가하는 조치로서 이를 행하는 데에 있어서 마땅히 요구되는 국민과 이해관계인들의 충분한 의견수렴을 거쳐야 함에도 불구하고 아니한 것으로 헌법이 요구하는 적법절차의 원칙에 위반됩니다.

---

33) 헌재 2003. 7. 24. 2001헌가25, 판례집 15-2상 1, 18면.

물론 여기서 당시 쿠데타로 국가기관의 기능이 마비된 상태이므로 '군사정부의 국가재건최고회의에서 제정하였다는 이유만으로' 그 입법기관성을 부정하고 절차적 위헌이라고 주장하는 것은 아닙니다.[34] 그러나 국민에 의하여 선출된 정당한 입법기관이 제정한 국회에서 제정된 법률이라면 적법절차의 원칙의 적용을 받게 될 것인데, 오히려 '국가재건최고회의에서 제정되었다는 이유 때문에' 적법절차의 원칙이 면제될 수는 없을 것입니다. 군사정부의 통치기관에서 한 입법이기 때문에 그 자체로 위헌이라는 것이 아니라 모든 입법과정에 적용되는 적법절차의 원칙은 여기서도 적용되어야 한다는 것입니다.

헌법상 적법절차에 위배한 국가재건최고회의 제정 의료법의 침구사 제도 폐지규정은 자구 변경 외에는 그 내용을 수정 없이 그대로 현행 의료법으로 옮겨와 있으므로 현행 의료법은 위 규율 부분에서 국가재건최고회의 입법과 동일한 법조항에 해당합니다. 따라서 국가재건최고회의 입법의 절차적 하자는 그대로 승계되어 있다고 할 것이므로 이 점에서도 이 사건 법조항들은 헌법에 위반됩니다.

바. 국민보건과 고령자 보호에 대한 국가의무의 위배

(1) 법 리

헌법 제34조 제1항은 '모든 국민은 인간다운 생활을 할 권리를 가진다'고 하고, 제 2항은 '국가는 사회보장·사회복지에 노력할 의무를 진다'고 하고, 제5항은 '노령 기타의 사유로 생활 능력이 없는 국민은 법률이 정하는 바에 의하여 국가의 보호를 받는다' 하며, 나아가 헌법 제36조 제3항은 '모든 국민은 보건에 관하여 국가의 보호를 받는다' 고 규정합니다. 특히 헌법재판소는, '헌법 제36조 제3항이 규정하고 있는 국민의 보건에 관한 권리는 국민이 자신의 건강을 유지하는데 필요한 국가적 급부와 배려를 요구할

34) 헌재 1997. 1. 16. 89헌마240, 판례집 9-1, 45. 참조.

수 있는 권리를 말하는 것으로서, 국가는 국민의 건강을 소극적으로 침해하여서는 아니 될 의무를 부담하는 것에서 한걸음 더 나아가 적극적으로 국민의 보건을 위한 정책을 수립하고 시행하여야 할 의무를 부담한다는 것을 의미한다'고 판시한 바 있습니다(헌재 1995. 4. 20. 91헌바11, 판례집 7-1, 478, 491).

이 헌법규정들의 의미를 종합할 때 헌법은 국가에게 국민의 생존보장 그 중에서도 특히 생활무능력자인 노령자의 보건을 보호하기 위하여 국가가 할 수 있는 모든 노력을 다하여야 한다는 특별한 헌법적 의무를 부과하고 있다고 할 것입니다.

일반적으로 국민의 인간다운 생활을 위한 급부와 배려를 이행할 국가의무는 국가의 경제적 능력과 재정상태가 이를 뒷받침할 수 있어야 현실적으로 실행될 수 있으므로 이러한 국가의무는 국가의 경제적 능력이 허용하는 범위 내에서의 최소한의 보장이 된다면 헌법적 기준을 충족하는 것이라고 말하여집니다. 이러한 헌법적 기준은 원칙적으로 타당하지만, 반대로 국가가 헌법이 특히 관심을 가지고 명문으로 요구하고 있 는 국민보건 보호 분야에서 필요한 조치가 '국가재정의 별다른 부담이 없거나 아니면 오히려 국가재정이나 국민부담을 줄이는 방향으로' 실현될 수 있다면 이러한 정책을 채택하고 실행하여야 할 국가의무의 기준은 더 높이 보아야 마땅할 것입니다.

즉 국민보건과 노령화의 상황에 비추어 별다른 국가재정의 확대 부담이 없이도 헌법적 요구에 부응하는데 채택될 수 있는 적절한 정책이 있음에도 불구하고 이를 채택 하지 아니하는 것은 위 헌법규정들이 요구한 국가의 보호의무의 위반에 해당하며, 다만 이를 채택함에 있어서는 관련된 공익과 제반 이해관계 집단의 사익들이 충돌할 수 있으므로 적어도 이들 법익들 사이의 '법익의 균형'이 이루어지도록 배려하여야 할 것으로 생각됩니다.

(2) 이 사건에의 적용

앞서 살펴본 바와 같이 우리 사회의 고령화 진전 속도는 세계 최고 수준이며, 2018년을 기준으로 유엔이 설정한 완전 고령사회에 진입하였습니다. 국민 전체의 약 15%를 구성하는 65세 이상 고령자의 의료비는 전체 국민의 의료비의 40%를 차지하고 있으며, 일인당 의료비 또한 일반 국민의 약 3배에 이릅니다. 고령자 의료비의 급격한 증가는 우리 의료재정을 조만간 파탄의 위기로 이끌고 있고 관련된 의료체계를 합리화하지 않으면 안 될 급박한 사정에 도달하고 있습니다. 국가 의료재정의 핍박과 파탄은 국민보건 보호체제 전체를 훼손할 뿐 아니라 고령자 보호 또한 마찬가지로 제대로 이행될 수 없도록 할 것이므로 국가는 이를 방지하기 위한 최선의 노력을 다할 헌법적 의무가 있다고 할 것입니다.

65세 이상의 고령자는 전반적으로 건강상태가 열악하고 대부분 만성질환자로서 뚜렷한 병명을 알 수 없고 지속적 통증이 있어서 계속 병원을 찾아다니는 특성이 있습니다. 그 과정에서 결국 3차의료기관인 대형병원을 가게 되지만 고가의 진료를 받고도 치료효과가 미미하고 완치가 불가능한 경우가 많아 국가적 의료재정 부담의 요인이 되고 있습니다.

앞서 본 바와 같이 침구술은 약물과 수술방법을 쓰지 않고 기혈통로인 경락과 경혈을 자극해 몸 전체의 기혈순행을 돕고 면역력을 증강시켜 인체 자체의 자연치유와 예방을 기하는 치료로서 만성병 치료와 통증 완화에 특별한 효과가 있는 것으로 인정되어 있습니다. 고가의 의료장비나 장소에 구애받지 않아 고령자들의 거주비율이 높은 무의촌 지역에 쉽게 접근하여 시술할 수 있는 기동성을 가집니다.

이러한 침구술을 1차의료로 보편화시켜 활용한다면 의료비 부담을 크게 줄일 수 있고, 이를 통한 국가의 의료재정 부담도 완화시켜 국민보건 일반의 보호에 대한 국가능력을 향상시킬 것입니다.

이 사건 조항들이 한의사가 아닌 침구전문가의 침구시술을 일반적으로 금지함으로써 고령사회에 진입한 우리 의료체계의 위와 같은 효율화를 가로막고 있으며, 이에 따라 국가는 의료재정의 부담을 줄이면서 헌법이 요구하는 국민보건과 노령자의 보호에 관한 의무를 적절히 이행하지 못하게 하고 있는 것입니다.

또한 침구전문가에게 침구술을 허용한다고 하여도 한의사가 침구술을 습득하여 침구 행위를 하는 것을 방해하는 것이 아니며 다만 그동안 이 사건 조항들에 의하여 한의사가 가졌던 침구독점권이 해소될 뿐입니다. 그러므로 한의사의 기득권 이익에 대한 제한은 크지 아니한 반면 자신의 본래의 의료적 기능 수행이 가로막혀 있던 침구사의 직업상의 손해는 완전히 해소되는 효과를 가져옵니다. 더구나 침구사와 한의사가 공히 1차의료로서 기능하여 노령자 치료비의 경감을 실현해 준다면 국민보건과 노령자의 보호의 공익실현은 크게 신장될 것입니다. 이와 같이 볼 때 한의사와 침구 사 및 국가간의 공·사익의 균형을 취하기 위하여서는 한의사의 침구독점권을 이제 폐지하고 침구사의 침구시술을 허용하여야만 하며, 이를 통하여 국가는 국민보건과 노 령자 보호의 헌법적 의무를 준수하는 것이 된다고 할 것입니다.

Ⅳ. 결 론

(1) 이상에서 살펴본 바와 같이 이 사건 심판대상 조항들은 우리나라의 전통적 의 료 제도인 침구사 제도에 의한 침구인의 침구시술을 전면적 일괄적으로 금지·처벌하면 서 침구시술권을 한의사에게 독점시키고 있습니다.

(2) 지난 10년간 침구사 제도를 둘러싼 우리나라의 국가사회적 환경은 다음과 같이 변화되었습니다.

① 우리나라는 고령화의 진전으로 2018년 유엔이 인정하는 고령사회에 진입하여 고령자의 1차의료로서의 전문침구사에 의한 침구시술의 수요가 급증하고 있고,

② 평생교육기관에서의 침구교육의 합법화 등으로 침구전문 인력이 크게 증가 중에 있으며,

③ 침구교육을 받은 우리 국민들이 침구세계화의 추세에 맞추어 국제적 침구활동을 확대하고 있어서 국제적 규범과의 상충을 해결할 법적 수요가 증대하고 있으며,

④ 최근의 법원 판례와 법집행 실무의 변화로 침구시술의 구체적 허용범위가 계속 유동적으로 변화하고 있으며,

⑤ 최근 우리 사회의 민주화의 진전으로 과거 군사정부의 잘못된 정책들의 시정 요구가 갈수록 커지고 있습니다.

이제 최근의 이러한 국가사회적 사정 변경을 기초로 하여 이 사건 조항들의 위헌성 을 확인하여야 할 단계에 이르렀습니다.

(3) 이 사건 조항들은 다음과 같이 헌법에 위반되어 국민의 기본권들을 침해합니다.

① 이 사건 조항들은 제도권 의료에 의하여 의료수요를 충족하지 못하는 국민들의 의료행위 선택권과 치료의 자유를 과잉되게 침해하고,

② 침구전문교육을 받고 침구업을 하고자 하는 침구인들에게 무관한 한약처방 위주의 한의사 면허를 받을 것을 강요하여 직업선택의 자유를 불합리하게 침해하며,

③ 한의사에게만 침구독점권을 부여하고 침구교육기관의 합법화로 새롭게 형성된 침구사 계층의 침구시술을 금지하여 차별함으로써 평등권을 침해하고,

④ 최근 새롭게 형성되는 판례와 이에 상충되는 정부의 법집행 등으로 수범자인 국 민들이 구체적으로 어떠한 행위가 금지되고 허용되는지 제대로 판단할 수 없어 법률명확성의 원칙에 위배되며,

⑤ 5·16 군사정부의 동양의료 전면폐지의 정책 추진과정에서 침구사들의 의견과 국민여론을 전혀 수렴하지 아니한 채 강행된 결과로서 적법절차의 원칙에 어긋나고

⑥ 노령사회에 진입한 우리나라의 의료체계에서 경제적이고 효율적으로 대처할 의료수단을 전면 금지시킴으로써 헌법이 요구하는 국민보건과 노령자 보호의 국가의무에 위배됩니다.

(3) 이 사건 조항들은 이상과 같이 불완전·불충분·불공정한 차별적 입법으로서 헌법에 위반되어 국민의 기본권들을 침해하므로 청구취지와 같은 결정을 내려주시기 바랍니다.

이상 2019헌마1435 의료법 제27조 제1항 등 위헌확인

보건복지부 의견서

헌법소원 심판청구사건 <2019헌바239, 2019헌마1435>에 대하여

보 건 복 지 부

정부혁신 보다나은 정부

수신자 수신자 참조
(경유)
제목 헌법소원심판청구사건 의견서 송부(2019헌바239, 2019헌마1435)

아래 헌법소원심판청구사건에 대한 우리부 의견서를 붙임과 같이 제출합니다.

\- 아 래 -

사 건	2019헌바239 의료법 제27조 제1항 등 위헌소원
	(당해소송 : 서울중앙지방법원 2018고정1430)
청 구 인	이상진 외 2
	대리인 법무법인 향법

사 건	2019헌마1435 의료법 제27조 제1항 등 위헌확인
청 구 인	문기웅 외 2071
	대리인 법무법인 현

붙임 의견서 각 1부. 끝.

0040-4C697B83FD-BF0CD 1 / 24

의 견 서

사　　건　2019헌마1435

청 구 인　문기웅 외 2,071명(청구인의 대리인: 변호사 김승대 등 2명)

이해관계인　보건복지부장관

위 사건에 관하여 보건복지부장관은 다음과 같이 의견서를 제출합니다.

다 음

청구취지에 대한 의견

청구인들의 청구를 기각한다.

라는 결정을 구합니다.

청구원인에 대한 의견

1. 청구인들의 주장 요지

청구인들은 침구교육학 단체에서 침구술 교육 등을 받은 후 현재 침구 및 침구 관련 직종에 종사하거나 종사할 준비라고 하면서 자신들이 위와 같은 교육을 받았음에도 불구하고 그에 관한 의료행위를 하지 못하도록 하고 있는 법령상의 조항들[의료법 제27조 제1항 및 동법 제87조의2 제2항 본문과 제2호 중 제27조 제1항에 관한 부분]이 의료행위 선택권과 치료의 자유를 침해하고 직업 선택의 자유, 평등권, 명확성의 원칙 및 적법절차 원칙 등을 침해하는 바 불완전, 불충분, 불공정한 차별적 입법으로서 헌법에 위반되어 국민의 기본권들을 침해하므로 헌법에 위반된다는 주장을 하고 있습니다.

2. 심판대상 조항

■ 의료법

제27조(무면허 의료행위 등 금지) ①의료인이 아니면 누구든지 의료행위를 할 수 없으며 의료인도 면허된 것 이외의 의료행위를 할 수 없다. 다만, 다음 각 호

의 어느 하나에 해당하는 자는 보건복지부령으로 정하는 범위에서 의료행위를 할 수 있다.

제87조의2(벌칙) ②다음 각 호의 어느 하나에 해당하는 자는 5년 이하의 징역이나 5천만원 이하의 벌금에 처한다.

2. 제12조제2항 및 제3항, 제18조제3항, 제21조의2제5항 · 제8항, 제23조제3항, **제27조제1항**, 제33조제2항(제82조제3항에서 준용하는 경우만을 말한다) · 제8항(제82조제3항에서 준용하는 경우를 포함한다) · 제10항을 위반한 자. 다만, 제12조제3항의 죄는 피해자의 명시한 의사에 반하여 공소를 제기할 수 없다.

3. 청구인들의 주장에 대한 의견

가. 의료행위 선택권과 치료의 자유의 침해

1) 수단의 적합성 및 피해의 최소성

한 나라의 의료제도는 그 나라의 국민건강의 보호증진을 목적으로 하여(의료법 제1조 참조) 합목적적으로 체계화된 것이므로 국가로부터 의료에 관한 지식과 기술의 검증을 받은 사람으로 하여금 의료행위를 하게 하는 것이 가장 합리적이고 안전하며, 사람의 생명과 신체를 대상으로 하는 의료행위의 특성상 가사 어떤 시술 방법에 의하여 어떤 질병을 상당수 고칠 수 있었다고 하더라도 국가에 의하여 확인되고 검증되지 아니한 의료행위는 항상 국민보건에 위해를 발생케 할 우려가 있으므로 전체 국민의 보건을 책임지고 있는 국가로서는 이러한 위험 발생을 미리 막기 위하여 이를 법적으로 규제할 수 밖에 없습니다(헌재 2002. 12. 18. 2001헌마370; 헌재 2005. 3. 31. 2001헌바87; 헌재 2005. 5. 26. 2003헌바86; 헌재 2005. 9. 29. 2005헌바29등).

즉, 청구인들의 주장처럼, 의료인에 의해 치료불가 판정을 받은 경우 비의료인에 의해 행해지는 행위가 유의미한 의료행위인지 확인할 방법이 없으며, 상대적으로 경미하고 위험성이 낮은 의료행위에 대하여 비의료인도 이를 행할 수 있도록 허락(또는 별도 면허의 부여)할 때 발생할 수 있는 의료행위에 대한 관리 감독 및 사후 통제, 사회적 비용의 문제점을 고려하면 이 사건 법률조항이 규정한 것처럼 모든 의료행위를 의료인이 독점하게 하고 그 틀 아래에서 모든 의료행위를 관리 감독하도록 한 것이 입법자가 명백하게 잘못 판단하여 수단의 적합성, 기본권의 최소 침해 원칙에 반하였다고 할 수 없습니다.

또한, 일부 의료행위에 대하여 별도 면허를 부여하는 것은 결국 의료인의 종류를 늘리는 것에 불과하므로 현행 면허제도와 다를 바 없습니다. 현재 국내의 의료기관은 의료법령에 따라 세분화되어 있고 각 의료기관은 간단한 의료행위부터 중대하고 복잡한 의료행위까지 기관별로 분화된 의료서비스를 제공하여 국민의 요구에 모두 대응하고 있습니다.

더욱이 우리나라는 다른 나라와 달리 전통의술에 기초한 한의사제도가 존재합니다. 침구술은 한의사제도의 본질적이고 핵심적인 부분으로 의료법령에서 한방 의료기관의 진료과목으로 규정되어 있고 모든 한의과대학에서 교육되고 있으며 한의사에 의해 널리 시술될 뿐만 아니라 국민건강보험법에 따라 건강보험 급여항목으로도 규정되어 있습니다.

이와 같은 국내 의료제도 현황상 침구술 행위를 의료면허제도 하에서 한의사만 시행할 수 있도록 하여 국민의 생명과 건강을 지키도록 한 것은 수단의 적합성이 인정되며, 현행 제도로도 일반 국민이 안전하면서 동시에 저렴한 비용으로 손쉽게 치료받을 수 있는 침구술 행위에 대하여 비의료인이 행할 수 없다고 하여 최소 침해 원칙에 반한다는 주장은 이유 없습니다.

2) 법익의 균형성

청구인들은 이 사건 법률조항으로 인해 얻을 수 있는 법익은 한의사라는 직역 집단의 이익이라고 주장하나, 한의사에게 주어지는 이익은 반사적 이익일 뿐이고 이 사건 법률조항을 통해 얻고자 하는 공익은 국가로부터 의료에 관한 지식과 기술의 검증을 받은 사람으로 하여금 의료행위를 하게 하여 국민 건강을 보호하려는 것입니다.

반면, 청구인들이 이 사건 법률조항으로 인해 제한되는 사익이라고 주장하는 소비자의 의료행위 선택권은 현재 국내 의료제도 체계 내에서 시행 중인 한의사제도를 통해 한의사에게서 침구술을 받을 수 있으며, 건강보험 급여항목으로도 규정되어 있어 비교적 저렴한 금액으로 치료를 받을 수 있으므로 제한된다고 볼 수 없습니다.

그러므로, 이 사건 법률조항으로 인해 얻고자 하는 이익은 국민 건강의 보호, 증진이라는 공익임에 반해 제한되는 사익은 다른 적절한 수단을 통해 보호받을 수 있는 바 법익의 균형성이 상실되었다는 청구인들의 주장은 이유 없습니다.

나. 직업선택의 자유의 침해

청구인들은 이 사건 법률조항으로 인해 비의료인의 직업선택의 자유가 침해된다고 주장하고 있습니다.

청구인들은 침구술이 국내 한의학과 구별되는 치료법으로 별도 자격으로 허용되어야 하는 것처럼 주장하고 있습니다. 그러나, 헌법재판소의 결정례(2012헌바101)에서 확인할 수 있듯이, 의료행위는 인간의 존엄과 가치의 근본인 사람의 신체와 생명을 대상으로 하는 것이므로 단순한 의료기술 이상의 "인체 전반에 관한 이론적 뒷받침"과 "인간의 신체 및 생명에 대한 외경심"을 체계적으로 교육받고 이 점에 관한 국가의 검증을 거친 의료인에 의하여 행하여져야 하는 것입니다.

참고로, 우리나라의 보건의료제도 상 의료인인 한의사가 한방의료행위를 담당하고 있으며, 침구술은 한방의료행위의 본질적이고 핵심적인 부분으로 의료법령에서 한방 의료기관의 진료과목으로 규정되어 있고 모든 한의과대학에서 교육되고 있으며 한의사에 의해 널리 시술될 뿐만 아니라 국민건강보험법에 따라 건강보험 급여항목으로도 규정되어 있습니다.

또한, 청구인들은 침구술이 일반 의학에 비하여 안전성이 높은 의학이라고 주장하고 있습니다. 그러나, 침구술이 의학상의 안전성이 높아 인체에 대한 종합적인 지식이나 임상연구 등이 없이 일반인이 단편적인 지식만을 가지고 시술할 수 있는 것인지에 대하여도 과학적으로 인정될 수 있는지 의문입니다. 오히려 보건복지부가 파악하기로는 한의사들이 시행하는 침, 구 등의 시

- 7 -

0040-4C697B83FD-BF0CD 9 / 24

술과 관련하여 지속적으로 임상 근거 등의 요구가 있는 것이 현실입니다. 따라서, 인체에 대한 종합적인 지식과 연구를 요구하는 한의사들에 의한 침구제도의 시행만이 현재에 있어 환자의 보편적이고 안전한 의료선택권에 대한 유일한 대안인 것이지, 이와 달리 청구인들의 주장과 같이 한의사들의 침구시술과 별도로 침구사를 유지할 필요는 없어 보입니다.

이와 관련하여 청구인들은 침구학을 제대로 배우지도 않은 한의사에게 그 시술을 독점시키고 있어 법익의 균형성이 무너졌다는 취지로 주장하고 있습니다. 그러나, 한의사는 보건의료정책적으로 국가에서 인정한 소정의 교육을 이수하고 그 면허를 이수한 자들로서 그 면허된 범위에서 제도화되고 안전성이 검증된 의료기술들을 시술하는 것입니다. 특히, 한의사는 현재의 의료교육제도 하에서 인간의 생명, 신체에 대한 포괄적인 이해를 바탕으로 침구라고 하는 의료행위들을 전체적이고 균형있는 시각에서 파악하여 그 효용성, 환자에의 필요성 및 적합성을 판단하여 시술하는 것으로 단지 단편적인 기능 내지 교육만을 지닌 청구인들과는 비교할 수 없는 것입니다. 또한, 이와 같은 과정에서 자격 있는 한의사들만이 침구를 수행할 수 있도록 하는 것은 국민의 생명과 신체를 보호해야 하는 국가의 보건의료정책 상 당연한 책무인 것이지 한의사의 독점적 이익을 위한 제도라고 주장하는 청구인들의 주장은 이유 없습니다.

다. 평등권의 침해

청구인들은 심판대상조항이 의료인(한의사)과 의료인이 아닌 사람(침구인)을 합리적 근거 없이 차별하여 평등권을 침해한다고 주장하고 있습니다. 그러나 침구인이라는 것은 침구교육을 받은 사람을 의미하는 것으로 보이나 침구교육을 받았다는 이유만으로 침구를 이용한 의료행위를 할 수 있는 권리가 주어지는 것은 아닙니다.

의료인은 의과대학에서 기초의학부터 시작하여 체계적으로 의학을 공부하고 상당기간 임상실습을 한 후 국가의 검증(국가시험)을 거친 사람이라는 점에서 이러한 자격을 갖추지 못한 사람과 다릅니다. 또한, 의료인이 아닌 사람에게 의료행위를 맡길 수 없는 이유는 앞에서 언급한 바와 같이 한 나라의 의료제도는 그 나라의 국민건강의 보호증진을 목적으로 하여(의료법 제1조 참조) 합목적적으로 체계화된 것이므로 국가로부터 의료에 관한 지식과 기술의 검증을 받은 사람으로 하여금 의료행위를 하게 하는 것이 가장 합리적이고 안전하며, 사람의 생명과 신체를 대상으로 하는 의료행위의 특성상 가사 어떤 시술 방법에 의하여 어떤 질병을 상당수 고칠 수 있었다고 하더라도 국가에 의하여 확인되고 검증되지 아니한 의료행위는 항상 국민보건에 위해를 발생케 할 우려가 있으므로 전체 국민의 보건을 책임지고 있는 국가로서는 이러한 위험 발생을 미리 막기 위하여 이를 법적으로 규제할 수 밖에 없음을 고려할 때 의료인과 의료인이 아닌 사람을 차별하는 것에는 합리적 이유가 있으므로, 심판대상 조항이 평등권을 침해한다고 할 수 없습니다.

라. 명확성 원칙의 위배

1) 의료법의 취지 및 규정

의료법 제1조는 "이 법은 모든 국민이 수준 높은 의료 혜택을 받을 수 있도록 국민의료에 필요한 사항을 규정함으로써 국민의 건강을 보호하고 증진하는 데에 목적이 있다"고 규정하여 그 입법목적을 밝히고 있고, 같은 법 제2조 제1항은 "이 법에서 '의료인'이란 보건복지부장관의 면허를 받은 의사·치과의사·한의사·조산사 및 간호사를 말한다"고 규정한 다음, 같은 조 제2항에서 "의료인은 종별에 따라 다음 각 호의 임무를 수행하여 국민보건 향상을 이루고 국민의 건강한 생활 확보에 이바지할 사명을 가진다"고 규정하면서 제1호에 "의사는 의료와 보건지도를 임무로 한다", 제2호에 "치과의사는 치과 의료와 구강 보건지도를 임무로 한다", 제3호에 "한의사는 한방의료와 한방보건지도를 임무로 한다"고 규정하고 있습니다.

한편, 같은 법 제12조 제1항은 '의료인이 하는 의료·조산·간호 등 의료기술의 시행'을 '의료행위'라 정의하고 있습니다.

이 사건 조항 의료법 제27조 제1항에 대하여 청구인들은 법규정의 추상성과 판단기준의 모호성으로 죄형법정주의에 위반된다고 주장하고 있습니다. 즉, 의료법이 의사와 한의사에게 별도의 면허를 주는 이원화된 제도를 취하여 '면허된 것 외의 의료행위'를 금지하면서도 '면허된 의료행위'가 무엇인지에 대하여 명확하게 규정한 바 없어 결국 의료법의 의료행위와 한방의료행위 개념은 불명확하고 부적절하며 이 사건 조항은 죄형법정주의의 원칙에 위반된다고 주장하고 있습니다.

그러나, 사람의 생명과 신체를 다루는 의료행위의 특성상 법령에 행위 종류를 일일이 열거하여 일률적으로 의료인의 면허범위를 규정할 수 없으며, 다수 판례(서울행정법원 2008. 10. 10. 선고 2008구합11945 판결, 대법원 2011. 5. 26. 선고 2009도6980 판결 등)에서 판시하였듯이 어떠한 행위가 '면허된 것 이외의 의료행위'에 해당하는지 여부는 구체적 사안에 따라 의료법의 목적, 구체적인 의료행위에 관련된 규정의 내용, 구체적인 의료행위의 목적, 태양 등을 감안하여 사회통념에 비추어 판단'하여야 할 것입니다.

즉, '면허된 의료행위'에 대하여 법률에 일일이 규정하지 않은 것은 의료행위의 다양성에 따라 이를 일의적으로 규정하기 어렵고 어떠한 행위가 '면허된 의료행위'에 해당하는지에 대하여는 그 학문적 원리를 어디에 두고 있는

- 11 -

0040-4C697B83FD-BF0CD 13 / 24

가에 따라 판단하는 것이 적절하기 때문입니다. 또한, 구체적인 의료행위에 대하여 관련 규정과 법원의 통상적 법해석 방법을 통하여 '면허된 의료행위'의 의미내용을 확정하는 데에 별다른 어려움이 없고, 법률의 수범자인 일반인 또한 건전한 상식적 법 관념을 통하여 어떠한 행위가 규제되고 있는지 충분히 알 수 있다 할 것입니다.

2) 의학의 발달과 의료행위의 범위

과학기술의 발전에 따라 의료기술도 급속도로 발전하면서 점차 세분화, 전문화하는 경향이 나타나고 있습니다. 물론, 이러한 전문화, 세분화는 의료인 상호간의 협진을 통하여 상호보완작용도 하고 있습니다. 의료분야에서 일어나고 있는 위와 같은 변화는 의료분야의 전문성을 더욱 강화시키고 있고 이에 맞추어 의료인의 자격 또한 엄격한 요건에 의하여 부여될 수 밖에 없습니다.

한편, 전문성을 결여한 사람에 의한 무면허 의료행위를 처벌하고 있는 의료법의 입법취지는 의료행위를 의료인에게만 독점적으로 허용하고 일반인이 이를 하지 못하게 함으로써, 의료인 아닌 사람이 의료행위를 함으로 인하여 생길 수 있는 사람의 생명·신체나 일반 공중위생상의 위험을 방지하려는 데에 있다 할 것인바, 이러한 입법의 필요성은 의학의 발전과 전문화·세분화라는 현재의 추세에 비추어보면 지극히 당연한 일이라 하겠습니다.

위와 같은 사정들을 종합하여 보면, 의료행위는 점차 발전하고 있는 의학적 지식과 고도의 훈련을 받고 일정한 자격증을 취득한 의료인이 하지 아니하면 보건위생상 위해를 가져올 우려가 있는 일체의 행위를 포함하는 것이 타당하다고 생각됩니다.

3) 대법원 판결과 헌법재판소 결정례

대법원은 의료법 제27조 제1항의 의료행위를 '의학적 전문지식을 기초로 하는 경험과 기능으로 진찰, 검안, 처방, 투약 또는 외과적 시술을 시행하여 하는 질병의 예방 또는 치료행위 이외에도 의료인이 행하지 아니하면 보건위생상 위해가 생길 우려가 있는 행위를 의미한다(대법원 2012. 5. 10. 선고 2010도5964 판결 등 참조)'고 해석하고 있고, 헌법재판소는 의료법의 입법목적, 의료인의 사명에 관한 의료법상의 여러 규정 및 의료행위의 개념에 관한 대법원 판례 등을 종합적으로 고려하여 '의료법 제27조 제1항에 규정된 의료행위의 개념은 건전한 일반상식을 가진 자에 의하여 일의적으로 파악되기 어렵다거나 법관에 의한 적용단계에서 다의적으로 해석될 우려가 있다고 보기 어려우므로, 죄형법정주의의 명확성원칙에 위배된다고 할 수 없다(헌재 2010. 7. 29. 2008헌가19, 헌재 2014. 7. 24. 2014헌바152 등 참조)'고 일관적으로 판시하고 있습니다.

4) 새로운 사정변경 관련

청구인들은 뜸 시술이 한의사만이 하여야 할 의료행위가 아니라고 주장하고 있으나, 침, 뜸의 시술은 원칙적으로 면허 또는 자격 있는 의료인에 의해 행하여져야 할 한방 의료행위에 해당한다는 것이 대법원과 헌법재판소의 일관된 판단(대법원 2016. 7. 22. 선고 2014두42179 판결, 헌법재판소 2008헌가19, 2008헌바108, 2008헌마269, 2010헌바38, 2010헌마275)이므로, 일반적으로 면허 또는 자격이 없는 사람이 침·뜸·부항 등의 의료행위를 하는 것은 무면허 의료행위에 해당되어 의료법 제27조 제1항에 위배될 수 있다는 사실은 변함이 없습니다. 다만, 청구인들이 제시한 판례에서는 뜸 시술은 원칙적으로 의료행위임에는 틀림없으나, 해당 사건의 특수한 사례에서 ① 진찰을 거쳐 특정 질병을 진단하고 그에 대한 처방으로 시술을 한 것이라거나 환자의 병증이나 질환의 종류에 따라 시술 내용을 달리한 것이 아니고, ② 아무런 경제적 이해관계의 개입 없이 농촌 마을 주민들이 전통적인 민간요법을 소규모의 형태로 자조적으로 시행해온 점 등을 고려하여 정당행위로 볼 수 있어 예외적으로 무면허 의료행위에 해당하지 않는다고 인정한 것에 불과합니다.

오히려 최근 판결을 보면, 의료인이 아닌 자가 후원금을 받고 봉사라는 명목으로 행한 침, 뜸 시술을 피시술자의 건강에 중대한 위험을 초래할 수 있는 의료행위로 판단하고 정당행위로 볼 수도 없으므로 무면허 의료행위로 인한 의료법 위반(2019노1858)이라고 판시하고 있습니다. 즉, 법원은 비의료인의 침, 뜸 시술행위를 금지되는 무면허 의료행위로 보는 기존의 판단을 변경하지 않고 있는 것입니다.

5) 소 결

따라서 의료법의 입법목적, 의료인의 사명에 관한 의료법 상의 여러 규정, 의료행위의 개념에 관한 대법원 판례 및 헌법재판소 결정, 사정변경 상황 등을 종합적으로 고려해 보면, 이 사건 심판대상 조문 중 "의료행위"의 개념이 죄형법정주의의 명확성원칙에 위배된다고 할 수 없습니다.

마. 적법절차 원칙의 위배

한의사만 배타적으로 침구를 독점하도록 한 것의 정당성과 관련하여 관련 법령의 변천사를 보면 "접골사・침사・구사・안마사 자격시험규정"(1960. 11. 28. 보건사회부령 제56호로 제정된 것)의 경우 비록 폐지되지는 않았다고 하더라도[1] 그 근거법령에 해당하는 구 "국민의료법"(1951. 9. 25. 법률 제221호

1) 보건복지부는 2009. 8. 31. 위 규정의 폐지를 입법예고한 바 있습니다.

로 제정된 것) 제59조[2]의 경우 구 "국민의료법"이 구 "의료법"(1962. 3. 20. 법률 제1035호로 전부개정된 것)으로 개정되면서 삭제되었고, 이에 따라 의료유사업자제도를 규정하였던 구 "의료유사업자령"(1960. 11. 28. 보건사회부령 제55호로 제정된 것) 역시 1962. 7. 21. 보건사회부령 제85호로 개정되면서 종전에 있었던 제3조(시술자의 자격)[3], 제7조(자격시험)[4]가 삭제되고 다만, 기존에 의료유사업자 자격증을 소지한 자에 대한 관리규정만 남게 되었습니다.

한편, 현행 "의료법" 제81조 제1항은 이 법이 시행되기 전의 규정에 따라 자격을 받은 접골사, 침사, 구사(이하 "의료유사업자"라 한다)는 제27조(무면허 의료행위 등 금지)에도 불구하고 각 해당 시술소에서 시술을 업으로 할 수 있다, 제3항은 의료유사업자의 시술행위, 시술업무의 한계 및 시술소의 기준 등에 관한 사항은 보건복지부령으로 정한다고 규정하고 있고, "간호조무사 및 의료유사업자에 관한 규칙" 제2조 제2항 내지 제5항에서 접골사, 침사, 구사의 업무의 내용과 한계를 규정하고 있습니다.

2) 구 국민의료법 제59조 : 종래에 규정된 접골·침술·구술·안마술업자 등 의료유사업자제도는 주무부령으로써 정한다.

3) 구 의료유사업자령 제3조(시술자의 자격) : 접골사·침사·구사 또는 안마사(이하 시술자라 한다)가 되고자 하는 자는 서울특별시장 또는 도지사가 시행하는 접골사·침사·구사 및 안마사 자격시험에 합격하고 그 자격증을 받아야 한다.

4) 구 의료유사업자령 제7조(자격시험) 자격시험에 대하여 필요한 사항은 보건사회부령으로써 따로 정한다. 이 규정에 의하여 「접골사·침사·구사·안마사 자격시험규정」이 제정되었던 것입니다.

위에서 본 것과 같은 법령의 규정 및 그 변천과정에 의한다면 위 의료법령 변천의 취지는 기존에 의료유사업자 자격증을 소지하고 있는 자에 대하여는 신뢰보호의 이유로 이를 유지하되, 신규로 의료유사업자를 양성하는 제도를 시행하지는 않겠다는 것으로 해석되며, 또한, 국민의료에 필요한 사항을 규정함으로써 국민의 건강을 보호하고 증진하고자 하는 현행 의료법에서는 의료유사업자 양성제도를 인정하고 있지 않음이 명백한 것입니다.

즉, 침뜸의 경우 '의료행위'로서 국민 보건위생상 위해를 줄 수 있는 행위이며, 신규 의료유사업자를 양성하지 않으면서 해당 행위를 할 수 있는 자를 의료인으로 제한하는 것은 국민 건강을 보호하고 증진하고자 하는 목적을 가진 것이므로 이러한 내용이 절차적으로 정당하지 못하다고 하는 것은 왜곡된 주장이라고 판단됩니다.

바. 국민보건과 고령자 보호에 대한 국가의무의 위배

의료인이 아닌 자의 의료행위를 임의로 허용하는 것이 오히려 국민의 생명과 신체의 안전을 도모하여야 할 국가의 책임과 의무를 저버리는 것에 해당하므로, 무면허 의료행위를 금지하는 조항으로 인하여 고령자 보호에 대한 국가의 의무를 위반하고 있는 것으로 볼 수 없습니다.

4. 참고 의견

한편, 청구인들은 해외의 일부 국가에서 의료면허에 대하여 다양한 면허제도가 운영되고 있는데 국내에서는 이를 입법적으로 허용하지 않고 있어 자신들의 기본권이 침해되고 있다고 주장합니다. 그러나 청구인들이 주장하는 권리라고 하는 것은 국내법상 입법을 통하여 구체화되는 경우에 주장할 수 있는 권리인 것이지 입법 외에서 천부적으로 주어진 권리라고 볼 수 없는 것인데다가, 의료행위가 갖는 중요성에 비추어 볼 때 미국 등 외국에서 의료행위를 허용하는 새로운 면허제도를 신설하고 있다고 하여 이를 곧바로 국내에도 도입해야 한다거나, 아무런 제한 없이 해외 또는 국내의 사설교육기관에서 교육을 받고 취득한 자격을 통해 국내에서도 활동할 수 있어야 한다고 볼 수는 없습니다.

일반적으로, 어느 국가 또는 어느 사회이든 독자적이고 고유한 문화와 법체계가 구비되어 있는바, 일부 국가에서 승인되고 허용된다고 하여 반드시 다른 국가에서도 직접적, 즉각적으로 허용될 수는 없는 것입니다. 특히 국민의 생명, 신체에 대하여 커다란 위험성을 갖는 의료행위의 허용 및 그에 관한 면허제도의 신설 문제는 국내에서도 안전성이 보장되고 사회적 공감대가 형성되었을 때 그에 관한 교육제도, 면허제도의 시행과 함께 논의되어야 하는 것으로 이는 법률에 의하여 구체화되어야 하는 입법자의 판단에 의하여야 하는 것입니다.

또한, 대체의학에 관한 제도를 신설하기 위해서는 각국의 의료제도의 현황 등을 함께 고려하는 것이 반드시 필요합니다. 왜냐하면, 대체의학이라고 하는 것이 기존 의료제도를 보완한다는 특성이 있는 만큼 기존의 의료제도에 대한 파악이 전제되어야 하기 때문입니다. 그런데 우리나라의 경우 다른 나라와는 달리 전통의술에 기초한 한의학, 한의사제도가 존재하고 있고 청구인들이 주장하는 침, 구술은 그와 같은 한의학, 한의사 제도의 본질적이고 핵심적인 부분으로서 의료법령에서 한방의료기관의 진료과목 및 전문과목으로 규정되어 있고, 한의과대학에서 전문적으로 교육하고 있으며 자격 있는 한의사에 의하여 시술되고 있을 뿐만 아니라 그 치료가 국민건강보험법에 따라 건강보험 급여항목으로 정하여져 있기까지 합니다. 따라서, 이와 같은 국내 의료제도의 현황상 침구제도가 독자적인 대체의학에 속한다고 하는 청구인들의 주장은 이유 없습니다.

한편, 헌법재판소의 결정례 이후 사정변경과 관련하여 청구인들은 고령사회의 진입으로 침구술 보급의 필요성이 증가하고 있다고 주장하나, 앞에서 언급한 바와 같이 의료인이 아닌 자의 의료행위를 임의로 허용하는 것이 오히려 국민의 생명과 신체의 안전을 도모하여야 할 국가의 책임과 의무를 저버리는 것에 해당하므로, 청구인들의 주장은 적절하지 않습니다.

또한, 침구교육기관의 합법화와 관련하여 대법원 판례를 살펴보면 "이 사건 신고는 시행령 제27조 제1항, 제2항이 요구하는 신고서와 첨부서류를 모두 구비한 것으로 보이고 피고도 신고서의 기재사항이나 제출된 서류에 형식적 흠결이 있다는 것을 처분사유로 삼고 있지는 않으므로, 피고로서는 그 신고서의 기재사항에 흠결이 없고 소정의 서류가 구비된 이상 신고를 수리하여야 하고, 신고의 형식적 요건이 아닌 신고의 내용이 공익적 기준에 적합하지 않다는 등의 실체적 사유를 들어서 신고의 수리를 거부할 수 없다고 보아야 한다. 따라서 피고가 형식적 심사의 범위에 속하지 않는 사항을 수리 거부사유로 삼아 이 사건 신고를 반려한 것은 위법하다"고 하여, 침구교육기관을 합법화한 것이 아니라 '평생교육법'에 따라 형식적 요건에 대한 판단만을 해야 하는 행정청이 실질적 요건을 판단한 것에 대하여 위법을 인정한 것에 불과합니다.

나아가, "현행 법령의 체제하에서 침·뜸의 시술은 원칙적으로 면허 또는 자격 있는 의료인에 의해 행하여져야 할 한방의료행위에 해당하지만, 이 사건 원격평생교육은 침·뜸의 원리와 방법·효능 및 신체의 경락구조에 대한 의학적 지식을 교육하는 것으로서, 그 교육과정에 임상교육이나 실습과목이 포함되어 있다고 하더라도 그 임상교육 등이 무면허 의료행위를 포함하지 않는 다른 대체수단에 의해 이루어질 가능성을 배제할 수 없는 이상 정보통신 매체를 이용한 이 사건 교육과정이 무면허 의료행위를 당연한 전제로 하고 있다고 볼 수는 없다"고 판시하여 해당 판결에서도 침뜸의 시술은 원칙적으로 한의사에 의해서만 이루어질 수 있는 한방의료행위임을 다시 한번 인정하고 있습니다.

5. 결 어

의료인이 아닌 자의 의료행위를 전면적으로 금지하고 있는 이 사건 법률조항이 죄형법정주의의 명확성원칙에 위배된다고 할 수 없으며, 이 사건 법률조항은 중대한 헌법적 법익인 국민의 생명권과 건강권을 보호하고 국민의 보건에 관한 국가의 보호 의무를 이행하기 위해 적합한 조치로서 과잉금지 원칙에도 위배되지 아니하므로, 이 사건 청구인들의 청구를 기각하여 주시기 바랍니다.

2020. 3. .

이해관계기관 보건복지부장관

헌 법 재 판 소 귀 중

청구원인 보충의견서 1차(2020.4.2)

- 보건복지부 의견서에 대한 반론 -

대리인 : 법무법인 현

담당변호사 김승대 강찬우

청구원인 보충 의견서(1차)
- 보건복지부 의견서에 대한 반론 -

사 건	2019헌마1435 의료법 제27조 제1항 등 위헌확인
청 구 인	문기웅 외 2,017명
이해관계인	보건복지부 장관

청구인들은 다음과 같이 청구원인에 대한 보충의견을 제출합니다.

다 음

1. 의료행위 선택권의 침해에 대하여

(1) 2020. 3. 6. 자 보건복지부 장관의 의견서는 이 사건 심판청구의 청구인을 오직 침구관련 직종에 종사하거나 종사할 준비를 하는 자라고만 파악하고 있으며, 일반 국민인 침구의료 소비자들에 대해서는 아무런 언급조차 하지 않고 있습니다,

그러나 이 사건의 청구인은 침구사 또는 침구인이 되려고 하는 자 뿐만이 아닙니다.

모두 2,072명의 청구인들 중 995명의 청구인들은 한의사가 아닌 침구인으로부터 침구시술을 받아서 자신들의 지병을 치료 관리하기를 원하는 침구의료 소비자들입니다. 보건복지부는 이 사건을 오직 한의사 대 침구인의 직종 대결의 프레임으로 보고자 하지만, 이 사건 청구인들의 절반은 '자신이 선택한 침구인의 침구시술을 통하여 자신의 지병을 고치기를 원하는 일반 국민'인 것입니다.

사실 이 사건 분쟁에서는 한의사의 침구시술 독점으로 인하여 침구의술에 특화된 전문가의 시술을 통하여 자신의 지병을 치료하고자 하는 '일반 국민의 의료행위 선택권'을 침해하고 있는 점에서 주요한 기본권 침해가 발생하고 있습니다.

청구인들은 이 점을 강조하여 경합된 여러 기본권들 중 가장 우선적으로 의료행위소비자인 일반 국민들의 의료행위 선택권 침해를 주장하였습니다.

(2) 보건복지부는 '의료에 관한 지식과 기술을 검증 받은 사람이 의료행위를 해야 합리적이고 안전하며 국민 보건에 관한 위험 발생을 막을 수 있으므로 검증받은 한의사만 독점해야 한다'는 종래의 주장을 반복합니다.

그러나 청구인들은 침구 영역에서 국민보건의 위험을 고려한 국가의 관리 · 감독을 부정하는 것이 아닙니다. 청구인들은 국가의 검증을 받지 않은 사람들이 침구의료행위를 하게 해 달라는 것이 아니라 침구시술에 관하여는 침구술 전문가로 활동하기 위한 의료 기초지식을 포함한 제반 의료 전문지식과 기술을 쌓은 사람들에 대하여 국가가 검증하여 침구의료행위 허가를 하도록 해야 한다는 것입니다.

그런데 순수한 침구전문가를 배제하고 주로 한약을 전문으로 하는 자들만이 침구술을 독점하도록 강제하는 제도는 침구의술의 본질에서 벗어난 규제이며, 이러한 잘못된 법적 규율은 자신의 질병에 대하여 가장 적정한 전문적 침구시술을 받아서 치료하여야 하는 환자인 국민의 입장에서는 매우 중대한 문제입니다.

그 점에서 이 사건 의료법 조항들이 침구소비자인 국민들의 의료행위 선택권을 침해합니다.

(3) 보건복지부는 '의료인에 의해 치료불가의 판정을 받은 경우 비의료인에 의해 행해지는 행위가 유의미한 행위인지 확인할 방법이 없으며 상대적으로 경미하고 위험성이 낮은 의료행위에 대하여 비의료인도 이를 행할 수 있도록 허락할 때 관리 감독 및 사후통제 사회적 비용의 문제가 있으므로 모든 의료행위를 의료인이 독점하게 하는 것은 과잉금지에 반하지 않는다는 취지로 주장합니다.

그러나 현행 제도권 의료인에 의한 모든 의료행위가 치료불가 판정을 받았다면 의료인의 의료행위나 진단이야말로 환자에게는 무의미해진 상태라고 할 것인데, 여기서 이미 능력상 한계를 드러낸 제도권 의료인이 그의 시각에서 비의료인의 의료행위가 유의미한지 또는 무의미한지를 더 이상 결정할 상황이 아닌 것입니다. 보건복지부는 제도권 의료인들이 병을 못 고친다고 종국 판단한다면 사경(死境)에 몰린 환자는 더 이상 치료를 위해 노력하는 것이 무의미하고 전문 침구인의 치료는 불법이니 그냥 치료를 포기하고 죽어야 한다는 논리를 펴는 것인데, 이는 환자인 국민의 처지를 무시하는 권위주의적 발상이라고 할 것입니다.

또한 이 사건에서 문제되는 침구의술의 영역에서는 이미 청구서의 청구이유에서 밝힌 바와 같이 법원은 이미 여러 경우에서 상대적으로 경미하고 위험성이 낮은 침구의료행위에 대하여 비의료인도 이를 행할 수 있도록 허락하는 취지의 판결을 내리고 있습니다. 그러므로 경미하고 위험성이 낮은 의료행위라고 하여도 제도권 의료인에게 독점되어야 한다는 보건복지부의 주장도 이미 우리나라 법원의 판례와도 배치되고 있는 주장일 뿐입니다.

(4) 보건복지부는 우리나라에서 침구술은 한의사제도의 본질적이고 핵심적인 부분으로 의료법령에서 한방의료기관의 진료과목으로 규정되어 있고 모든 한의과대학에서 교육되고 있으며 한의사에 의하여 널리 시술될 뿐 아니라 국민건강보험 급여항목으로 규정되어 있으므로 이 점에서 국민의 의료행위 선택권이 제한됨이 과잉금지 원칙에 반하지 않는다고 주장합니다.

① 그러나 우리나라의 의료제도 전통에서 침구술은 원래부터 한의사의 업무 범위에 속하지 않았으며 한의사 제도의 본질적이고 핵심적인 부분은 더더욱 아니었습니다. 어느 제도의 본질이고 핵심이 된다고 하기 위해서는 만약 그 부분이 없다면 제도의 존재 자체가 무의미해지고 성립할 수 없을 정도의 중요성을 가져야 할 것입니다.

우리나라는 조선 시대 이래 전통적으로 침의(鍼醫)와 약의(藥醫)를 구분하는 의료체계를 가졌고 양 분야는 각자 독립적인 전문성을 가지고 있었습니다. 서양의학이 도래하여 이를 제도화한 일제 강점기 이후에도 약의를 이어받은 한의사는 한약의 첩약을 업무로 하고, 침의를 이어받은 침구사는 침구시술을 업무로 하였습니다. 양 업종은 법제도상 구분되어 있었으므로 한의사가 침구술을 하거나 침구사가 한약처방을 하는 것은 허용되지 않았습니다.

군사정부가 침구사제도를 강압적으로 소멸시킨 이후에도 한의사는 침구술을 적법하게 행할 수 없었으며, 이는 대법원의 판례에 의하여도 확인된 바 있었습니다.(대법원 1961. 10. 10. 4292행상122 행정처분취소사건 판결.)

종합법률정보

대법원 1961. 10. 19. 선고 4292행상122 판결

[행정처분취소][미간행]

【판결요지】

한의사는 면허없이 침술, 구술을 시행할 수 없다.

【참조조문】

의료법 제5조

【전 문】

【원고(피상고인)】 주순일

【피고(상고인)】 서울특별시장(소송대리인 변호사 한복)

【원심판결】 서울고등법원4292행62호 동년 9. 4. 선고 판결

【주 문】

본건 상고를 기각한다.

상고 소송비용은 피고의 부담으로 한다.

【이 유】

피고 소송대리인의 상고 이유는 별첨 상고이유서와 같다.

상고이유 제1점에 대하여

원심판결 이유에 의하면 원심은 안마술섬술적술영업취체규칙[1](이하 취체규칙으로 약칭한다)에 의하면 동면허권자가[2] 각 도지사로 되어 있으나 ① 동 영업지가[3] 주소를 이전할 시는 관할관서에 신고하면 족하기로 되어 있고 ② 영업구역에 관한 제한규정이 없으며 ③ 동 규칙이 총독부령인 점을 종합하여 각 도지사의 면허는 관할도 외에도 효력이 있다는 판단을 한 뜻이 분명한 바 전현 원심이 설시한 ①②③만으로써도 각 도지사 관할 외에 효력이 있다고 판정할 수 있을뿐더러 동 취체규칙을 시행키 위한 규정으로 보이는 동 취체규칙취급수속 제5조 제2항, 제7조 제2항, 제9조 제2항의 규정을 보드라도[4] 도지사의 면허가 그 관할 도 외에 미치는 것을 전제로 하는 것으로서 이는 곳 원심과 같이 동 취체규칙 자체로써 도지사의 면허가 관할도 외에서도 유효하다는 결론을 내릴 수 있다[5] 할 것이니 원심에 소론과 같은 법률해석을 그릇한 위법이 없다.

동 제2점에 대하여

일건 기록에 의하면 보건사회부장관의 통첩이 있었고 이에 부응하는 성립을 인정하는 을제1호증이 있으며 이에 대하여 원심이 하[6] 등 언급이 없음은 명백하나 상고이유 제1점에서 설명한 바와 같이 동 취체규칙에 의한 도지사의 면허가 관할도 외에 효력을 가진다는 것은 동 취체규칙 자체로써 추출되는 결론이고 동 취체규칙취급수속의 규정은 이 결론을 뒷받침함에 끌이고 동 취급수속의 규정으로 인하여 창설적으로 동 취체규칙에 의한 도지사의 면허가 관할도 외에 효력을 가진다는 뜻이 아니므

1) 안마술침술구술영업취체규칙(오타 수정)
2) 동면허권자가
3) 동업자가(오타 수정)
4) 보더라도
5) 있다
6) 하

로 소관부장관의 통첩으로서는 그보다 고위에 있는 법령인 동 취체규칙에 의하여 생하는 법률적 효력을 제한이나 폐지할 수 없다고 할 것이니 결론에 있어서 원심의 판단유탈은 원심판결 파기의 이유가 되지 않는다.

동 제3점에 대하여

한의사의 면허를 가진 자는 면허 없이 [7]침술구술을 실시할 수 [8]있다는 법적 근거가 없으니 소론은 독자의 견해에 불과하다 할 것이고 이와 동 취지의 원심판단은 정당하니 원심에 심리부진의 위법이 없다.

이상 이유에 인하여 논지는 모다 이유 없으므로 본건 상고를 기각하고 소송비용은 패소자의 부담으로 하기로 하여 관여법관의 일치된 의견으로 주문과 같이 판결한다.

대법관　홍순엽(재판장) 방순원 나항윤

그런데 군사정부의 일방적 조치로 기존의 면허자들 외에는 침구사 면허를 받을 수 없게 되어 침구술의 제도적 공백이 발생하게 되자, 슬그머니 한의사의 면허 시험과목에 침구술을 포함시키는 방법으로 침구사의 영역을 잠식하였습니다. 동양의학의 근간의 하나인 침구술을 국민들이 시술받음에 있어서 이를 침구사에게 받아야 하는지 한의사에게 받아야 하는지 하는 문제는 한방의료체계의 제도적 근간을 정하는 것으로서 국민의 의료 기본권의 행사에 중대한 영향이 있는 '법률사항'으로서 모두 법률에 의하여 명확히 권한 여부가 결정되어야 합니다. 그럼에도 불구하고 한의사의 침구 권한 인정 여부에 관한 아무런 법률규정도 없이 하위규범인 규칙과 시행령을 통하여 한의사시험과목으로 침구학 과목 하나를 슬그머니 편입하는 방법으로 한의사의 영역이라고 주장하게 된 것입니다. 이처럼 침구술은 한의사의 본래 영역이 아니었으며 결코 한의사 제도의 본질적인 부분이 아닙니다.

② 2010년에는 한의사 국가고시개선 특별위원회에서 침구학을 한의사 국가고시에서 삭제하기로 한 결정이 있었습니다.

이에 대해 몇몇 한의사 단체가 "(1988년) 복지부는 '의료법에는 한의사의 침구시술

7) 침술구술을
8) 있다는

을 허용하는 규정이 없으나, 의료법 시행규칙에 한의사국가시험 과목으로 침구학이 명시되어 있기 때문에 한의사는 침구시술을 할 수 있다'는 유권해석에 의해 한의사 침구시술의 정당성을 확보하고 있다"며, "'침구가 당연히 한의사의 고유한 권한임'을 주장할 수 있는 중요한 법적 근거가 현재까지 한의사 국가고시와 한의과대학 정규 커리큘럼상 '침구학'이라는 과목명이 존재하고 있다는 점으로 침구학 과목은 한개 과목명 이상의 의미를 지니고 있다"는 성명을 발표하는 등으로 반대하는 바람에 한의사 시험에 침구학 과목이 남아있기는 하지만, 이는 침구학이 한방의료의 본질적이고 핵심적인 내용이 아니라는 점을 스스로 드러낸 것입니다.

③ 한국보건의료인 국가시험원의 자료에 의하면 한의사시험은 총 11과목 340문제로 이중 침구관련과목은 실기시험 없이 침구학 1과목 48문항에 불과합니다. 이는 일본침구사시험이 필기시험 14과목 180문제와 별도의 침(구)실기시험까지 거치도록 되어있다는 점과 비교해 볼 때 한의사의 시험편제가 탕약중심임을 입증하는 것입니다.

또한 현재 한의사의 침구교육은 중국과 일본의 침구대학은 물론, 국내 사설교육기관의 교육시간과 실습시간에도 크게 못 미치는 수준이며 한의대의 수업편제는 탕약 중심임을 벗어나지 못합니다.

이처럼 한방의사의 양성교육에 부가한 보조적 침구 교육과 시험만으로는 제대로 된 침구사 양성 전문교육기관의 교육의 범위나 질을 도저히 따라갈 수 없으며, 이것은 현행 침구시술이 국민의 의료행위선택권을 충족시킬 수 없는 요인이 되고 있습니다.

(5) 보건복지부는 소비자의 의료행위선택권은 현재 시행중인 한의사 제도를 통해 한의사에게서만 침구술을 받을 수 있으며, 건강보험 급여항목으로도 규정되어 있어 비교적 저렴한 금액으로 치료받을 수 있으므로 제한된다고 볼 수 없다고 주장합니다.

그러나 자신의 질환을 치료받아야 하는 환자인 국민은 제도권 의료가 남용되고 오작동하며 불충분한 의료서비스를 제공할 경우에는 이에 대한 대안 치료를 받을 기회를 가질 수 있어야 하며 그렇지 못한 경우에는 환자의 의료행위선택권은 침해된다고 할 것입니다.

현재 우리나라에서 한의사에 의하여 독점적으로 시행되는 침구술은 한의사가 원래 주된 전문분야인 한약처방 위주의 경영을 할 수밖에 없는 사정 때문에 탕약에 대한 보조술로서 활용되고 있습니다. 또한 침구술은 원가가 싸고 부작용이 없는 특성을 가지는데 건강보험 급여항목에도 해당하게 되었으므로 한의사들은 침구술을 반드시 필요한 환자가 아닌 경우에도 권하여 의료수익을 늘이고 있고 필요 이상의 남용은 건강보험 과다지출을 초래하여 그 재정을 위태롭게 하는 지경에 이르고 있습니다. 국민들은 한의사의 이러한 남용된 침구시술에서 벗어나 이를 거부하고 한의사가 아닌 진정한 침구전문인에 의한 침구시술을 받을 것을 선택할 자유가 보장되어야 할 것입니다.

2. 직업선택의 자유 침해에 대하여

(1) 보건복지부는 한의사가 현재의 의료교육제도 하에서 “인체 전반에 대한 이론적 뒷받침”과 “인간의 신체 및 생명에 대한 외경심”을 체계적으로 교육받고 이 점에 관한 국가의 검증을 거친 의료인이므로 이러한 자격 있는 한의사들만 침구를 수행할 수 있도록 하는 것은 당연하다고 주장합니다.

침구술을 시술할 자격을 가지기 위해서는 이에 합당한 인체에 대한 기본적인 교육을 받아야 함은 당연하며, 청구인들이 이러한 부분을 부정하는 것이 아닙니다. 침구사의 경우에도 침구술과 침구시술에 필수적인 인체 전반에 대한 체계적이고 적절한 교육을 충분히 이수하여 국민들에게 침구술을 시행하여도 국민보건 유지의 공익에 지장이 없는 경우에만 침구사 자격을 인정해 주어야 할 것입니다. 이러한 교육 이수의 여부에 대해서는 국가가 일정한 기준을 정하여 침구사의 허가 요건으로 얼마든지 요구할 수 있을 것입니다.

이처럼 침구사로서 활동함에 필수적인 교육을 이수하고 관련 지식과 자질을 익힌 것인지 여부를 확인하는 면허 요건을 통과한 자라면 침구사가 될 수 있어야 할 것인데, 한약처방을 위주로 공부한 한의사가 침구사의 자격까지 덤으로 취하여 침구사의 역할까지 배타적 독점적으로 맡게 하는 것은 침구만을 전문으로 하는 침구사가 되고자 하는 자의 직업선택의 자유에 대한 부적절한 주관적 제한으로서 기본권을 과잉 침해하는 것입니다.

(2) 또한 보건복지부의 의견에 의하면 한의사는 인간의 생명과 신체에 대한 외경심을 체계적으로 교육받아 침구사와는 다르다고 하는데, 한의사 침구시술 현장의 실제 현실은 이와 정반대이며 '인체와 생명에 대한 외경심'을 내세우며 강조하기가 어색할 정도입니다.

① 2020. 3. 4.자 동아일보의 "석 달 침 맞으면 합의금 많이 받게, 노골적 유혹" 제하의 기사, 2019. 8. 5.자 조선일보의 "차사고 당했죠, 침 · 부항 · 추나 · 한약 풀세트 하시죠" 제하의 기사, 2019. 4. 10.자 메디칼 타임즈의 "급여화된 추나 현장 가보니.. 침 · 뜸 패키지로 받으세요" 제하의 기사, 2018. 3. 7.자 중앙시사메거진의 "교통사고 났을 때 한방병원 가면 한약까지 지어준다고?" 제하의 기사 등을 종합하면 다음 사실을 확인할 수 있습니다.

② 최근 신종 코로나 바이러스의 31번째 확진자가 교통사고로 한방병원에 입원 중 잦은 외출을 하면서 세간의 관심을 받고 드러난 바에 의하면, 한방병원은 거의 치료가 필요없는 경미한 교통사고 환자에게 미리 준비한 한약 십수일분을 제공하고 침구시술과 추나를 필수적인 것으로 위장하여 병행한다는 것입니다. 이러한 과잉진료로 과다계상된 진료비는 보험청구되어 한방병원의 수입원이 됩니다. 건강보험심사평가원에 따르면 2015년 3,576억원이었던 교통사고 관련 한방진료비는 지난해 2019년에는 9,569억으로 3배 가까이 상승했습니다. 한방병원의 1인당 평균 통원진료비도 2018년 기준 57만 5000원으로 양방병원 18만4000원의 3배에 이릅니다. 한의사들은 자신들에게 주어진 침구시술의 독점권을 이와 같이 악용하고 있습니다.

③ 이러한 왜곡된 한방의료 현실이 만연되어 있는 것은 한의사가 본업무인 한약 처방에서 벗어나 침구술 등을 이용하여 외과적 진료에 개입하고 또한 과잉진료의 수단으로 삼고 있기 때문입니다. 일반적으로 한의사의 본연의 업무인 한약처방만으로는 이와 같은 외과적 진료에 대한 개입을 할 수 없기 때문에 자신들의 부업인 침구술을 동원하여 돈벌이를 하면서 국민건강보험의 재원을 갉아먹고 나아가 우리나라의 의료보험체제 전체의 재정적 건전성을 위협하고 있습니다.

이처럼 현재의 한의사 침구시술 실태를 살펴 볼 때 적어도 침구분야에서는 한의사가 '인체 전반에 대한 깊은 이론'과 '인간의 신체 생명에 대한 외경심'에 기초하여 의료활동을 하고 있다고 말할 수 없습니다.

(3) 침구술은 필요한 지식을 쌓고 실제로 활용하면서 쌓게 되는 경험과 노하우가 중요한 직역입니다. 특히 침구시술은 손으로 하는 것이라 손의 숙련도가 중요할 수밖에 없습니다. 침구시술을 위해서는 탕약조제에 대한 지식이나 기술이 필요하지 않습니다. 오히려 주로 탕약조제 기술을 익혀 활용하는 것을 중심으로 교육된 사람에게 침구시술을

맡기다 보면 숙련도가 떨어져 안전성에 더 문제가 있을 수 있게 됩니다. 침구학과 침구술 연마에 집중하여 필요한 전문 지식과 기술을 습득하도록 해야 더 안전하기 때문입니다. 조선 제일의 침구사인 허임 선생도 그의 저서 침구경험방 서문에서 '법은 전해 줄 수 있어도 솜씨는 전해 줄 수 없다(能與人規矩 不能與人巧)'고 전하며, 손을 사용하는 법이 상세하고 완벽하도록 할 것을 강조했습니다.

(4) 서양의학에서는 최초의 의과대학(1988년)인 제중원 의학교 당시부터 전공과목의 명확한 구분 없이 통합치료를 해오다 1948년 전문의 제도가 도입된 이후 시대의 변천과 직업 전문화의 추세에 맞게 분화가 이루어지고 보조의료분야도 방사선사, 물리치료사, 병리사 등으로 세분화, 전문화되고 있습니다. 그러나 전통의학에서는 당초 한의사의 영역도 아니었던 각종 대체의료요법이나 수기요법 마저도 한의사 자신들만의 영역이라며 담장을 높이고 의료전문화의 시대적 요구에 역행하고 있는 실정입니다.

(5) 이와 같이 침구사라는 직역을 위해 탕약까지 배워서 한의사 시험을 보도록 하는 것은 직업선택의 자유의 주관적 제한에 있어서 준수되어야 할 과잉금지 원칙의 방법의 적절성과 침해의 최소성에 위배되는 것입니다.

3. 평등권 침해에 대하여

(1) 보건복지부는 우리나라에서 침구교육을 받았다는 사람은 체계적으로 의학을 공부하고 국가의 검증으로 시험을 거친 한의사와는 다르므로 이를 차별하여 한의사에게만 침구행위를 할 수 있도록 하는 것이 평등 원칙에 반하지 않는다고 주장합니다(11-12면).

그러나 여기서 차별이 문제되고 있는 것은 현행 법제상 한의사 제도만 인정되고 침구사 제도는 소멸됨으로써 적법한 침구사가 되려고 하는 국민 집단에게 침구의술에 필요한 인체 교육을 포함한 폭넓은 침구교육을 받아서 국가의 검증을 거쳐 침구사로서 활동할 기회 자체를 박탈하고 있는 현행 법제가 불합리한 차별이라는 데에 있는 것입니다. 현재 한의사는 의학을 교육받고 국가시험을 거쳐 적법한 의료인으로 활동하고 침구사가 되고자 하는 집단은 침구전문 교육기관에서 침구에 관한 전문적인 교육을 받을 기회가 없어 침구사가 될 수 없는 것은 이러한 법적 차별의 내용이자 결과이며 이러한 차별을 정당화할 사유가 되지 못합니다.

그럼에도 불구하고 보건복지부 의견서는 차별의 원인과 결과를 구분하지 못하고 혼동하여 주장하고 있는 것입니다. 즉 현행 의료법이 불평등한 법제이므로 그 적용의 결과로 침구인들은 침구의술을 교육받지 못하고 침구사 자격을 얻을 수도 없는 차별을 받고 있는 것입니다. 침구인들이 교육도 제대로 받지 못하고 침구의료인 자격이 없는 자들이기 때문에 마땅히 차별을 받아야 한다고 주장하는 것은 법제도로 사람을 차별해서 불이익을 가하고 나서 그 결과를 차별 정당화 사유로 둔갑시켜 강변하는 것입니다.

(2) 특정 집단의 국민들을 다른 집단에 비교하여 법적으로 차별함으로써 그 기본권을 중대하게 침해하는 경우에는 차별 취급에 있어서 비례의 원칙이 적용되어야 합니다.

① 우리나라에서 한의사 제도만 살리고 침구사 제도를 없애게 된 것은 5 · 16 군사정부의 한국 전통의료제도의 전면폐지 정책의 추진 결과였습니다. 당시 군사정부는 처음부터 이러한 차별을 의도하였던 것이 아니었으며 한의사 계층이 더욱 강력히 반발한 결과 그들만 남게 되었고 한의사와 침구사 간의 법적 차별은 이러한 역학관계를 반영한 우연한 결과적 산물이었을 뿐입니다. 이렇게 도입된 한의사와 침구사의 차별법제는 그

입법목적의 정당성부터 인정될 수 없습니다.

② 또한 침구시술을 업무로 하는 침구사는 한약치료를 업무로 하여온 한의사에 비교하여 의학적 교육이 다를 수 밖에 없는 것이며 '한의사로서의 의료교육'을 받지 아니하였다고 하여 침구사의 침구술에 대한 실력을 얕잡아보고 의료인의 자격이 없다고 치부할 수 없습니다. 침구사에게는 침구술에 필요하고 적합한 별도의 '침구사로서의 의료교육'이 있으며 이들에 대한 교육이 이루어져야 하는 것입니다. 침구시술을 위해서 한약처방과 조제기술은 필요하지 않습니다. 이 점에 관해서는 이미 심판청구 이유서에서 자세히 말씀드린 바 있습니다(청구서 45면). 그러므로 이러한 한의사와 침구사 간의 담당 의술의 특성 차이를 무시한 채 한의사에게만 침구술의 적법성을 부여하는 것은 국민보건유지의 공익 목적을 향상시키는 데 있어서 차별 수단으로서의 적합성도 없는 것입니다.

4. 명확성 원칙의 위배에 대하여

(1) 보건복지부는 의료법의 입법 목적, 의료인의 사명에 관한 의료법상의 여러 규정, 의료행위의 개념에 관한 대법원 판례 등을 종합적으로 고려해 보면, 이 사건 심판대상 조문 중 의료행위의 개념이 침구술에 관하여 불명확하다고 할 수 없다고 합니다.

그러나 침구행위의 의료행위 여부에 관하여서는 판례법상 또는 법집행상 혼선이 야기되고 있어서 국민들이 장래 어떠한 사정 하에서 어떠한 침구행위를 하는 경우 처벌을 받게 되고 어떠한 경우에는 적법한 것인지를 판단하기가 어렵게 된 상황이라고 봅니다.

심판청구서 제48면에서 진술한 바와 같이 한의사가 아닌 침구사에 의한 침구시술이 불법이라고 말하면서도 2018. 11. 15.의 법원 판결에 의하면 피부에 닿는 직접구라 하더라도 쌀알 반알 정도의 작은 쑥의 시술은 합법이라고 하였습니다. 이러한 크기는 대부분의 쑥뜸 시술에서 보통 행하는 것입니다. 그렇다면 쌀알 반 톨보다 조금 큰 것은 어떻게 될 것인지, 또는 쌀알만한 것이라도 사정에 따라 합법적인 것이 될 수는 없을지 보통사람들로서는 미리 명확히 판단하기 어렵습니다. 이러한 부분은 구체적 정황에 따라 다른 것이고 상식을 가진 일반인은 그 한계에 확신을 가지지 못하고 행위를 할 수밖에 없습니다.

침의 경우에는 대법원이 오래 전부터 수지침의 경우 합법인 것으로 판단하였습니다. 그런데 수지침이든 체침이든 인체에 침을 놓는 침술인 점에서는 동일하고 시술 부위만 다를 뿐 생리적 영향은 같은 것입니다. 신체에서 손만이 특별히 취급될 이유가 희박하므로 일반 국민들은 침을 놓아도 손처럼 인체의 주요 장기가 없는 부위는 무방할 것이고 장래 사건이 되어 법원에 가져가면 그렇게 판단해 줄 것이라고 충분히 생각할 수도 있습니다. 이를테면 팔다리나 발에 대한 침은 손에 대한 경우와 별로 차이가 없어 보입니다.

(3) 나아가 행정부는 법원의 판례도 없이 안마사가 침구시술을 하는 것은 단속하지 않겠다는 지침을 마련하여 시행하고 있습니다. 일반 국민은 법원의 판결 이전에 행정부의 단속이 더 무서운 실정이고 행정부가 허락한다면 법원의 판결에 앞서서 사회적으로 그 행위는 합법화되는 것과 같습니다. 그리하여 침구술은 한의사나 안마사가 하면 적법이고 침구사가 하면 불법이라는 기이한 상황에 이르렀습니다.

이와 같이 상식적으로 납득할 수 없는 법 운용상태 하에 놓인 국민들은 침구술에 관하여 어디까지 적법하게 행할 수 있고 어디까지 안된다는 것인지 항상 유동적이어서 사전에 이를 확신을 가지고 파악하기 어렵고 항상 사후에 문제가 되어서 적법 위법을 가려보아야 알 수 있는 법적 불안정 상태에 놓이게 되었습니다.

최근의 이러한 법운용 상황은 이 사건 법률조항의 침구시술의 적법성 여부에 관한 구체적 의미의 불명확성을 더욱 강화시켜주고 있다고 생각됩니다.

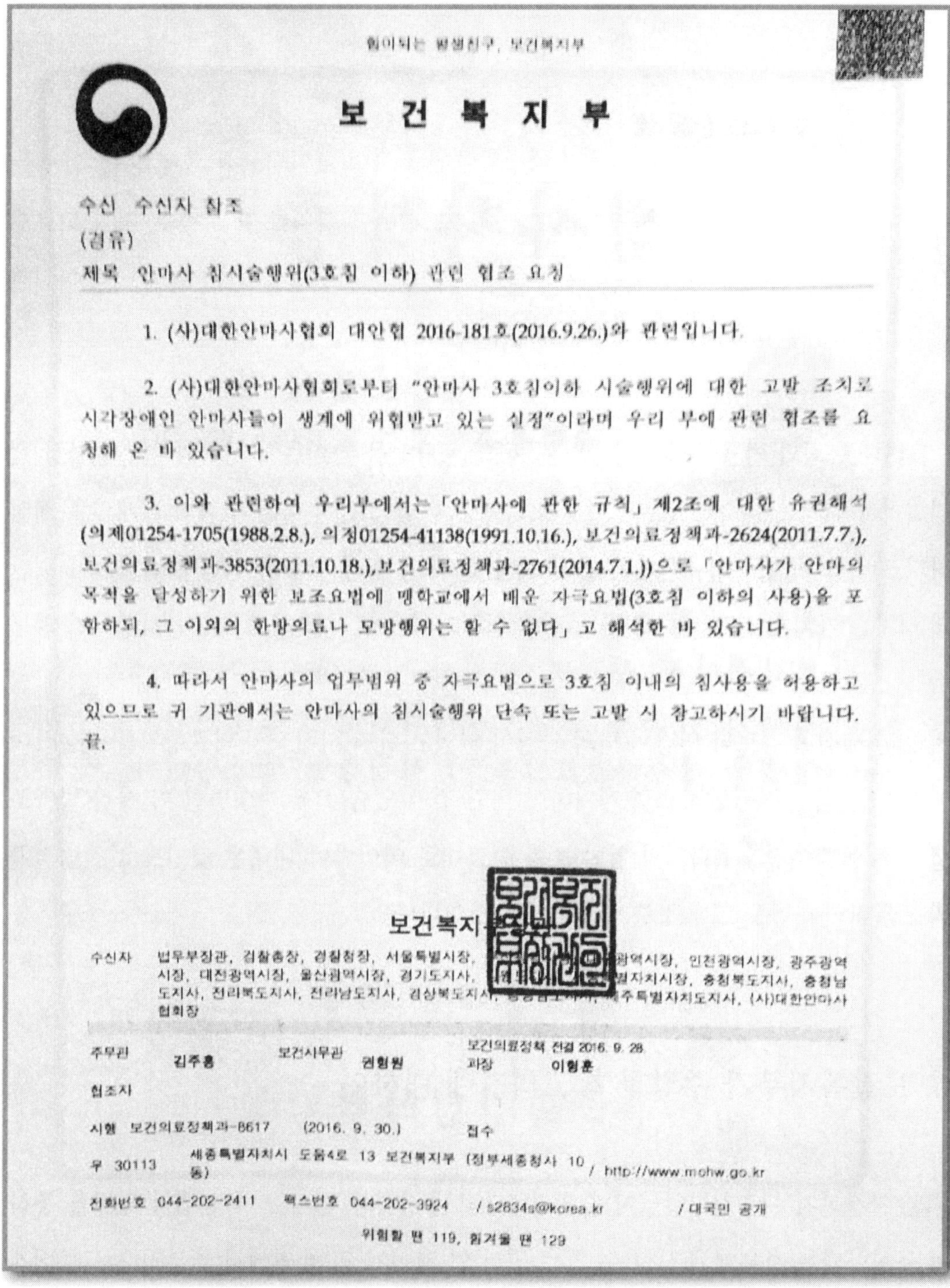

힘이되는 평생친구, 보건복지부

보 건 복 지 부

수신 수신자 참조
(경유)
제목 안마사 침시술행위(3호침 이하) 관련 협조 요청

1. (사)대한안마사협회 대안협 2016-181호(2016.9.26.)와 관련입니다.

2. (사)대한안마사협회로부터 "안마사 3호침이하 시술행위에 대한 고발 조치로 시각장애인 안마사들이 생계에 위협받고 있는 실정"이라며 우리 부에 관련 협조를 요청해 온 바 있습니다.

3. 이와 관련하여 우리부에서는 「안마사에 관한 규칙」 제2조에 대한 유권해석(의제01254-1705(1988.2.8.), 의정01254-41138(1991.10.16.), 보건의료정책과-2624(2011.7.7.), 보건의료정책과-3853(2011.10.18.),보건의료정책과-2761(2014.7.1.))으로 「안마사가 안마의 목적을 달성하기 위한 보조요법에 맹학교에서 배운 자극요법(3호침 이하의 사용)을 포함하되, 그 이외의 한방의료나 모방행위는 할 수 없다」 고 해석한 바 있습니다.

4. 따라서 안마사의 업무범위 중 자극요법으로 3호침 이내의 침사용을 허용하고 있으므로 귀 기관에서는 안마사의 침시술행위 단속 또는 고발 시 참고하시기 바랍니다. 끝.

보건복지부장관

수신자 법무부장관, 검찰총장, 경찰청장, 서울특별시장, [illegible]광역시장, 인천광역시장, 광주광역시장, 대전광역시장, 울산광역시장, 경기도지사, [illegible]별자치시장, 충청북도지사, 충청남도지사, 전라북도지사, 전라남도지사, 경상북도지사, [illegible] 제주특별자치도지사, (사)대한안마사협회장

주무관 김주홍 보건사무관 권형원 보건의료정책 전결 2016. 9. 28. 과장 이형훈

협조자

시행 보건의료정책과-8617 (2016. 9. 30.) 접수

우 30113 세종특별자치시 도움4로 13 보건복지부 (정부세종청사 10동) / http://www.mohw.go.kr

전화번호 044-202-2411 팩스번호 044-202-3924 / s2834s@korea.kr / 대국민 공개

위험할 땐 119, 힘겨울 땐 129

보건복지부가 법무부장관, 검찰총장, 경찰총장, 각 지방단체장 등에게 보낸 '안마사 침술(3호침 이하) 관련 협조요청' 공문.

5. 적법절차 원칙의 위배에 대하여

보건복지부 의견서는 침뜸의 경우 의료행위로서 국민 보건위생상 위해를 줄 수 있는 행위이며 신규 의료유사업자를 양성하지 않으면서 해당 행위를 할 수 있는 자를 의료인으로 제한하는 것은 국민 건강을 보호 증진하고자 하는 목적을 가진 것이므로 이러한 내용은 절차적으로 정당하다고 주장합니다.

그러나 특정의 법률이 내용상 입법 목적의 정당성을 가지는지 여부와 입법절차상 적법절차의 원칙을 준수하였는지 여부의 문제는 헌법상 전혀 다른 쟁점의 별개의 문제입니다. 청구인이 청구이유서에서 밝힌 바와 같이 이 사건 법률이 헌법상 적법절차 위반의 하자를 가지는 이유는 이 사건 법령의 변천과정을 고려할 때 5 · 16 군사정부가 침구사 제도를 소멸시킴으로서 대규모 기본권 제한을 실행하였음에도 불구하고 사전에 거쳐야 할 세심한 검토나 의견 수렴의 과정이 없었고 단지 미신적인 의료행위를 근절하여야 한다는 식으로 강압적으로 폐기하여 버린 점에 있습니다. 현행법인 이 사건 법률조항은 위 국가재건최고회의의 입법 조항을 그대로 이어받아 내려온 것이므로 적법절차 원칙 위배의 하자도 그대로 승계하고 있는 것입니다.

6. 보건복지부가 주장한 참고의견에 대하여

(1) 보건복지부는 청구인들이 침해되었다고 주장하는 권리가 '국내법상 입법을 통하여 구체화되는 경우에 주장할 수 있는 권리'인 것이지 입법 외에서 천부적으로 주어진 권리라고 볼 수 없다고 주장합니다(의견서 18면 3째줄 이하).

그러나 청구인들이 이 사건 헌법소원 심판청구에서 침해되었다고 주장하는 권리는 의료행위 선택권, 치료의 자유, 행복추구권, 건강권, 평등권, 직업선택의 자유 등으로서 어느 것 하나 천부인권이 아닌 것이 없습니다. 보건복지부의 의견은 이러한 권리들이 모두 국가가 입법으로 허용하여야만 주장될 수 있다는 것으로 헌법상 기본권성을 부정하는 것인데, 이는 우리나라의 헌법상으로는 기본권이 법률에 대하여 우월적 효력을 가지는 점을 인정하지 않는 권위주의적 국가관에 입각한 견해로서, 국민의 기본권 보장을 우선시하여 법률에 대한 헌법소원제도까지 시행하고 있는 현행 헌법제도에 부합하지 않습니다. 보건복지부 관료들의 인권에 관한 이러한 시각은 침구사 불법화 정책을 강압적으로 시행한 군사정부의 남은 유산을 그토록 집요하게 옹호하는 정신적 기반이 되고 있다고 생각됩니다.

물론 천부인권이라고 하더라도 헌법 제37조 제2항에 의하여 공익상 필요에 따라 합리적으로 제한될 수 있을 것이지만, 청구인들은 여기서 '공익을 위하여 규율된 형태의 침구사 제도'를 도입함으로써 관련된 국민의 천부인권인 기본권들을 보장하여 줄 것을 청구하고 있는 것입니다.

(2) 보건복지부는 침구시술을 아무런 제한 없이 해외 또는 국내의 사설 교육기관에서 교육을 받고 취득한 자격을 통하여 국내에서 활동할 수 있어야 한다고 볼 수 없다고 주장하고 있는데(의견서 18면 7째줄 이하), 이는 청구인들의 주장과 입장자체를 본래의 취지와 다르게 왜곡한 것입니다.

청구인들은 침구시술을 "아무런 제한없이" 해외 또는 국내의 사설교육기관에서 교육받고 취득한 자격을 통하여 국내활동을 할 수 있어야 한다고 주장하는 것이 아닙니다. 침구사의 직업을 가지고자 하는 자에게는 '공인된 적정한 침구사 면허제도'를 마련하여 이를 통해 침구를 시술할 수 있도록 기회를 주어야 우리 헌법상 직업선택의 자유를 제대로 보장하는 것이 되며, 침구술 이외의 다른 고유한 업무 분야를 전문으로 하는 한의사에게 침구술 자격을 덤으로 부여하면서 침구사 제도 자체를 금지하는 것은 천부인권인 직업선택의 자유 및 나아가 국민의 의료행위 선택권을 과도하게 침해하는 것임을 주장하고 있는 것입니다.

(3) 보건복지부는 대체의학에 관한 제도를 신설하기 위해서는 각국의 의료제도의 현황 등을 함께 고려하는 것이 반드시 필요하다고 하면서 우리나라의 경우 다른 나라와는 달리 전통의술에 기초한 한의학, 한의사 제도가 존재하고 있고 침구술은 한의사 제도의 본질적 핵심적 부분으로서 의료법령에서 한방의료기관의 진료과목 등으로 규정되어 있고 한의과대학에서 전문적으로 교육하고 있으며 자격 있는 한의사에 의하여 시술되고 있을 뿐만 아니라 국민건강보험법에 따라 건강보험 급여항목으로 정하여져 있기까지 하므로 독자적인 침구사 제도를 가져야 할 필요가 없다고 주장합니다(의견서 19면 3째 줄 이하).

① 앞서 말씀드린 대로 우리나라에는 전통적 의술과 제도가 있었지만 그것은 약의(藥醫)와 침의(鍼醫)로 이원화된 것이었습니다. 이러한 한국의 전통의료제도는 조선시대 이후에도 그대로 이어져 왔지만 5 · 16 군사정부의 전통의료 말살 정책의 이행과정에서 한방의인 한의사 제도는 살아남고 침구사 제도는 폐지되었던 결과로 귀착된 것임은 앞서 누누이 밝힌 바와 같습니다. 침구사 제도가 폐지당한 시점은 물론 그 이후에도 침구술은 한의사들의 업무가 아니었고, 대법원도 침구술은 한의사의 업무 영역에 속하지 않는다고 확인한 바까지 있었습니다.

이처럼 침구술은 원래부터 한의사의 본질적, 핵심적 업무가 아니었습니다. 그 후 침구술을 이어나갈 주체가 사라진 상태에서 그 공백을 한의사가 법률의 근거도 없이 슬그머니 침탈해 들어온 다음 이를 법적으로 기정사실화하여 현재에 이른 것입니다. 이러한 과정은 헌법소원 심판청구서의 내용에 상세히 진술한 바 있습니다(헌법소원 심판청구서 44-45면 참조).

② 보건복지부는 침구술은 자격 있는 한의사에 의하여 시술되고 건강보험의 급여항목으로 정하여져 있으므로 독자적인 침구사 제도가 필요 없다고 주장합니다만, 한의사들은 침구술을 그들이 행하는 주된 업무인 한약처방에 덧붙여 부당한 소득을 올릴 수 있는 방편으로 악용하는 것이 보편화되어 있습니다. 침구술이 재료비가 거의 들지 않고 시술이 간편하고 인체에 미치는 위험성이 적은 점에서 귀하고 비싼 한약재가 소요되며 약물의 인체복용으로 일어날 수 있는 위험성을 고려해야 하는 탕약보다 유리하다는 점을 이용하는 것입니다. 그리고 침구술을 통하여 한의사는 그들의 고유 업무로는 개입하기 어려운 교통사고 피해자 등 외과적 치료를 요하는 환자에게 시술하고 부당한 이익을 취하고 있습니다. 그 과정에서 한의사의 침구시술이 건강보험 요양급여 대상이 되는 점이 악용되고 있음은 앞서 말씀드린 바와 같습니다.

한의사의 침구술 활용의 현실이 이와 같으므로, 현행의 한의사 침구독점체제는 침구사를 하려는 사람들의 직업선택의 자유와 국민들의 의료행위 선택권을 부당하게 과잉침해하는 것일 뿐만 아니라, 한의사들의 배타적 수익창출을 위해 국민건강보험의 재정을 잠식하여 궁극적으로는 우리나라 의료체계의 정상적 운영을 위태롭게 하는 것으로서 이미 고령사회에 접어들어 국민의 의료부담이 갈수록 높아만 가고 있는 나라실정을 고려할 때 그대로 계속 묵인하기가 어려운 제도라고 생각됩니다.

7. 맺음말

(1) 최근 코로나19 바이러스의 대유행에 대한 우리나라의 대응이 세계적 모범이 되고 있습니다. 이는 그간 수차례의 전염병 확산을 겪으며 감염병에 대한 전문적 관리 시스템이 만들어지고, 관련 기술도 향상되는 등 국민적 보건의료자산이 축적되어 있어, 이 준비된 자산을 이번에 정부가 적극적이고 효율적으로 활용하여 국가적 재난을 극복해 나간 결과라고 판단됩니다. 이처럼 국가의 보건의료의 자산은 근본적으로 국민으로부터 나옵니다.

(2) 침구술은 우리나라에서 조상 대대로 이어져온 민족 고유의 보건의료자산으로서 우리 민족은 이 분야에서 세계 어느 민족보다 탁월한 능력을 발휘해 왔습니다. 고령사회에다 현대의학이 감당하기 버거운 갖가지 신종 질병이 연거푸 밀려오는 이런 시대에 자연치유력을 향상시켜 국민 건강을 지킬 수 있도록 하는 자산 중 하나가 바로 침구술입니다. 전문 침구인을 제도적으로 양성화하는 일은 이 전통적 보건자산을 현대사회의 새로운 의료적 수요에 맞추어 효과적으로 활용될 수 있도록 하는 시스템을 만드는 일이 될 것으로 생각됩니다.

(3) 현재 침구술은 세계적으로 보편화되어 100여개 나라에서 침구제도를 받아들이고 있는 데, 침구술의 세계시장은 중국과 일본이 휩쓰는 형국입니다. 심지어 북한도 중남미와 아프리카 국가들과 협약을 통해 보건소 침구의사를 파견하고 있습니다. 이 광활한 시장에 한국의 존재는 없습니다. 단지 용기있고 발 빠른 침구인들이 스페인에서 300여명, 독일과 미국, 동남아와 중남미 등 여러 나라에서 1,000여명이 활동하고 있을 뿐입니다.

국제적으로 통용되는 동양의학은 침구이지 탕약이 아닙니다. 그러므로 탕약중심의 교육을 받은 한의사들은 애초에 경쟁대상이 아니며 국내에서밖에 활동을 못합니다. 결국 탕약전문 한의사들의 논리와 그들에게 편향된 잘못된 국가정책이 수만명에 이르는 해외 일자리를 틀어막고 있는 것이 현실입니다. 인공지능의 발전과 급격한 정보사회화 등으로 인한 경제적 재편과정에서 장차 수년 내에 우리나라에서는 일자리 50만 내지 100만개가 없어진다고 합니다.

일자리 창출은 우리 국가사회의 제1의 현안과제임을 생각할 때 하루바삐 우리나라의 침구제도가 정상화되어 고용을 증진하고 의료계에서 정당한 위상을 되찾으면서 국민보건에 합당한 공헌을 하여야 한다고 생각됩니다.

참고 자료

1. 동아일보 기사, “석달 침 맞으면 합의금 많이 받게..” 노골적 유혹 2010. 3. 4. 자 기사 등 한방병원 관련 신문기사 모음.
2. 보건복지부, 2016. 9. 30. 시행, ‘안마사 침시술행위(3호침 이하) 관련 협조요청’, 보건의료정책과-8617. 공문.
3. 손중양, 허임 침구의 역사적 의미와 현대적 계승(침구경험방 간행 370주년 연구보고서), 허임기념사업회, 2014. 12.
4. 이주은, 한국고령사회 노인의료비 절감을 위한 1차의료로서 침구사제도 도입방안에 관한 연구　외국의 침구사 제도를 중심으로-, 유라시아 연구 제13권 제4호, 아시아·유럽 미래학회, 2016. 111면.
5. 조병희, 한국 침구사제도의 역사와 현황, '세계 침구제도의 현황과 한국의 미래에 관한 심포지엄' 국회 입법공청회 자료집, 2005. 8. 29.
6. Beschluss vom 10. Mai 1988, 1 BvR 482/84, 1 BvR 1166/85, BVerGE 78, 179,
7. Michael Quaas/R　diger Zuck, Medizinrecht, 2. Aufl., M　nchen, 2008.
8. Heilpraktiker　Wikipedia, 2019. 11.
9. 鍼灸マッサ-ジ海外事情 2016 フランス, 医道の日本, 2016年 3月, 75巻 3号, 20面.

2020. 4.
청구인들의 대리인
법무법인(유) 현
담당변호사 김 승 대
담당변호사 강 찬 우

헌법재판소 귀중

청구원인 보충 의견서 2차(2020.11.19.)

- 코로나시대 침뜸활용 국제동향과 침구사의 역할 -

대리인 : 법무법인 현

담당변호사 김승대 강찬우

청구원인 보충 의견서 (2차)
- 코로나시대 침뜸활용 국제동향과 침구사의 역할 -

사　　건　2019헌마1435 의료법 제27조 제1항 등 위헌확인

청 구 인　문기웅 외 2,017명

이해관계인　보건복지부 장관

청구인들은 다음과 같이 청구원인에 대한 보충 의견을 추가로 제출합니다.

다 음

1. 침구술은 우리나라에서 조상 대대로 이어져온 민족 고유의 보건의료자산으로서 우리 민족은 이 분야에서 세계 어느 민족보다 탁월한 능력을 발휘해 왔습니다. 고령사회에다 현대의학이 감당하기 버거운 갖가지 신종 질병이 연거푸 밀려오는 이런 시대에 자연치유력을 향상시켜 국민 건강을 지킬 수 있도록 하는 자산 중 하나가 바로 침구술입니다. 전문 침구인을 제도적으로 양성화하는 일은 이 전통적 보건자산을 현대사회의 새로운 의료적 수요에 맞추어 효과적으로 활용될 수 있도록 하는 시스템을 만드는 일이 될 것입니다.

2. 이와 관련한 보충자료로 세계 각국에서 활동하는 한국침구인들이 2020년 9월23일 '코로나시대 침뜸활용 국제동향'을 주제로 진행한 원격국제포럼(이하 코로나 침구포럼)의 내용을 첨부하고자 합니다.

(1) 코로나19의 확산은 인류가 한 번도 경험해 보지 못한 초유의 사태로 현대의료체계도 감당하기 버거운 지경입니다. 또한 코로나19 감염병을 앓고 난 후 그 후유증도 대단히 심각하여 세계인들의 우려를 자아내고 있습니다.

침구학의 바탕이 되는 경락경혈은 인체의 항상성을 유지하고, 회복토록 하는 체계라 할 수 있습니다. 이미 침과 뜸을 활용하면 생명활동을 정상화 시키는데 큰 도움이 될 수 있다는 것이 다양하게 확인되고 있습니다.

현재 우리나라는 침구사 제도를 시행하지 않고 방치함으로서 국내 침구인들은 재야의 척박한 환경에서 활동하고 있습니다. 그럼에도 국내외에서 활동하는 재야침구인들이 세계적 대유행인 코로나19에 대응하기 위하여 각국의 시스템과 침구시술의 경험을 공유하는 정보교류는 그 자체로서 대단히 의미 있는 일이 아닐 수 없습니다.

(2) 코로나 침구포럼을 통해 우리는 먼저 '전통적 보건자산인 침뜸이 현대사회의 새로운 보건의료 수요에 맞도록 시스템을 갖추면 대단히 효과적으로 활용될 수 있다'는 사실을 확인할 수 있었습니다.

이 침구포럼의 주제발표에서는 현대적 의료시스템에 전통요법을 다양하게 결합하여 활용하는 중국 정부당국의 코로나에 대한 '침구개입'(針灸介入) 시행내용과 결과를 소상히 소개했습니다. 이에 따르면 중국 보건의료 당국은 코로나19에 대한 침구개입 가이드라인을 만들어 국내 보건의료기관과 민간에서도 적극 활용하도록 하고, 실제로 코로나19의 예방과 치료는 물론 회복기 환자의 후유증 치료에서 침뜸요법은 중요한 역할을 해 왔음을 확인할 수 있습니다. 나아가 중국은 'COVID-19 진료가이드라인'을 세계침구학회연합회를 통해 세계 각국의 침구단체로 전파하여 여러 나라 침구사들이 코로나19에 대한 침뜸활용 지침으로 이용토록 하고 있습니다.

중국의 경험에서 보듯이 전통침구요법은 오랜 역사적 경험이 축적된 보건의료자산으로, 전염병의 예방과 치료 및 후유증 치유에도 활용할 수 있음을 보여주고 있습니다. 조상 대대로 이어져 오며 세계 어느 민족보다 탁월한 능력을 발휘해 온 한국의 침구사가 제도권 내에서 활동할 수 있도록 한다면 코로나19와 같은 상황에서 세계 어느 나라보다고 효과적인 역할을 할 수 있을 것으로 판단됩니다.

(3) 본 포럼에서는 코로나19에 대한 침뜸의 활용 가능성에 대한 현대의학적 검토와 전통의학적 검토가 동시에 이루어졌습니다.

현대의학적으로는 침과 뜸이 은 인체면역기능을 향상시킬 수 있음을 여러 논문을 통해 확인했습니다. 전통의학적으로는 침과 뜸이 병을 예방하고 치료하는데 널리 활용되었고, 그 중에서도 특히 뜸은 예로부터 역병을 예방하고 치료하는 중요한 수단이었음을 여러 자료를 통해 밝혔습니다,

실제로 코로나사태를 맞은 중국에서의 침뜸활용 현황을 소개한 지정토론자는 중국에서 뜸은 일반화된 양생보건법으로 누구나 뜰 수 있으며, 현재 중국에서는 2만여 민간 보건양생센터에서도 뜸을 하고 있는 동시에 공식의료기관에서도 코로나19에 대응하여 뜸시술을 하고 있다고 하였습니다. 그리고 간접뜸만이 아니라 현재 한국의 재야에서 많이 하고 있는 직접뜸도 유행하고 있는데 한국에서도 뜸치료가 서민들에게 가깝게 다가갈 수 있도록 되기를 바란다고 밝혔습니다.

(4) 미국에서는 코로나19로 인한 봉쇄 상황에서도 침술사(Acupuncturist)는 의료, 소방, 전기, 가스 등과 함께 필수적인 업종(Essential Workers)에 포함시켜, 코로나상황으로 인한 각종의 관련 증상에 침뜸으로 대처 할 수 있도록 하고 있다는 사실도 확인됐습니다. 코로나 침구포럼에서 이 사실을 전한 한성수 미국 캘리포니아 킹스톤대학교 건강과학대학원 학장은 “미국에서는 전체 사회가 문을 닫았을 때도 침술사(Acupuncturist)가 일을 할 수 있는데, 앞으로 한국에서도 침구사가 인정을 받는 직업군 안에 들어갈 수 있기를 바란다.”고 하였습니다.

토론자로 참여한 침구인 중에서는 해외에서 코로나19 관련 증상을 침이나 뜸으로 치료한 임상사례를 소개했습니다. 스페인에서 활동하는 한국인 침구사는 침으로 코로나 후유증을 치료한 사례를 발표했는데 잘 알려진 후유증인 호흡곤란환자가 2~3회의 시술로 호전되었음을 보고하였고, 러시아 사할린에서 활동하는 침구인은 후유증 환자가 아닌 코로나19 증상을 뜸으로 치료한 경험을 전했습니다.

포럼에 대한 종합정리를 한 전세일 의학박사(재활의학 전문의)는 "침구는 자율신경과 호르몬을 조절하고, 심리상태를 조절하며 신체의 항상성을 유지하는데 아주 효과적인 치료방법임에는 틀림이 없다."고 하면서, 코로나시대 뿐 아니라 앞으로도 예기치 못할 신종바이러스에 대응하기 위하여도 침구사의 역할이 대단히 중요하다고 결론을 지었습니다.

첨부 자료

사단법인 허임기념사업회 주관, 코로나시대 침뜸활용 국제동향, 한국침구인 국제포럼 원격보고자료, 2020. 9. 23.

2020. 11. 19.

법무법인 현

담당 변호사 김승대, 강찬우

헌법재판소 귀중

한의사협회의 의견서

헌법소원 심판청구사건(2019헌바239, 2019헌마1435)에 대하여

이해관계인(대한한의사협회) 의견서(2)

2020. 12. 7.

이해관계인 (사) 대한한의사협회
대 리 인 법무법인 제민
담당변호사 노 희 범

담당변호사 박 윤 정

헌법재판소 귀중

645F-50533B8FD7-BE83F 1 / 65

이해관계인 의견서(2)

사 건 2019헌마1435 의료법 제27조 제1항 등 위헌확인
청 구 인 문 기 웅 외 2071명
이해관계인 사단법인 대한한의사협회
대리인 법무법인 제민,
담당변호사 노희범, 박윤정

위 사건에 관하여 이해관계인 사단법인 대한한의사협회는 다음과 같이 의견을 개진합니다.

다 음

1. 적법요건에 대하여

가. 이 사건 심판의 대상

청구인들은 비의료인의 의료행위를 금지하고 처벌하는 의료법 제27조 제1항 및 같은 법 제82조의 2 제2항을 이 사건 심판의 대상으로 삼아 그 위헌확인을 구하고 있습니다. 그러나 청구인들의 이 사건 심판청구의 취지는, 비의료인도 침구사 자격을 취득하여 침구시술 행위를 할 수 있도록 해 달라는 것입니다. 즉, 침구사 자격 제도를 법률로 제도화하지 않은 것이 청구인들의 기본권을 침해하고 의료소비자들의 의료선택권을 침해한다는 주장인 바, 청구인들의 실질적인 이 사건 심판청구는 진정입법부작위 위헌확인을 구하는 것이라고 봄이 상당합니다. 다만, 청구인들이 의료법 제27조 제1항 및 제82조의 2 제2항을 심판의 대상으로 삼아 그 위헌 확인을 구하고 있고, 청구인들이 침구교육을 수료하고 침구시술을

하고자 하거나 침구교육을 받고 있는 사람들로서 향후 침구시술행위를 하고자 하는 바, 만약 청구인들이 실제 침구 시술행위를 할 경우 위 법조항에 의하여 처벌될 것이 예상되므로 위 법조항에 대한 심판청구가 유효하다는 전제하에 위 법조항에 대한 심판청구가 적법한지 여부도 함께 살펴보도록 하겠습니다.

나. 청구기간 및 직접성 요건 충족 여부

비의료인의 의료행위를 금지하고 이를 위반하는 자에게 형사처벌을 하는 법률은 1951. 9. 25. 최초 제정된 국민의료법(법률 제221호) 제40조, 제60조에서 규정한 이래 지금까지 존속되어 오고 있습니다. 특히 의료법 제27조 제1항은 2007. 4. 11. 개정되었고(법률 제8366호) 공포한 날부터 시행되었습니다(부칙 제1조). 해당 조항은 지금까지 아무런 변경이나 개정없이 그대로 시행되고 있습니다.

청구인들은 모두 침구시술을 할 목적으로 침구교육을 수료하였거나 침구교육을 받고 있는 자들로서 침구교육을 받기 훨씬 이전부터, 늦어도 처음 침구교육을 받을 당시에는 의료법 제27조 제1항에 의한 기본권 침해사유가 있음을 알았다고 할 것입니다. 그 때로부터 1년이 훨씬 지난 2020. 4.경에야 제기된 위 법조항에 대한 심판청구는 청구기간을 준수하지 못하여 부적법하다고 할 것입니다.

한편, 청구인들은 침구시술 행위로 기소되거나 처벌받은 것이 아닌 바, 비의료인의 의료행위를 처벌하는 의료법 제82조의 2 제2항(벌칙조항)은 청구인들의 기본권 침해의 직접성이 없다고 할 것이므로 위 조항에 대한 심판청구 역시 부적법하다고 할 것입니다(청구인들은 형사처벌을 감수하고 법위반 행위를 할 수 없기 때문에 침구시술행위의 금지 및 처벌 조항에 대하여 기본권 침해의 직접성을 인정해야 한다는 취지로 주장하고 있습니다만, 금지조항에 대한 위헌 확인을 구하고 있을 뿐, 위 법조항을 위반하여 침구시술 행위를 하였거나 침구사 자격 없이 실제 무면허

시술행위를 하려는 것은 아니므로 처벌 조항에 대한 법적용 가능성은 없다고 할 것이므로 처벌 조항에 대한 기본권 침해의 직접성은 인정할 수는 없다고 할 것입니다).

2. **입법부작위가 위헌인지 여부**

가. 입법부작위의 위헌에 관한 헌법재판소의 법리

위 1.항에서 본 바와 같이 비록 청구인들이 의료법 제27조 제1항 및 제82조의 2 제2항의 위헌 확인을 구하고 있지만, 이 사건 청구 취지는 청구인들과 같이 의료법에 따른 의료인 면허를 취득하지 아니한 비의료인도 침구시술을 할 수 있도록 그 자격 및 요건을 법률로 정하지 아니한 입법부작위가 청구인들의 기본권을 침해하여 위헌이라는 것입니다. 그러므로 먼저 침구사 제도를 도입하지 아니한 입법부작위가 헌법에 위반되는지 여부에 대하여 살펴보도록 하겠습니다. 한편, 입법자는 침구사 제도 자체를 아예 두고 있지 아니한 바, 진정입법부작위에 해당합니다.

어떠한 사항을 법규로 규율할 것인가의 여부는 특단의 사정이 없는 한 입법자의 정치적, 경제적, 사회적 각종 고려 하에서 정하여지는 입법정책의 문제이므로, 국민이 국회에 대하여 일정한 입법을 해달라는 청원을 함은 별론으로 하고, 진정입법부작위에 대한 헌법소원은 헌법에서 기본권보장을 위하여 법령에 명시적인 입법위임을 하였음에도 입법자가 이를 이행하지 아니한 경우이거나, 헌법해석상 특정인에게 구체적인 기본권이 생겨 이를 보장하기 위한 국가의 행위의무 내지 보호의무가 발생하였음이 명백함에도 불구하고 입법자가 아무런 입법조치를 취하지 아니한 경우에 한하여 허용된다는 것이 헌법재판소의 확립된 법리입니다(헌재 2007. 11. 29. 2006헌마876, 판례집 19-2, 656, 662 등 다수).

3 / 18

645F-50533B8FD7-BE83F 4 / 65

나. 침구사제도 도입에 관한 헌법상 입법의무의 존부

위 법리에 비추어 과연 비의료인도 침구시술을 할 수 있도록 침구사의 자격 및 요건에 관한 법률을 입법자가 별도로 제정해야 할 헌법상 의무가 있는지 여부를 보면 됩니다.

그런데 이에 대하여는 헌법재판소가 2010. 7. 29. 2010 헌마 275 결정에서 국가(입법자)가 침구사 제도를 도입해야 할 헌법상의 의무가 존재하지 않는다고 이미 판단한 바 있는데, 그 결정 이유의 요지는 다음과 같습니다.

"(1) 헌법 제 15 조는 모든 국민은 직업선택의 자유를 가진다고 규정하고 있는데 이는 자신이 원하는 직업 내지 직종을 자유롭게 선택하고, 선택한 직업을 자유롭게 수행할 수 있음을 그 내용으로 하는 것일 뿐, 위 규정만으로는 헌법이 비의료인도 침구시술을 업으로 행할 수 있도록 그 자격 및 요건에 관한 법률을 만들어야 할 명시적인 입법의무를 부여하였다고 볼 수는 없다. 또한, 헌법상 국민의 보건권을 보장하기 위하여 비의료인도 침구시술을 할 수 있도록 입법자가 그 자격 및 요건에 관한 법률을 제정하도록 명시한 규정도 없다. 즉, 헌법 제 36 조 제 3 항은 '모든 국민은 보건에 관하여 국가의 보호를 받는다.' 고 규정하고 있는데, 이러한 보건권은 국민이 자신의 건강을 유지하는 데 필요한 국가적 급부와 배려를 요구할 수 있는 권리를 말하는 것으로서, 국가는 국민의 건강을 소극적으로 침해하여서는 아니 될 의무를 부담하는 것에서 한걸음 더 나아가 적극적으로 국민의 보건을 위한 정책을 수립하고 시행하여야 할 의무를 부담한다는 것을 의미하는 것일 뿐(헌재 2009. 11. 26. 2007 헌마 734, 판례집 21-2 하, 576, 597 참조), 위 규정만으로는 헌법이 비의료인도 침구시술을 할 수 있도록 그 자격 및 요건에 관한 법률을 제정해야 할 명시적인 입법의무를 부여하였다고 볼 수는 없다.

(2) 한편, 의료행위 중에는 고도의 지식과 기술을 요하여 반드시 의사가 직접 수행하지 않으면 안 되는 영역이 있는가 하면, 일정한 자격을 갖춘 자로 하여금 수행하게 하여도 무방한 영역도 있다. 특정한 의료행위가 어느 쪽에 속하는 가는 상대적인 것으로서 오늘날과 같이 의학지식이 널리 보급되어 상식화되어 가는 시대에는 후자의 범위가 점점 넓어지는 경향이 있다. 침구시술은 환자의 경혈에 대하여 침, 구(뜸) 시술을 하는 것을 말하는데 그 시술이 잘못될 경우 환자의 생명, 신체 또는 보건위생상의 위해를 가져올 우려가 있다. 그러므로 비의료인에게도 침구 시술행위를 허용할 것인지 여부, 허용되는 침구 시술행위의 범위, 침구 시술행위를 할 수 있는 자격요건 등은 침구술의 목적, 방법, 침구 시술행위로 인한 부작용 내지 위험발생 가능성 등 여러 가지 사회적·경제적 사정을 참작하여 입법자가 결정할 수 있는 사항이라고 할 것이며, 의료행위 중에서 국민보건위생상 위험성이 적은 일정한 범위의 것을 따로 떼어서 이를 의사에게 맡기지 아니하고, 다른 자격제도를 두어 그 자격자에게 맡길 것인지 여부도 입법부의 입법형성의 자유에 속하는 것이다(헌재 1996. 4. 25. 94 헌마 129, 판례집 8-1, 449, 462 참조).

(3) 현재 침구술은 한방의료행위로 행해지고 있고, 비의료인에 의한 의료행위가 금지되어 있을 뿐, 의료인이 침구시술을 하는 것이 금지되지는 않으므로 국민(의료소비자)의 입장에서 침구술에 의한 치료를 받을 수 있는 길이 열려 있다. 결국 비의료인의 침구시술과 관련하여 헌법의 명시적인 입법위임도 존재하지 아니하고, 헌법해석상 그러한 입법의무가 새롭게 발생하는 것도 아니라고 할 것이므로 비의료인의 침구시술에 대한 입법부작위의 위헌확인을 구하는 헌법소원심판청구는 작위의무를 인정할 수 없어 허용되지 않는다(헌재

1991. 11. 25. 90 헌마 19, 판례집 3, 599, 603-604; 헌재 2007. 11. 29. 2006 헌마 876, 판례집 19-2, 656, 662-663 각 참조)."

위 헌법재판소의 결정 이후에 위 선례를 번복하거나 위 법리를 변경해야 할 특별한 사정의 변경이 없습니다. 그렇다면 비의료인도 침구시술을 할 수 있도록 침구사 제도를 법률로 정하지 아니한 입법부작위에 대한 심판청구는 부적법하다고 할 것입니다.

3. 의료법 제 27 조 제 1 항 및 제 82 조의 2 제 2 항 위헌 여부

가. 헌법재판소 선례와 그 변경의 필요성

귀 재판부께서도 주지하고 계신 바와 같이 이 사건 심판대상 법률조항에 대하여는 헌법재판소가 2010. 7. 29. 2008 헌가 19 등 사건 결정에서 이미 헌법에 위반되지 않는다고 판단한바 있습니다.

그 결정의 요지는 다음과 같습니다.

"의료법의 입법목적, 의료인의 사명에 관한 의료법상의 여러 규정, 의료행위의 개념에 관한 대법원판례, 한방의료행위에 관련된 법령의 변천과정 등을 종합하여 보면, 이 사건 조항들 중 "의료행위" 및 "한방의료행위"의 개념은 건전한 일반상식을 가진 자에 의하여 일의적으로 파악되기 어렵다거나 법관에 의한 적용단계에서 다의적으로 해석될 우려가 있다고 보기 어려우므로, 죄형법정주의의 명확성원칙에 위배되지 아니한다.

이 사건 조항들이 의료인이 아닌 자의 의료행위를 전면적으로 금지한 것은 매우 중대한 헌법적 법익인 국민의 생명권과 건강권을 보호하고 국민의 보건에 관한 국가의 보호의무를 이행하기 위하여 적합한 조치로서, 위와 같은 중대한 공익이 국민의 기본권을 보다 적게 침해하는 다른 방법으로는 효율적으로 실현될 수 없으므로, 이 사건 조항들은 비의료인의 직업선택의 자유 등 기본권을 침해하지 아니한다." 는 것입니다.

위 결정의 핵심 요지는, 국민의 생명과 신체에 위험을 야기할 수 있는 의료행위(침구행위 포함)는 의학적 전문지식이 있는 자가 행하지 않으면 안된다는 것입니다. 즉, "의료행위"라 함은 "의학적 전문지식을 기초로 하는 경험과 기능으로 진료, 검안, 처방, 투약 또는 외과적 시술을 시행하는 질병의 예방 또는 치료행위 및 그 밖에 의료인이 행하지 아니하면 보건위생상 위해가 생길 우려가 있는 행위를 말합니다. 이러한 의료행위의 본질에 비추어 볼 때 의료인이 아닌 자의 의료행위를 금지시키고 이를 위반한 경우 처벌하도록 하는 것은 국민의 생명, 신체의 안전을 위해 불가피한 것이고 그것이 다른 국민의 직업선택의 자유, 국민의 보건권을 일부 제한하게 되더라도 헌법에 위반된다고 볼 수 없습니다.

헌법재판소의 위 선례를 번복할 만한 사정의 변경이 존재하지 않을 뿐만 아니라 침구시술 행위의 국민의 생명, 신체에 대한 위험을 초래할 가능성을 고려할 때 침구시술 행위는 의학에 관한 전문지식을 갖추고 충분한 임상경험을 쌓은 의료인에게만 허용하는 것은 너무나도 당연하고 올바른 것이라고 할 것입니다.

이하에서는 침구사제도를 비롯한 전문자격사 제도에 관한 입법형성 재량과 청구인들의 주장의 부당성에 대하여 살펴보도록 하겠습니다.

7 / 18

645F-50533B8FD7-BE83F 8 / 65

4. 청구인들의 주장의 부당성

가. 자격제도 형성에 관한 입법 재량

입법부가 전문적인 직업분야의 자격제도를 설정할 경우에는 그러한 자격제도를 마련하는 목적, 전문자격자가 취급하는 업무의 내용과 전문성, 그 전문적인 업무를 제대로 처리하기 위하여 필요한 능력의 내용 및 취득 방법, 전문적인 업무처리능력에 대한 수요와 공급, 전문적인 자격을 부여하고 관리하는 법령과 행정조직의 정비 등에 대한 정책적인 고려와 판단에 따라 입법자에게 폭넓은 입법재량권이 허용된다고 봄이 상당하므로, 그 입법내용이 명백히 불합리하고 불공정하지 아니하는 한 원칙적으로 입법부의 정책적 판단을 존중하여야 한다는 것이 헌법재판소의 확립된 법리입니다((헌재 1996. 10. 4. 94헌바32; 헌재 2001. 9. 27. 2000헌마152; 헌재 2007. 5. 31. 2006헌마646; 헌재 2008. 5. 29. 2005헌마195; 헌재 2016. 2. 25. 2013헌마626등 참조 등 다수).

한편, 자격제도는 전문적 지식과 기술이 요구된다고 판단되는 직업분야에 있어서 공공복리를 위하여 헌법상 보장된 직업선택의 자유를 법률로써 전면적으로 금지한 다음, 일정한 자격을 갖춘 자에 한하여 직업선택의 자유를 회복시켜 주는 것으로서 그 자체는 헌법에 위반되지 않습니다(헌재 1997. 10. 30. 96헌마109, 판례집 9-2, 537, 543-544; 헌재 1998. 7. 16. 96헌마246, 판례집 10-2, 283, 308 등 참조).

위와 같은 법리에 비추어 청구인들의 주장의 타당성에 대하여 살펴보겠습니다.

나. 대법원 판결로 침구인 양성교육기관이 합법화되었다는 주장에 대하여

(1) 청구인들의 주장 요지

청구인들은 대법원 2014 두 42179 판결이 침구시술 행위를 제한할 수 없다고 판단함에 따라 침구인 양성교육기관이 합법화되었다는 취지로 주장합니다. 그러나 이는 위 판결의 취지와 의미를 잘못 이해하고 있거나 판결의 취지를 곡해하고 있는 것입니다. 위 판결은 침뜸의 원리와 시술에 관한 지식을 교육하고 습득하는 것 자체가 '지식의 전달' 이라는 차원에서 허용된다는 것일 뿐, 침구인 양성교육기관이 합법화되었다거나 침구인 양성과는 전혀 무관한 판결입니다.

(2) 청구인들 주장의 부당성

대법원 2016. 7. 22. 선고 2014 두 42179 판결의 취지는 침구에 대한 교육이 허용된다는 것일 뿐, 침구자격이 없는 비의료인이 의료행위인 침구 시술행위를 하는 것을 허용한다는 것이 결코 아닙니다. 위 대법원 판결의 요지는 다음과 같습니다.

"자신의 건강을 지키고 증진시키기 위해 인체와 질병에 관한 지식을 학습할 기회를 갖는 것은 행복의 추구와 인간다운 생활을 위한 국민의 기본적 권리에 속하므로 별도의 입법조치가 없는 한 이를 제한할 수 없다고 할 것이다. 그런데 이 사건 평생교육을 통해 제공하고자 하는 교육과정에 의학적 전문지식에 관한 내용이 포함되어 있다고 하더라도, 이는 그 자체로서 법률상 금지되거나 정의관념 내지 사회통념상 허용될 수 없는 경우와는 구별되어야 하며, 앞서 본 바와 같이 이 사건 신고 단계에서부터 이미 무면허 의료행위 등 위법행위가 예정되어 있다고 단정할 수도 없다.

9 / 18

645F-50533B8FD7-BE83F 10 / 65

그렇다면 이 사건 신고가 수리된 후 그 실제 교육과정에서 무면허 의료행위나 미등록 학원설립·운영행위 등의 금지된 행위가 이루어진다면 그러한 행위에 대하여 형사상 처벌이나 별도의 행정적 규제를 하는 것은 모르되 행정청이 단지 그러한 금지된 행위가 있을지 모른다는 막연한 우려만으로 침·뜸에 대한 교육과 학습의 기회 제공을 일률적·전면적으로 차단하는 것은 후견주의적 공권력의 과도한 행사일 뿐 아니라 그와 같이 하지 않으면 안 될 공익상 필요가 있다고 볼 수도 없다(대법원 2016. 7. 22. 선고 2014두42179 판결)" 는 것입니다.

위 대법원 판결은 침구에 대한 교육을 하는 것 즉, 침구의 원리 및 시술 방법 등에 대한 교육 자체는 허용된다는 것이지 '침구인' 양성교육을 허용한다거나 '침구인' 양성을 전제로 하는 교육기관을 합법화한다는 것이 아닙니다. 오히려 위 판결에서도 설시한 바와 같이 침구 교육에서 무면허 침구시술행위가 있을 경우 형사처벌 및 행정적 제재를 전제로 하고 있는 점에서 보더라도 비의료인의 침구시술 행위는 허용되지 않는다는 것입니다. 위 판결은 순수한 의미에서 비의료인이라도 침구의 원리와 시술방법 등에 대한 지식을 쌓은 것을 허용한다는 것에 불과합니다.

그럼에도 청구인들의 위 판결의 취지를 왜곡하여 마치 침구인 양성을 전제로 한 교육기관이 합법화되었다고 주장하는 것은 어불성설입니다. 비의료인 내지 무자격자의 무면허 의료행위에 대한 형사처벌은 1951. 의료법이 제정된 이래 지금까지 일관되게 유지되고 있습니다(별지 1. 비의료인의 의료행위 처벌에 관한 법률 연혁).

다. 헌법재판소 결정 이후의 사정 변경 주장에 대하여

(1) 청구인들의 주장 요지

10 / 18

645F-50533B8FD7-BE83F 11 / 65

청구인들은 헌법재판소 결정 이후 고령사회의 진입으로 1차의료인 침구시술 보급의 필요성이 절실해졌고, 침구교육기관의 합법화로 침구전문인력의 대폭 증가하였으며, 침구행위의 위법 여부에 관한 새로운 판례로 법집행 관련 법적 혼란이 발생하고 있는 등의 사정의 변경이 있다고 주장합니다.

(2) 청구인들 주장의 부당성

침구시술은 국민의 생명, 신체 내지 보건위생에 위해를 야기할 위험이 상존하고 있는 엄연한 의료행위입니다. 따라서 의학적 전문지식과 충분한 임상경험을 갖춘 의료인에 의하여 행해져야만 합니다. 현행법상 침구시술은 충분한 전문 교육과 경험을 갖춘 한의사에 의하여 허용되고 있고 침구시술에 대한 일반 국민의 접근에 별다른 제한이 없습니다. 고령사회 진입으로 침구시술의 보급이 절실하기 때문에 비의료인에 의한 침구시술을 허용해야 한다는 청구인들의 주장은 국민의 생명, 신체에 대한 위험을 초래할 의료행위를 무자격자에게도 허용하자는 것에 다름아닌 무책임한 주장입니다.

침구교육기관의 합법화로 침구전문인력이 증가하였다는 주장도 전혀 맞지 않는 주장입니다. 앞서 언급한 바와 같이 대법원 판결에 따라 침구의 원리와 시술방법 등에 대한 교육과 수강이 허용되었다고 하여 그러한 침구교육을 받은 사람이 다른 사람에게 침구 시술을 하는 것이 허용되는 것이 아니며, 침구사 자격이 부여되는 것은 더더욱 아닙니다.

평생교육진흥법에 의한 평생교육기관에서의 침구에 관한 교육은 그야말로 침구의 기초적인 원리와 지식을 습득하는 것에 불과하고 교육을 받은 사람에게 침구시술을 허용하거나, 침구시술 자격을 부여하는 교육이 아닙니다. 이러한 침구교육은 일반인의 침구의 원리와 효능 등에 대한 호기심을 충족시키기 위한 단순한 교양강좌에 불과하며, 체계적이고 과학적인 커리큘럼에 따라 침구사를 양성하는 국가의 공인된 교육과정이 아닙니다. 즉, 개인에 의하여 사적으로 이루어지는 것에 불과하며 그렇기 때문에 그 과정에 국가가 관여하는 것이 아닙니다. 침구시술에 관한 단순한 교육과정을 이수하였다고 침구시술이 허용될 수 없으므로, 오히려 정부 당국은 이러한 검증되지 않은 교육과정을 이수한 사람들에 의한 무분별한 침구시술 행위가 이루어져 국민의 생명, 신체에 위해가 발생되는 것을 철저하게 방지할 필요성이 있습니다.

한편, 침구행위의 위법 여부에 관한 새로운 판례로 법집행에 혼란이 발생한다는 주장도 사실과 전혀 다릅니다. 비의료인의 침구시술 행위가 위법하다는 것은 대법원의 판례는 일관되며, 법집행에 어떤 혼란이 발생되지도 않았습니다. 수지침 또는 3 호침 이하의 일반인의 침술행위에 대하여 무죄를 선고한 사례가 있기는 합니다만, 이는 해당 사안에서의 행위자의 범행에 대한 고의 유무, 침술행위의 양태와 정도, 계속성 및 기타 정상관계를 참작하여 형사법상의 위법성과 책임을 개별적으로 평가한 것에 불과한 것이지 해당 침술행위가 일반적으로 허용된다는 판단이 아닙니다.

오히려 법집행당국이나 사법부는 비의료인의 무면허 침구시술 행위에 대해 일관되게 엄단해 오고 있으며, 이는 무면허 침구행위로 인하여 일반 국민들의 생명, 신체에 심각한 위험을 초래한 경우가 다반사로 발생하고 있기 때문입니다.

기타 청구인들의 주장은 사실과 다르거나 비의료인의 침구시술을 허용할 그 어떠한 합리적 이유가 되지 못하는 것으로 부당하다고 할 것입니다.

라. 침구가 한의학에 속하지 않는다는 주장에 대하여

청구인들은 침뜸이 한의학에 속하지 않는 별개의 것이라는 취지로 주장합니다. 그러면서 조선시대의 침의와 약의의 구분을 들고 있습니다. 역사적 사실을 오해한 것입니다. 조선시대의 침의와 약의는 모두 한의학에 중요한 부분이며, 오늘날의 전문의 제도와 유사한 것입니다. 현재 한의사의 진료과목 및 한의사전문의의 전문과목 중에는 침구과가 존재하고 있는바, 이를 확인할 수 있습니다. 동의보감 등의 한의학 서적에도 침뜸에 대한 기술이 모두 들어있습니다. 청구인들의 주장은 사실을 오해한 주장입니다.

한편, 청구인들은 해외사례, 특히 독일의 대체의학에 대한 태도를 들고 있습니다만, 보완대체의학에 대한 WHO의 정의를 살펴보면 "해당 국가의 전통이나 전통의학에 속하지 않고 지배적인 의료 시스템에 완전히 통합되지 않은 광범위한 의료 관행(broad set of health care practice that are not part of that country' s own tradition or conventional medicine and are not fully integrated into the dominant health-care system" 이라고 하고 있습니다. 대체의학이란 그 나라의 지배적인 의료시스템에 완전하게 통합되거나 속하지 아니한 민간의 의료관행을 말하는 것으로서 각 나라마다 사정이 다릅니다.

청구인들이 제시한 독일, 스위스, 미국, 영국, 프랑스 및 퀘벡 등의 해외사례는 전통의학이나 한의사 제도가 존재하지 않는 국가들의 경우이고 침뜸시술은 우리나라의 전통 의학일 뿐만 아니라 현대 한의학의 중요한 부분을 이루는 것으로 우리나라의 실효적이고 지배적인 의료 시스템에 통합되어 있을 뿐만 아니라 의료인인 한의사의 면허 범위에 해당합니다. 아울러 대체의학을 무자격자 등에게 광범위하게 허용할지 및 허용한다면 어떤 경우에, 누구에게 허용할지 등은 그 나라의 의료체계 및 의료시스템, 도입의 필요성 및 수요, 국민의 생명, 신체의 안정성 등을 종합적으로 고려하여 입법자가 정해야 할 형성의 자유에 속한다고 할 것입니다.

또한 독일의 "치료의 자유(Therapiefreiheit)"는 진단과 치료에 대한 방법선택에 대한 자유를 의미하는바, 이러한 치료방법의 선택은 환자의 관할이 아닌 "의사의 관할권"에 해당하는 것입니다. 특히 의료소비자의 선택권 보장의 전제는 의료행위자에 대한 신뢰의 존재가 필수적입니다. 즉, 당해 의료행위에 대한 충분한 교육을 받았고, 의료행위에 대한 안전성을 담보할 수 있어야만 합니다. 만약 해당 의료행위에 대한 안전성과 전문성이 담보되지 않는 의료행위는 의료소비자의 생명, 신체에 위해를 야기할 수 있으므로 허용되어서는 안됩니다. 무자격자에 의한 침구시술은 이러한 안전성과 전문성을 담보할 수 없기 때문에 의료소비자의 선택권이라는 이익보다 일반 국민의 생명, 신체의 안전이라는 이익이 훨씬 크다고 할 것입니다.

더구나 이 사건에서 문제되고 있는 침구시술의 경우 우리나라는 한의학을 전공하고 관련 지식과 경험을 축적한 전문자격을 부여받은 '한의사'에 의하여 시술되고 있는바, 청구인들 내지 일반 국민들의 치료의 자유 내지 치료방법 선택의 자유를 제한하고 있지도 않습니다.

마. 침구사제도 도입 필요성 주장에 대하여

침구행위는 엄연한 의료행위로서 기본적으로 증상 및 질환에 대한 정확한 진단을 필요로 하고 시술 부위의 선정이나 시술의 정도 선택 등에 있어 시술자의 지식과 경험에 의존하여야 하므로 보건위생상 위해 가능성이 크다고 할 것입니다.

14 / 18

645F-50533B8FD7-BE83F 15 / 65

청구인들은 몇 개월의 교육을 수료하기만 하면 간이 한 침구시술은 허용되어야 한다는 취지로 주장하고 있습니다만, 국민의 생명, 신체에 대한 위험의 중대성에 비추어 볼 때, 무자격자에 의한 침구시술로 생명과 신체에 중대한 위해가 발생되고 있는 현실을 보더라도 결코 허용될 수 없는 주장입니다.

침의 경우 기흉 등 내장기관과 혈관, 심지어는 폐 등에 심각한 손상을 야기하고, 뜸의 경우 켈로이드성 피부 소유자 등 환자 개인의 특성에 따라 화상과 흉터가 발생하고 있음을 물론, 환자 개인의 신체적 특성에 따른 경우를 제외하더라도 심각한 화상 및 그에 따른 감염 및 패혈증 등이 발생할 수 있습니다. 실제로 비의료인인 우리 국민이 국내 또는 해외에서 의료행위를 하였다가 의료사고가 발생하여 국민의 생명을 앗아가는 등의 심각한 위해가 계속적으로 발생하고 있습니다(참고자료 1. 내지 3. 각 피해사례)

무엇보다도 의료행위는 국민의 건강 증진 및 삶의 질 향상과 밀접한 관련이 있고, 잘못된 의료행위는 직접 국민의 건강을 해하는 결과를 초래할 수도 있으므로 침구시술을 포함한 보건위생상 위해 가능성이 있는 의료행위는 반드시 국가가 관리하는 고등교육기관에서 고도의 관련 교육을 받고 국가가 관리하는 자격을 취득한 자만이 시행하도록 하여야 국민의 건강과 생명을 보호할 수 있습니다.

현재 우리 입법자들은 의료인의 적정한 수급과 원활하고 적정한 보건서비스 확보가 이루어지도록 의료인이 될 수 있는 구체적인 고등교육 절차와 입학정원의 제한 및 면허제도를 마련하고 있으며, 무면허의료행위에 대해서는 더욱 강화된 처벌이 이루어지도록 하고 있습니다.

비록 과거에는 의료인의 부족과 그 양성에 걸리는 시간을 줄이고 의료수요에

15 / 18

645F-50533B8FD7-BE83F 16 / 65

적절하게 대처하기 위해서 의료유사업자를 신속하게 양성하여 그 공백을 메꾼 적이 있습니다. 그런 상황 하에서도 침구사에 대해서는 그 시술행위의 생명, 신체에 대한 위험의 중대성과 그러한 위험 발생을 방지하기 위하여 한의사의 지도를 받도록 하였습니다. 이후 의료인의 양성이 체계화되고 지속적으로 이루어지면서 현재 약2만7천명의 한의사가 배출되어 침 · 뜸을 비롯한 한방의료행위에 대한 수요에 부족함이 없는 상태일 뿐만 아니라 한의사 중 침구과 전문의도 상당수 배출되어 한의사와 구분되는 별도의 침구사 제도를 도입하여 추가적인 양성의 필요성은 없다고 할 것입니다. 이러한 현재의 한방의료 현실에 비추어 보더라도 침구사 제도를 새롭게 도입하여 의료체계와 의료인 양성이 불완전하던 과거로 회귀하는 것은 국민의 보건위생 내지 생명,신체에 대한 위험 방지의 측면에서 보거나 양질의 의료서비스 제공이라는 현대복지국가원리의 실현이라는 측면에서 보더라도 결코 바람직하지 않다고 할 것입니다.

5. 결론

침구사 제도를 도입할지 여부는 그 나라의 역사와 문화, 사회적 배경, 침구시술행위를 시술할 수 있는 의료인이 충분한지 여부 및 의료정책 등을 종합적으로 고려하여 입법자가 정할 재량 영역입니다. 침구가 전통의학에서 출발하였다고 하여 현대의학에서 충분한 교육과 임상실습을 받지 않은 공인된 자격이 없는 비의료인에게 침구시술을 허용할 수는 없습니다. 침구시술행위는 국민의 생명, 신체 및 보건 위생에 중대한 위험을 야기할 수 있는 '의료행위' 입니다. 국가는 의료인의 자격제도 및 의료인 양성 등 제도 전반을 형성할 광범위한 입법재량이 있을 뿐만 아니라 무자격자에 의한 의료행위로 인하여 국민의 생명, 신체에 대한 위해가 발행되지 않도록 제도적 장치를 마련할 의무가 있습니다.

침구사 제도를 도입하지 않은 입법부작위에 대한 청구인들의 이 사건 심판청구는 부적법함이 상당합니다. 아울러 위 법조항은 청구인들의 기본권을 침해하지 않습니다.

참 고 자 료

1. 참고자료 1. 불법의료행위로 인한 피해사례(신문기사)
2. 참고자료 2. 무자격자 침뜸시술 부작용 사례
3. 참고자료 3. 무자격자 침뜸시술로 인한 사망사건 사례

2020. 12. 7.

이해관계인(사단법인 대한한의사협회)의 대리인

법무법인 제민

담당변호사 노 희 범

담당변호사 박 윤 정

헌법재판소 귀중

한의사협회의 의견서에 대한 반론(2021.1.25.)

- 청구인 보충 의견서 3차-

대리인 : 법무법인 현

담당변호사 김승대 강찬우

청구인 보충 의견서 (3차)
- 한의사협회의 의견서에 대한 반론 -

사　　건	2019헌마1435 의료법 제27조 제1항 등 위헌확인
청 구 인	문기웅 외 2,017명
이해관계인	보건복지부 장관, 대한한의사협회

청구인들은 다음과 같이 보충 의견을 제출합니다.

다 음

Ⅰ. 심판청구 요건의 구비

1. 부진정입법부작위에 대한 헌법소원

대한한의사협회는 우리나라 입법자는 침구사 제도 자체를 아예 두고 있지 아니한 바, 이에 따라 이 사건 심판청구는 진정 입법부작위에 해당한다고 주장합니다.

그러나 현행 의료법 내용에 침구사 제도는 이미 도입되어 그 법적 규율까지 존재하며, 그 제도 자체가 아예 없는 것이 아닙니다. 의료법 제81조 제1항은 아직도 침구사에 관하여 규율하고 있으며, 이에 따라 간호조무사 및 의료유사업자에 관한 규칙(2017.

5. 30. 시행 보건복지부령 제497호)은 침구사의 자격과 업무에 관하여 필요한 사항들을 규율하고 있습니다. 또한 접골사·침사·구사·안마사 자격시험규정(2013. 3. 23. 시행 보건복지부령 제185호)이 그 자격시험에 관한 사항들을 규율하고 있습니다. 이 사건 심판청구는 이와 같이 우리 의료법 체제 하에 이미 들어있으나 처벌 대상으로 취급되고 있는 대다수 침구사의 침구시술 행위를 다시 복원하여 정상화시켜달라는 취지의 것으로 불완전 불충분한 입법을 시정할 것을 청구하는 취지의 부진정입법부작위에 대한 헌법소원 심판청구인 것입니다.

2. 기본권 침해의 직접성 요건의 구비

대한한의사협회는 비의료인의 의료행위를 처벌하는 의료법 제82조의2 제2항 벌칙조항은 청구인들이 침구시술행위로 기소되거나 처벌받은 것이 아니므로 집행행위가 없어 기본권 침해의 직접성이 없다는 취지로 주장합니다.

그러나 국민에게 일정한 행위의무 또는 행위금지의무를 부여하면서 이를 위반할 경우 제재수단으로서 형벌 또는 행정벌 등을 부과할 것을 정한 경우에, 그 형벌이나 행정벌의 부과를 위 직접성에서 말하는 집행행위라고는 할 수 없습니다. 국민은 별도의 집행행위를 기다릴 필요 없이 제재의 근거가 되는 법률의 시행 자체로 행위의무 또는 행위금지의무를 직접 부담하는 것이기 때문입니다. 설령 형벌의 부과를 구체적인 집행행위라고 보더라도, 이러한 법규범을 다투기 위하여 국민이 이 법규범을 실제로 위반하여 재판을 통한 형벌이나 벌금부과를 받게 되는 위험을 감수할 것을 국민에게 요구할 수 없기 때문입니다(헌재 1998. 3. 26. 97헌마194; 1996. 2. 29. 94헌마213 등). 따라서 청구인들은 위 벌칙조항에 대한 권리침해의 직접성 요건을 충족하고 있습니다.

3. 청구기간의 준수

대한한의사협회는 청구인들이 늦어도 처음 침구교육을 받을 당시에는 의료법 제27조 제1항에 의한 기본권 침해사실을 알았다고 하면서 그때로부터 1년이 훨씬 지난 2020. 4. 경에야 제기된 위 법조항에 대한 심판청구는 청구기간을 준수하지 못하여 부적법하다고 주장합니다(이해관계인 대한한의사협회 의견서 (2) 2/18 참조).

그러나 이 사건 심판청구는 2019. 12. . 청구되었으므로 동 심판청구가 2020. 4. 제기되었다고 주장하는 것은 오류이며, 청구기간은 가능한 한 기본권 침해를 당한 국민들에게 유리하게 해석되어야 하므로 이 사건의 경우 청구인들이 소정의 침구교육을 완료한 시점부터 기본권 침해 사유가 발생한다고 보아서 그때부터 청구기간이 기산된다고 보아야 합당합니다.

II. 본안에 관한 의견

1. 한의사는 침구사가 아닙니다.

가. 침구사와 한의사는 각각 다른 과정으로 선발되어야 합니다.

한의사협회는 『동의보감』 등의 한의학 고전에 침구가 들어 있으므로 침구를 한의사가 독점해야한다고 주장합니다. 『동의보감』을 비롯한 동양의학 고전에는 한약에 관한 내용 외에도 생활건강을 위한 각종의 섭생법, 단방요법, 부적 쓰는 법까지 들어 있습니다. 동양의학 고전에는 약식동원이라고 하여 약과 음식은 그 근원이 같다며 식생활의 중요성도 강조합니다.

허준은 『동의보감』에 의료혜택을 받기 어려운 백성들을 위하여 주위에서 쉽게 구할 수 있는 약재로 질병을 자가 치료하거나 예방할 수 있도록 각 편의 말미에 단방문(單方門)을 두었습니다. 이런 단방은 그의 애민정신을 담아 특별히 작성된 것으로 단일식물이나 식품을 이용한 간단한 처방입니다.

침구에 관한 내용이 『동의보감』에 들어있다고 하여 침구를 한의사만 독점해야 한다고 한다면 『동의보감』에 각종의 약이 되는 식재료가 소개되어 있으니 그런 식재료의 사용과 단방의 민간요법도 한의사들이 독점해야 한다는 식이 될 것입니다.

『동의보감』이나 동양의학의 고전에는 한약에 관한 사항 외에도 양생술과 부적 쓰는 법까지 소개 되어 있는데 한의사협회의 논리대로라면 그런 양생술이나 부적 쓰는 것도 한의학의 범주에 넣어서 독점을 하도록 해야 할 것입니다.

결정적으로 『동의보감』을 저술한 허준은 침을 놓았다는 기록이 전혀 없습니다. 실록을 살펴보면 허준은 임금에게 자신은 침을 놓는 법을 모른다고 스스로 밝히고 있고, 침의들의 말을 전하며 침의들에게 침을 놓도록 역할을 나누고 있습니다. 『동의보감』이 저술될 당시에도 침의(鍼醫)가 별도의 직역으로 제도권에서 활동하고 있었다는 것입니다.

[참고자료 1-1. 『허임-조선의 침구사』 침의가 있었네 173-189 "소신 허준은 침놓는 법을 모릅니다 " 사단법인 허임기념사업회 2017]

한의사협회는 조선시대 침의(鍼醫)와 약의(藥醫)가 구분되어 있었음을 인정하면서도 이는 오늘날 한의사의 전문과목 중에서 침구과 같은 것이라며 침구사가 조선시대 독립된 직역으로 있었음을 부인합니다. 이는 침구에 대한 한의사의 기득권을 주장하는 논리일 뿐 역사적 사실과 다릅니다.

경국대전에서 침구의(針灸醫)에 대한 시험과목을 별도로 규정하여 별개의 직역으로 선발하여 국가기관에 임용했고, 우리나라 최초의 근대의료기관인 내부병원에까지 침의

(鍼醫)가 별도로 근무한 것을 확인할 수 있습니다.

성종 3년(1472) 침구의(鍼灸醫)만은 별도로 선발할 필요성이 인정되어 다시 침구전문법을 별설(別設)했고, 마침내 이 제도는 경국대전에 명시되어 자리를 잡았습니다. 조선시대에는 침구의(鍼灸醫)가 경국대전에 실린 법률적 용어였고 일반적으로는 침의(鍼醫)라고 불렸습니다. 요즈음 말로 바꾸면 침구사 또는 침사(침술사)입니다.

침의(鍼醫)는 동양의학의 여러 고전 중에서 별도로 정해진 책을 가지고 공부하여 시험에 응시를 하도록 했습니다. 경국대전 의과취재(醫科取才) 규정을 보면 의원(醫員)과 침구의(針灸醫)를 분명하게 구분하여 별도로 선발하여 왔습니다. 오늘날 해외 각국에서 침구사를 선발하는 시험과목이 별도로 존재하는 것과 같은 것입니다.

이 제도는 1785년(정조 9년) 대전통편 및 1865년(고종 2년) 대전회통에도 그대로 이어져 있으며, 침의는 구한말까지 국가 의료기관 내에서도 중요한 일익을 담당했습니다. 왕조실록과 승정원일기에는 침의(鍼醫)로 기록된 기사가 무수히 수록되어 있습니다. 조선시대 침의는 국가 의료체계 내에서 활동한 정식의료인이었고, 그들은 결코 아웃사이더적인 존재가 아니었습니다.

침의(鍼醫)제도는 구한말 서양의학이 들어올 때도 존립하여, 병원에 근무인원으로 침의가 배정되었습니다. 1899년(光武 3년)에 내부직할병원으로 설치된 우리나라 초기 국립병원인 내부병원(內部病院, 현 서울대학병원의 전신)의 직제를 보면 대방의(大方醫), 종두의(種痘醫), 외과의(外科醫), 소아의(小兒醫)와 함께 침의(鍼醫)를 두고 있었습니다. 내부병원(內部病院)이 광제원(廣濟院)으로 개칭된 뒤에도 본원의 직제에 의사 7인 가운데 침의(鍼醫) 1인을 별도로 두고 있었습니다.

[참고자료 1-2 : 『수난의 역정』 이우관 편저. 2008년 증보판 50p. 침술연합신문(주)]

침구사는 한의사의 전문과목 중 침구과와는 다릅니다. 한의사협회가 의견서에서 주장하는 한의사의 전문과목 제도가 생긴 것은 2002년「한의사전문의의 수련 및 자격 인정 등에 관한 규정」을 실시하면서부터 한방내과, 침구과, 한방재활의학과, 한방부인과, 한방이비인피부과, 한방신경정신과, 사상체질의학과, 한방소아과 등으로 나눈 것을 의미하는 것으로 보입니다.

이들 전문 한의사는 다 합쳐도 2018년 기준으로 전체 한의사 중에서 12.2%에 불과하다고 합니다. 그중에서도 침구과는 5분의 1 정도라고 하니 전체 한의사의 2%(628명)만이 침구과라는 이야기입니다. 전문한의사는 한의사 면허가 있는 사람 중에서 수련과 연구과정을 더 거친 사람이기 때문에 침구사라고 볼 수 없고, 한의사 중에서 침구를 전공한 한의사인 것입니다.

침구사제도가 생겨 계속 발전한다면 침구사 중에서도 특정분야를 더 연구 수련하여 내과 외과 소아과 부인과 근골격과 등의 영역이 생길 수도 있을 것입니다. 조선시대에는 종기를 치료하는 치종(治腫) 같은 외과적인 영역도 침의가 담당했습니다. 이렇듯 침의는 약의와는 분명히 구분되는 하나의 직역이었던 것입니다.

조선시대 침의가 곡절 많은 이 나라 역사의 수난을 모두 겪으며 오늘날의 침구사로 이어지고 있는 것입니다. 한의사협회는 그동안 침구사 제도는 일제가 한의학을 말살하기 위해 만든 제도라며 역사까지 왜곡해 왔으나, 침구사는 의생(오늘날의 한의사)과 똑 같이 근현대사 속에서 수난을 겪어온 전통 직능인인 것입니다. 그리고 이들 침구사(Acupuncturist)는 동양은 물론 유럽과 미주 대륙, 호주, 아프리카까지 각국으로 퍼져나가 세계적인 직역으로 되고 있습니다.

나. 세계적 전문직역이 된 침구사

한의사협회는 2006년 미국의 침술사는 의료유사업자이기 때문에 한의사와 다르다며 강력히 반대하여 한미FTA에서 이 분야의 협상을 무산시킨 바 있습니다.

그 후 10년이 지난 뒤 2016년 한의사협회의 기관지인 한의신문에는 '한의사의 미국 진출 가이드 북'을 인용하여 한국의 한의사가 미국에 진출하는 방법에 관한 안내 기사를 실었습니다. 이에 따르면 미국에서 침구사 자격시험과 동양의학 자격시험이 다르다고 밝히고 그 시험과목을 별도로 명시하고 있습니다.

미국에서는 침 치료를 하는 전문 인력을 Acupuncturist 또는 Licensed Acupuncturist(LAc.)라고 부르고 있고, 대부분의 주에서 침구&동양의학위원회(National Certification Commission for Acupuncture and Oriental Medicine:NCCAOM)에 의해 면허가 관리되고 있다고 합니다. NCCAOM자격증은 침구&동양의학 위원회(NCCAOM)에서 주관하는 공인된 미국 침구사 자격증을 말하는데, 워싱턴을 포함한 43개의 주에서는 면허를 발급할 때 NCCAOM자격증으로 침구사의 자질을 평가한다는 것입니다.

NCCAOM자격증 시험은 동양의학 기초(Foundations of Oriental Medicine), 생의학(Biomedicine), 침구(Acupuncture with Point Location), 본초방제(Chinese Herbology)이라는 4개의 응시과목으로 구성돼 있는데, 침구사 자격증(Acupuncture Certification)을 받기 위해서는 본초방제(Chinese Herbology)를 제외한 3과목을 응시해야 하고, 본초방제자격증(한약사 Chinese Herbology Certification)을 받기 위해서는 침구(Acupuncture with Point Location)를 제외한 3과목을 응시해야 한다고 합니다.

미국 침구 및 동양의학위원회(NCCAOM)에서 침구사는 일찍이 한약사(중약사)와는 별도로 양성되고 있었고, 2004년에 이르러서야 통합동양의사 시험을 별도로 개설했습니다.

하지만 이들 한약사나 통합동양의사 보다는 침구사 중심으로 발전해 나가고 있는 것이 현실입니다. 미국에서 2016년에 이미 침구사 수가 4만5천명을 넘었고, 캘리포니아주의 침구사만 해도 1만5천명에 이른다고 합니다. 미국 전역에 100여 개소의 침구학교가 있으며, 침구사 시험에 합격을 하면 각 주정부에 침구진료소 개업을 신청해 진료할 수 있다고 합니다.

[참고자료 1-3 : '미국에서의 침구 발전 최신 현황' 한의신문 2017. 3. 13]

캐나다에서도 침구사는 한약사 또는 중의사(한의사)와는 구분하고 있음을 알 수 있습니다. 2016년에 정부에서 간행한 '한의사 캐나다진출 가이드북'에 따르면 캐나다에서 동양의학 관련 직무를 수행하는 직군은 침술사(Registered Acupuncturist), 한약사(Registered Herbalist), 중의사(Registered Traditional Chinese Medicine Practitioner), 중의 의사(Doctor of Traditional Chinese Medicine)라는 직업군이 있습니다. 현재 침구 및 동양의학이 법제화되어 표준화된 면허시험이 실시되고 있는 주는 Alberta, British Columbia, Newfoundland&Labrador, Ontario, Quebec 등 5개 주이고, 당연히 침구사와 한약사나 중의사가 되기 위해 필요로 하는 교육과정이나 교육기간, 시험과목도 모두 상이합니다.

다. 침구사의 맥을 끊으면 전통의학이 발전할 수가 없습니다.

한의사협회는 청구인이 제시한 유럽 미주 등 침구 관련 치료사 제도에 대해 전통의학이나 한의사 제도가 존재하지 않는 나라의 사례이기 때문에 우리나라와는 다르다고 주장하면서 침뜸은 한의사의 면허범위에 해당한다고 주장합니다. 하지만 한의사협회는 우리나라에 침구사의 전통이 존재하고 있다는 점은 의도적으로 외면하고 이야기를 하고 있습니다.

미국이나 캐나다에도 먼저 침구사가 자리를 잡고, 이어서 한약사(Herbalist)가 생기고, 나중에 통합동양의사가 나타나는데, 대한민국 제도권에는 한의사도 있고 한약사도 있는데 침구사는 인정하지 않고 있습니다. 침구사가 별도의 직역으로 존재하지 않으면 전통의학이 발전할 수 없습니다.

동양의학의 전통이 없었던 나라에서 제일 먼저 받아들인 제도는 한의사가 아니라 침구사(Acupuncturist)입니다. 그런데 한국에서는 침구사의 전통이 면면히 이어져 왔는데도 이를 인정하지 않고, 제도권에서 무리하게 배제당해 왔습니다.

어떤 학문이든지 발전하면 분화가 되는 것이 순리입니다. 우리나라 전통의학은 오랜 발전과정을 거쳐 이미 550여 년 전에 국가적 토론을 끝내고 경국대전이라는 법전에 침구사를 별도의 직역으로 선발하기로 했습니다. 그렇게 법률로까지 정착이 되어 전해 내려오고, 민간에서도 이미 널리 분화되어 발전해 온 침구사를 단 한 차례도 제도권으로 수렴하지 않고 모두 무면허 돌팔이라는 딱지를 붙여서 배제해 버렸습니다. 그리고는 한약사에 불과하던 직역에 침구를 겸하도록 했으니 우리나라 제도권 침구술은 적어도 500여년 이전으로 퇴보할 수밖에 없었던 것입니다.

한약사가 침구까지 하도록 하면 침구술이 더 발전한다는 논리는 어디에서 나온 것인지를 알 수가 없습니다. 한 직역에 여러 가지 역할을 하도록 맡기면 한 가지도 제대로 못한다는 것은 상식적으로 누구나 알고 있습니다.

침구사를 별도로 두지도 않고, 의사들에게도 전통의학의 접근을 봉쇄한 상태에서 한의사만이 전통의료를 모두 독점하도록 한 지난 60여년 세월 동안 침뜸의 으뜸국가라고 인정받던 우리나라 제도권 침구는 완전히 후진국으로 전락해 버렸습니다.

침구사를 별도로 두지 않음으로써 생기는 국가적 피해는 한두 가지 아닙니다. 우선 오랜 역사를 거치며 전해오던 귀중한 치료자원에 대한 전승이 제대로 이루어질 수가 없었고, 그러다 보니 연구 기반도 무너지고, 전문성도 떨어져 침술의 효능과 광범위한 치유잠재력이 재야에 사장되었습니다.

침구술의 수준이 저하되니 국민들이 수준 높은 침구술의 혜택을 공식적으로 받지 못하고, 제도권 침구에 대한 신뢰도도 떨어지게 됩니다. 결국 전통의료의 한 축을 이루던 침구가 제도권에서 성장하지 못한 상태에서, 한약만 가지고 버텨오다 2000년대 들어서 한약시장이 사양길로 접어들자 전통의료 전체가 위기를 맞게 된 것입니다. 그런데도 한의사협회는 여전히 직역을 나눠서 발전시킬 생각은 없고, 이것저것 욕심을 내고 자꾸만 덧붙일 궁리만 하고 있습니다.

비워야 받을 수 있고, 나눠야 커질 수 있다는 것이 자연의 이치인데 이익집단이라 그 이치를 주장할 수는 없는 듯합니다.

침구술은 학문적 지식을 바탕으로 하여 손에 잘 익혀서 솜씨를 발휘하는 요법입니다. 그래서 여러 가지를 하도록 하면 집중을 할 수가 없어 발전할 수가 없습니다. 침구학은 하나의 직역으로 전문화 시켜야 하는 영역이라 판단했기 때문에 조선시대에도 일찍이 침의(鍼醫)제도를 시행했고, 구미 각국에서도 침구사 시험을 마련하여 발전시켜 가는 것입니다.

침구술의 발전에 역행하는 정책으로 일관하다보니 국내 보건의료 전체영역에서 전통의학이 차지하는 입지는 갈수록 약해지고, 전 세계에 침구술의 붐이 일어난다고 하는데도 한국의 한의사는 해외진출이 어려울 수밖에 없습니다.

침구를 별도의 직역으로 하여 한약을 제외한 침구만을 전문적으로 배우고 익히도록 하면 관련 전문지식의 정도는 물론 솜씨도 좋아져 치료율도 높아질 것입니다. 뿐만 아니라, 안전성과 안정성도 훨씬 높아지게 되리라는 것은 당연한 이치입니다. 그래서 국민들은 침구를 전문으로 하는 직역을 선호하게 되는 것이고, 그것은 국민의 의료선택권을 보장하는 것이 될 것입니다.

이 분야에서 직업선택의 지유와 소비자의 의료선택권은 밀접한 연관을 맺고 있다고 할 수 있습니다. 침구분야에 직업선택의 자유가 보장되면 침구분야에 침구사 외에도 관련 새로운 직업이 창출되어 일자리도 늘어날 것입니다. 침구분야의 전문적인 발전은 전통

보건의료영역의 확장으로 이어져 결국은 한의사들의 입지도 확대될 것으로 판단됩니다.

라. 침구사 시험규정은 한의사 시험규정과 다릅니다.

침구사 시험이 실시되고 있는 미국이나 캐나다 등의 나라와 마찬가지로 우리나라 법령에는 침구사 시험규정은 그대로 남아있습니다. 1960년 11월 공포하여 시행하기로 한 접골사 · 침사 · 구사 · 안마사자격시험규정(보건사회부령 제56호, 1960. 11. 28.)은 현재도 여전히 살아있는 법령입니다. [보건복지부령 제185호, 2013. 3. 23., 타법개정]

이 규정에 따르면 침구사의 자격시험 과목은 해부학, 생리학, 병리학, 위생학(消毒法包含), 증후개론, 한방개론, 의사법규가 공통과목이고, 침사는 침이론과 침술실기, 구사는 구이론과 구술실기로 이루어져 있습니다.

침구사 시험과목 규정이 비록 1960년에 머물러 있기는 하지만 침구사 시험과목에는 인체에 대한 해부생리학과 병리를 이해할 수 있도록 하고, 침구시술 시에 필요한 위생학이 들어있으며, 특히 손으로 익혀서 해야 하는 침구술의 정도를 시험할 수 있는 침술실기와 구술실기가 들어있습니다. 이는 한약을 중심으로 하는 한의사 시험과목과는 다르다는 것을 알 수 있습니다. 침구사시험이 계속 이루어졌다면 한의사와는 다른 침구사에 맞는 형태로 보다 정비되고 발전되었을 것이라는 점도 쉽게 짐작해 볼 수 있을 것입니다.

이에 반해 한의사 시험은 한국보건의료인국가시험원의 자료에 의하면 총 11과목 340문제로 이중 침구 관련 과목은 실기시험 없이 침구학 1과목 48문항에 불과합니다. 이는 일본의 침구사 시험이 필기시험 14과목 160문제와 별도의 침(구)실기시험까지 거치도록 되어있다는 점과 비교해 볼 때 한의사의 시험편제가 탕약 중심임을 입증하는 것입니다.

일본의 침구사 시험과목은 현재 이론시험으로 의료개론, 위생학, 해부학, 관계법규, 공중위생학, 생리학, 병리학개론, 임상의학총론, 임상의학각론, 재활의학, 동양의학개론, 경락경혈개론, 침(구)이론, 동양의학임상론 등 14개 과목의 시험이 있고, 실기시험으로 환자응대 및 카드작성, 질환별 검사방법, 변증 및 처방, 경혈 및 침(뜸)시연실기 등 4개 과정으로 진행 되고 있습니다.

또한 현재 한의대에서의 침구교육은 미국이나 유럽의 침구교육기관은 물론 국내에서 많은 제약을 받으며 진행하고 있는 민간 교육기관의 침구교육시간과 실습시간에도 크게 못 미치는 수준이며, 한의대의 수업편제는 탕약 중심에서 벗어나지 못합니다. 이처럼 한방의사의 양성교육에 부가한 보조적 침구 교육과 시험만으로는 제대로 된 침구사 양성 전문교육기관의 교육의 범위나 질을 도저히 따라갈 수 없습니다.

이것은 침구사를 별도로 양성하지 않고 한의사에게 약도 짓고 침도 맞으라고 하는 것은 국민의 의료행위 선택권을 충족시킬 수 없는 요인이 되고 있습니다. 그리고 한의사는 한약 중심으로 교육을 받았기 때문에 침구시술에 안전성과 안정성을 떨어뜨리는 요인으로도 작용하여 침이나 뜸시술을 하지 않으려 하거나, 형식적으로만 하여 치료 효과를 보기 어렵게 만드는 원인으로도 작용하고, 침구 사고를 불러올 수도 있습니다.

2. 한의사들의 침구 사고와 한방 사기

한의사협회가 제시한 의견서에는 침구사가 침구를 행하면 폐 등에 심각한 손상을 야기할 수 있고, 뜸의 경우도 화상의 위험이 있다며 주장합니다. 하지만 60년 동안 한의사 이외에는 침구를 사용을 못하도록 해 놓고 6년간이나 공부를 했다고 주장하며 자신들만 침구시술을 하도록 해야 한다는 한의사들에 의한 침구사고가 끊이지 않고 일어나고 있습니다. 그 중에는 인체에 치명적인 손상을 입히는 사고도 적지 않고, 인명 피해사고까지 발생하고 있습니다.

가. 한의사들이 잘못된 침구시술로 인한 사고가 줄어들지 않고 있습니다.

국민의료법을 의료법으로 바꾸면서 침구는 한의사들의 업무영역이 되었다고 주장할 때부터 치면 벌써 60년 가까운 세월이 흘렀습니다. 그러나 한의사들에 의한 침구술 사고는 상식적으로도 납득이 안 되는 심각한 사고들이 여전히 일어나고 있습니다. 이는 한의사는 침구사가 아니라는 또 다른 증거입니다.

“침 맞다가 쓰러진 환자 방치한 한의원” 제하의 기사와 동영상을 보면 한의사가 침술에 대한 전문적인 식견은 고사하고 상식조차도 의심되는 상황이 있었음을 알 수 있습니다.[참고자료 1-4 : YTN 2018년 05월 06일]

의자에 앉혀 놓고 침을 놓을 경우 환자가 훈침으로 인하여 쓰러지면서 부딪혀 큰 사고로 이어질 수 있으므로 가급적 그런 자세로 침을 놓지 않도록 하고, 불가피하게 의자에 앉힌 자세에서 침을 놓을 경우는 항상 주의를 기울여야 한다는 것은 민간 침구교육기관에서 반드시 강조하는 내용입니다.

“한의원서 12cm 장침 맞다가…호흡 곤란 사망”이라는 기사에는 흉부에 깊이 찌르면 기흉의 위험이 있다는 것은 상식인데도 한의사가 폐 있는 곳에 12cm 장침을 사용했다는 것 자체는 한의사들에 대한 침술교육이 제대로 이루어지지 않았다는 것의 반증입니다.[참고자료 1-5 : 뉴스투데이 2018.04.23.]

“침 시술 후 또 ‘기흉’ ... 한의원서 어깨 침 시술 받고 호흡곤란 흉통 ...”이라는 기사에서도 보듯이 최근에도 한의원에서의 기흉 사고가 끊이지를 않고 있음을 알 수 있습니다.[참고자료 1-6 : 의협신문 2020.12.17.]

한의사협회가 무면허 의료로 인한 사고의 경우라며 제시한 부항이나 사혈 혹은 봉침 등의 치료에도 면허가 있는 한의사들이 똑같은 사고를 일으키고 있습니다.

[참고자료]

1-7. "9cm 장침으로 폐 찔러 노인 숨지게 한 한의사, 항소심서 '유죄'" 조선일보 2020.12.10

1-8 "봉침 사망 사건' 한의사 4억여원 손해배상 이어 형사처벌" 연합뉴스 2020.05.25.

1-9 "부항 떴다가 세균감염… 한의원 갔다가 사망한 보디빌더"매일안전신문 2020.10.28.

1-10. "당뇨환자 침시술 받다 발가락 괴사… 한의사에 벌금형" 연합뉴스 2013.12.19.

1-11. "뜸치료 의사에게 상담 말라던 한의사... 화상입히고 적절한 치료 안해 벌금 300만원..." 메디게이트뉴스 2020.09.11.

1-12. "한의원 불법 의료행위···마취제 맞은 환자 뇌사" 데일리메디 2017.03.17

1-13. "80대 노인 허리에 침 맞고 다발성 농양 '충격'...한의사들, 환자 감염 상황 전혀 알지 못해..." 의협신문 2013.05.30.

1-14. "침 맞은 뒤 농양 부작용…법원 '한의사, 주의소홀 배상책임'" 연합뉴스 2016.10.13.

1-15. "한의사 10명 중 1명 ... 병원 내 감염 경험했다" 중앙일보 2020.09.11

1-16. "한의사 뒤치다꺼리 하기 바쁜 의사들... 황당한 의료사고 내기 일 수, 환자들만 골탕" 메디게이트뉴스 2016.09.30. 등

의료분쟁에서도 침시술로 인한 사건이 크게 늘어나고 있는 추세입니다.

1999부터 2005년까지 6년 8개월 간 한의약 관련 의료분쟁은 한약이 63건으로 가장 많고, 침이 25건, 뜸이 2건, 부항이 3건 등이었습니다.

[참고자료1-17. 〈1999~2005 한의약 관련 의료분쟁 실태조사 결과〉 한국소비자보호원]

그런데 2015년에서 2019까지 5년간 의료분쟁에서는 침시술로 인한 의료분쟁이 68

건으로 가장 많고, 다음이 한약 19건, 뜸 4건 등으로 나타났다고 합니다. 침술에 의한 사고가 크게 늘어났나는 것입니다.

[참고자료1-18. 〈2019 의료분쟁 조정중재 통계연보〉 한국의료분쟁조정중재원]

한약의 판매부진이 본격적으로 나타나기 시작하던 2000년대 초부터 이미 한의사들의 침술 사고는 크게 증가하고 있었습니다. 이는 한약 판매부진으로 제대로 배우고 익히지 않은 침시술이라도 시행할 수밖에 없어 한의사들의 침시술이 증가한 요인도 있으리라고 판단됩니다.

6년 간 교육받았다고 하고 국가시험을 통과했다고 하는 한의사들이 똑같은 침술 사고를 일으킨다는 것은 교육이 제대로 이루어지지 않았다는 것을 의미하는 것이고, 검증도 불충분하였다는 것이며, 전문 침구인이 아니라는 것을 반증하는 것이라 볼 수밖에 없습니다.

2005년부터 2007년 8월까지 한방의료기관에서 발생한 의료사고 중에서 침구시술 시에 발생한 의료사고가 전체사고 건수대비 37.9%(238건)으로 가장 많았고, 그 다음으로 약물 129건, 핫팩 , 추나, 뜸에 의한 사고가 128건이었다고 합니다. 침구시술에 의한 의료사고는 염증(47.7%)과 기흉(16.9%)이 높은 비중을 차지했다고 합니다.[참고자료 1-19. "한방의료기관 의료사고 증가 추세" 2007.12.28. 민족의학신문]

한방의료기관에서 발생한 의료사고 중에 핫팩, 추나, 뜸에 의한 사고가 128건이었다고 한다면 한의사협회의 의견서 자료로 발췌하여 제시한 화상상처 같은 모습도 있을 것입니다.

극히 드물게 일어나는 과실로 인하여 생긴 무면허 침술사고를 근거로 침구사제도 자체가 필요 없다고 주장한다면, 6년 동안 교육을 받았다고 주장하는 한의사들도 위중한 침구사고를 수없이 일으키고 있으므로 한의사제도 자체를 폐지해야 한다는 주장도 해야 할 것입니다. 그것도 60년 동안 국가의 제도적인 보호를 받으며 독점해 왔다는 직역이 일으켰으니 더욱 심각한 문제인 것입니다.

침구인들은 제도권의 보호를 받지 못하고, 국가에서 검증 받을 기회도 없었기 때문에 앞으로 제도적으로 인정을 받고 소정의 검증절차를 거치게 되면 그나마 드물게 일어나던 침구사고도 없앨 수 있을 것입니다. 특히 한의사협회가 제시한 침구로 인한 사망사고가 한 건이라도 일어나지 않도록 해야 하기에 하루빨리 재야에 방치되어 있는 침구인들에 대한 검증절차를 거쳐 양성화 하고, 그리고 만에 하나라도 있을 수 있는 침구사고를 미연에 방지하기 위한 보수교육도 시행할 수 있어야 할 것입니다.

나. 한의사들의 불법행위와 한방사기 사건은 초대형입니다.

한의사협회에서 침구사제도 반대 근거로 제시한 자료들 중에는 무면허 침구술행위로 위법 처벌을 받은 기사도 포함되어 있습니다. 이런 사건은 대체로 무면허 침구를 단속한다며 한의사협회에서 프락치를 고용, 고발하여 이루어지는 사건이 대다수인 것으로 알려져 있습니다. 이런 무면허 침구 고발로 이루어지는 사건은 기득권 집단에서 고발을 하지 않으면 줄어들 것이고, 근본적으로는 침구사 제도를 시행하면 실력을 갖춘 침구사들을 양성화 하여 제도권으로 수렴하면 자연히 사라질 사건들입니다.

그런데 국가에서 발급하는 면허를 가지고 있는 한의사들이 행하는 한방사기사건이나 보건복지부의 한방정책관실이라는 정부기관의 정책적 지원까지 받으며 이루어지는 한의사들의 불법행위들은 어떻게 할 것인지 문제제기를 하지 않을 수 없습니다.

(1) 약침학회 사건에 이어 한의원에는 전문의약품 섞어 팔기 등 약사법위반이 만연해 있다는 사실이 확인되고 있습니다.

한의사가 보건복지부(한방정책과)의 유권해석까지 받아 약침액을 제조하여 전국의 한의원에 공급하여 약침이라며 환자들에게 놓아주도록 한 한의사협회 산하 약침학회가 불법행위를 한 것으로 대법원이 확정했습니다.

[참고자료1-20. "약침학회 불법제조사건 8년 만에 '징역형' 종지부- 제조업 허가 안 받은 채 5년 간 불법 제조...전국 2200개 한의원에 약침액 386만cc 판매"약침학회 불법 제조 사건 8년 만에 '징역형' 종지부" 의협신문 2020.11.2]

대한한의사협회의 산하 학술단체인 약침학회가 봉약침 등 52종류의 시가 합계 270억 2335만 6908원 상당의 약침액 총 386만cc를 '제조', 전국에 있는 2200여 곳의 한의원에 약침액을 주사약처럼 '판매'한 것으로 드러났습니다. 이에 따라 약침학회 대표가 징역 1년6월 및 벌금 206억원(벌금 미납입 시 500일간 노역장 유치)을 징역형에 대해서는 3년간 집행유예가 확정되는 등의 처벌을 받게 됐습니다.

한의사가 절박한 암 환자에게 고액의 치료비를 받고 산삼 등 원자재 출처나 수급·투입 등이 극히 불분명하고, 치료 효과가 검증된 바도 없는 약침액을 혈관에 투여하여 법원이 한의사에게 사기 및 의료법 위반으로 징역 1년6월의 실형을 선고한 사건이 있습니다.

[참고자료1-21. "법원은 왜 암환자에 산삼약침 주사한 한의사에 '실형' 선고했나" 청년의사 2020.12.16.]

한의사들에 의해 저질러지는 불법행위 중에는 한약에 중국산 비아그라 등 알 수 없는 물질을 섞어 팔기도 하고, 스테로이드를 한약에 섞어 팔기도 하는 등 환자를 상대로 눈속임을 하는 사건이 꼬리에 꼬리를 물고 있습니다.

[참고자료1-22. " 위험천만 '가짜 비아그라' 한약" 2008.2.13. KBS]

[참고자료1-23. "한약에 스테로이드 성분 넣어 판매한 한의사 적발" 2019.04.02. 메디게이트뉴스]

2018년에는 수술용 국소 마취제로 사용하는 리도카인(lidocaine) 등 총 91만 6천개의 의과 전문의약품이 한의원으로 흘러들어간 약사법 위반 사건이 국회 국정감사에서 확인됐고, 2020년 8월에는 감사원 의약품 안전관리실태 감사 결과, 2014년 이후 최근 5년 반 동안 스테로이드 등 360만개, 70억원 어치에 이르는 전문의약품이 한의원 5천773곳으로 흘러 들어간 것으로 파악됐습니다.

[참고자료1-24 "최근 5년간 전국 한의원에 프로포폴 등 마약류 17억어치 납품" 2018.10.29. 메디컬투데이]

[참고자료1-25. '한의원 5773곳에 5년간 전문의약품 360만개 흘러들어가' 2020.08.21. 의협신문]

어디에 쓰이는지도 모를 전문의약품이 약 6천 곳에 이르는 한의원으로 흘러들어갔다는 것은 한의사들 사이에 불법이 만연해 있다고 볼 수 있습니다.

(2) 한의사 면허를 이용하여 그것도 개인을 상대로 한 것이 아니라 국민이 내는 돈으로 이루어진 보험금을 노린 사기사건도 적지 않습니다. 이는 죄질이 아주 나쁘다고 할 것입니다.

[참고자료]

1-26. "허위 진료기록부로 보험금 33억 가로챈 한의사 구속" 2018.10.25. 연합뉴스

1-27. "환자 수 부풀려 요양급여 3억9천만 원 가로챈 한의사 구속" 2020.06.24. 연합뉴스

1-28. "환자수 1만7000여 명 부풀려 건강보험공단에 요양급여비 허위 청구한 한의사 구속...요양급여비 허위청구해 3억9000만원 받아 챙긴 혐의" 2020.6.4. 인천일보

1-29. "한의사들 '가짜 환자' 만들어 2억 원 빼돌려"2018.6.26. 의협신문

1-30. "한의사가 '노인 알바 모집' 요양급여 빼먹어...기초수급 1051명 유인 개인정보

빼돌려 3억여 원 허위 청구,,,면허 빌려 148억 보험급여 받은 '사무장 병원'도 적발" 2014.3.31. 경향신문

1-31. "안양시 만안경찰서, 한방병원 보험사기 피의자 2명 구속" 2018.10.25. 안양신문

1-32. "어느 한의원의 달콤한 유혹...고가 첩약 남발, 결국 보험료 인상으로 "2016.08.22. 청년의사

이들 사건에서와 같이 돈벌이에 눈이 먼 한의사가 면허증을 걸어놓고 행하는 사기사건 기사를 보면 부당하게 챙긴 금액의 규모가 수억대에서 수십억 원대에 이릅니다. 무면허 침구시술로 얼마를 받은 것과는 비교가 안 되는 금액입니다.

연합뉴스가 2020년1월9일에 "한방 '과잉치료'…0~3세 보험금 청구 9개월간 1만2천건"이라는 제목으로 보도한 기사에 따르면 "심지어 갓난아이가 부항이나 뜸 치료를 받았다며 보험금을 받은 경우도 500건이나 됐다."고 합니다. 언론에 수시로 문제제기가 되고 있는 한의사 보험사기 중 하나는 침, 뜸, 부항, 추나, 한약을 세트로 하여 끼워 팔기식으로 이루어지는데, 이로 인한 한의원의 부당이득의 규모는 엄청난 금액으로 확인되고 있습니다. 한의사들에 의해 저질러지는 허위 과잉진료는 2021년 들어서까지도 문제제기가 계속되고 있습니다.

[참고자료]

1-33. "한방 '과잉치료'…0~3세 보험금 청구 9개월간 1만2천 건"연합뉴스 2020.01.09.

1-34. "돌도 안 지난 아기에 뜸·부항 시술···의료계 '아동학대나 마찬가지'" 2020.01.10. 의사신문

1-35. "접촉사고에도 뜸·경락·부황·약침까지…보험사 `한숨`" 2021.01.11. 매일경제

1-36. "한방병원 자보환자 과잉진료 심각, 2017년 5631억" 2019.01.16. 데일리메디

1-37. "車사고 당했죠, 침·부항·추나·한약 풀세트 하시죠" 2019.08.06. 조선일보]
1-38. "공짜 첩약 가져가세요" 과잉 한방진료에 차보험 몸살 2020.5.4. 대한금융신문
1-39. "한방병원 과잉진료로 진료비 폭증" 전문가 보고서 나와 2020.08.12. 중부일보

한의사를 낀 사무장병원의 폐해도 대단히 큰 것으로 확인되고 있습니다. 보험업계는 보험 사기가 빈발하는 지역에 입지한 한방병원 4곳 중 3곳은 불법 '사무장 병원'이라고 추정한다고 했습니다.

[참고자료1-40. "보험사기 사각지대 한방병원… '가짜 환자' 뷔페식까지" 2017.6.6. 조선일보]

생명보험협회는 한방병원이 저지르는 보험사기 유형을 크게 두 가지로 보고 있는데, 주로 비의료인이 한의사를 고용해 일명 '사무장병원'을 차린 뒤 허위 환자를 브로커를 통해 모집한다고 합니다, 설립한 한방병원은 주로 실손의료보험에 가입한 사람 중에서 허위 환자를 모집한 뒤 환자들과 짜고 가짜 진단서와 영수증을 만들어 건보공단과 보험사에 보험금을 청구했다는 것입니다.

[참고자료1-41. "보험사기 기승… 한방병원서 무슨 일이" 2017.12.17. 한국경제]

한방병원을 개설·운영하며 가짜 환자 165명을 내세워 4년간 허위서류로 보험금을 청구하여 139억원을 부당하게 편취한 사무장과 한의사가 구속되는 사건도 있었습니다. 한방병원을 운영하며 국민건강보험공단으로부터 요양급여 34억원과 민간보험사로부터 실손보험금 105억원 등 총 139억원을 부당 수령했다는 것입니다.

[참고자료1-42. "사무장 한방병원 개설해 139억 편취한 사무장과 한의사 구속" 수정 2017.04.29. 청년의사]

[참고자료1-43. "허위 진단서·입퇴원 확인서로 6억 편취한 한의사, 징역형"

2019.06.21. 청년의사]

보험금을 노린 한방과잉진료와 보험한방사기, 허위진단서 발급 등에 이르기까지 국민의 건강과 전혀 관계가 없는 한의사들의 부당이득을 위한 범죄행위는 끝이 없습니다. 이런 한의사들은 국민의 건강 보다는 돈벌이에 혈안이 되어 있음을 보여주는 것입니다.

한의사협회가 국민의 생명과 건강을 위하여 침구사 제도를 반대한다고 하지만 이들은 이상과 같이 돈벌이에 눈이 먼 한의사들이 상당히 많이 모인 이익단체라는 점을 잊지 말아야 할 것입니다. 즉 한의사협회가 침구사제도를 반대하는 것은 침구술을 이용하여 진정으로 국민의 생명과 건강을 걱정하여서 라기보다는 자신들의 이권이 침해되는 것이 두려워서 일 것입니다.

손수 침을 놓고 뜸을 하여 생명과 건강을 돌보며 치료 실력으로 승부할 수밖에 없는 침구사 제도의 시행은 한의사들의 탈법과 불법을 견제할 수 있는 장치가 될 수 있을 것입니다. 그렇게 되면 자연 전통요법에 대한 국민의 신뢰도가 높아지고, 활용도 늘어나서 우리의 한약을 포함한 전통요법 시장 전체의 규모가 확장 될 것입니다. 미국이나 캐나다 등에서 침구사의 활동이 늘어나 동양요법에 대한 신뢰가 높아지자 이어서 한약사(Herbalist) 시험도 생겨나고, 통합동양의사까지 확장되어 가고 있습니다.

소속 회원들의 불법과 탈법과 편법이 판을 치는 한의사협회가 제도권에 침구사들의 진입을 반대할 자격이 있는지 묻고 싶습니다.

다. 소 결

한의사협회가 무자격자의 침뜸시술 부작용사례로 제시한 선정적 사진은 누가 어떠한 경위로 생긴 증상인지를 알 수 없는 것들입니다. 앞서도 살펴보았지만 한의사들의 침뜸시술에 의한 의료사고와 부작용도 연간 수백 건에 이를 것으로 추정되는 만큼, 한의사들의 침구부작용도 확인하면 결국 같은 모습의 사진으로 나타날 것입니다.

따라서 이들 자료들이 헌법소원 청구인들이 요청하는 침구사제도의 시행을 반대하는 근거가 되는 자료라고 한다면 한의사들의 침구시술도 똑같은 의료사고와 부작용을 일으키고 있으므로 한의사들의 자격제도도 폐지하거나 침구시술행위를 금지해야 할 것입니다.

한약을 제외한 침과 뜸으로 건강을 돌볼 수 있는 침구전문 직역을 양성화 하는 것은 이런 침구 부작용이 생기지 않도록 하자는 취지가 담겨 있습니다. 침뜸만을 제대로 배우고 충분히 숙련을 하도록 하여 안전하게 침구시술을 행하도록 하는 침구 전문직역을 양성하고 검증하여 이들이 침뜸시술을 하도록 한다면 잘못된 침구시술로 생기는 부작용을 없앨 수 있고, 침뜸의 효과는 더 볼 수 있을 것입니다. 그리고 침뜸을 한약 판매의 보조수단 정도로 여기는 한의사들의 침뜸사고도 줄일 수 있고, 보험금 수령만을 위한 형식적인 침구시술의 폐단도 막을 수 있을 것입니다.

한의사협회가 한의사들이 내는 의료사고와 불법 탈법 편법에 대해서 성찰하여 고치고 정화하기 보다는 침구사의 제도권 진입을 방해하기 위해 무면허 침구로 인한 사고나 부작용을 부각시키려고 애를 쓰고 있습니다.

어떤 집단에서 한 그룹을 배제하고 무시하며 '왕따'를 하면 그 집단은 전체가 건강하지 못하게 된다고 합니다. 그 집단 전체의 물이 썩어가기 때문입니다.

3. 뜸을 독점하겠다는 한의사협회 주장의 부당성

한의사협회가 뜸시술의 부작용이라며 제출한 사진은 그 출처가 불분명하여 언급을 할 필요가 없긴 하겠으나 그래도 뜸에 대한 청구인들의 의견을 말씀드리고자 합니다.

우선 한의사협회가 뜸의 부작용이라고 제시한 사진을 살펴보면 현재 한국의 재야 침구인들이 주로 활용하는 쌀알 반 정도 크기의 직접뜸[반미립대]으로 인한 화상은 없는 것 같습니다. 이에 대한 판단은 홍성 뜸방 사건에서 확인된 바 있습니다.[대전지방법원 2018노-1703 의료법위반]

당시에도 한의사 협회는 뜸의 부작용이라며 같은 종류의 사진을 재판부에 제시하며 뜸을 한의사 아닌 사람이 하면 무면허 의료행위에 해당하다고 주장했으나 결국 1심과 항소심 재판부는 홍성에서 지역 주민들에게 반미립대로 뜸을 떠 주던 피고인들에게 의료행위로 불수 없다며 무죄를 확정하였습니다.

한의사협회에서 뜸의 부작용이라고 제시한 사진은 대부분 간접뜸을 하다 생긴 '화상'으로 보입니다. 간접뜸으로 온열자극을 주려고 하는 과정에서 노인 등 피부 감각이 떨어지는 층이 높은 온도로 장시간 뜸을 놓다가 발생한 듯합니다. 물론 뜸봉의 크기를 너무 크게 하거나, 부주의에 의해 생긴 것도 있을 수 있을 것입니다.

간접뜸에 의한 화상은 핫팩이나 파스 같은 것에 의해서도 발생할 수 있습니다. 실제로 앞서 살핀 한의사의 의료사고 중에 한의원에서 핫팩을 사용하다 생긴 사고도 있는 것으로 확인이 됐습니다.

가. 불을 사용하는 지혜를 특정 집단이 독점할 수는 없습니다.

인간은 불(열기)을 사용하는 방법을 발전시키면서 문명의 혁신을 일으켜 왔습니다. 어둠을 밝힐 뿐만 아니라, 화전을 하여 농사를 짓기도 하고, 음식을 익혀먹기도 했고, 한기를 물리치는 데도 활용하고, 갖가지 도구를 만드는데도 불의 열기를 이용하는 등, 불은 인간 삶의 모든 영역에서 활용되어 왔습니다. 지금까지 인간의 문명은 바로 불의 문명이라고 할 수 있을 정도입니다.

동시에 불은 잘 사용하지 않으면 각종 사고를 일으킬 수 있습니다. 화재가 일어나 주거시설을 태우며 인명까지 상하게도 하고, 불을 이용하여 생업을 하는 과정에서도 인체가 상하는 재해를 입을 수 있습니다. 음식을 익혀 먹는 과정에서도 잘못하면 음식을 태워버리거나, 크고 작은 화상을 입게 됩니다.

그럼에도 불구하고 불의 안전한 사용법을 널리 전수해 가면서 인간을 이롭게 하도록 하는데 광범위하게 활용하도록 해 온 것이 인류의 역사입니다.

인류는 마찬가지로 불의 열기를 직접 또는 간접으로 이용하여 인간의 생명과 건강을 지키는 요법으로도 활용해 왔습니다.

뜸의 경우는 혈자리에 온열을 가하여 병을 치료하는 경우도 있지만 직접 피부에 약한 화상을 입혀서 거기서 생기는 생체기전을 활용하여 병을 치료하기도 해 왔습니다.

『동의보감』에는 뜸자리가 헐어서 곪도록 해야 효과를 볼 수 있는 경우는 '뜸자리를 헐게 하는 법'도 소개되어 있고, '헌데를 아물게 하는 법'도 전해주고 있습니다. 고전을 현대사회에 그대로 적용해서도 안 되겠지만 고전에서 전해오는 뜸의 치료기전을 살펴보면 단순히 뜸자리에 흔적이 남는다고 하여 모두 부작용이라고 볼 수는 없습니다.

한의사들은 60년 동안이나 제도권에서 침구를 독점적으로 사용해 왔다고 하면서도 일반 국민들이 온열을 이용하여 건강 관리하는 것을 못하게 하는 방향으로만 활동을 해 왔습니다. 그러나 온열을 건강관리에 이용하려는 사람들의 활동은 멈추지 않고 더욱 손쉽게 활용할 수 있는 방향으로 뜸요법 기구를 발전시켜 나가고 있습니다.

면면히 전해 내려온 전통요법인 뜸은 국민들의 생활 깊숙이 자리를 잡고 있습니다. 각종의 뜸기구와 뜸봉 등이 시중에서 널리 판매되고 있습니다. 인터넷에 뜸봉, 뜸기, 쑥뜸 등으로 검색하면 수많은 뜸요법 기구들을 확인할 수 있습니다. 또한 이들 뜸 관련 제품들은 건강과 관련한 하나의 산업으로 자리를 잡고 있습니다.

열을 발생시키는 기술이 발전하여 언제 어디서나 온열을 이용할 수 있고, 핫팩 등 휴대용 발열기구까지 생산되면서 뜸요법 관련 영역은 전면적으로 일반화 되고 있습니다. 이들 발열기구들을 일반인들이 잘 활용하도록 안내하는 것도 주요한 영역입니다.

한의사협회는 핫팩 같은 것도 화상을 입을 수 있으니 한의원에서 해야 한다고 주장할지 모릅니다. 그러나 뜸쑥을 포함하여 열을 이용한 건강 관련 제품들은 중국과 일본에서 더욱 다양하게 이용되고 있으며 이것은 그만큼 안전하고 효과가 좋다는 반증이기도 합니다. 이렇게 문명의 변화는 거스를 수 없을 것입니다.

뜸의 치료기전을 정확히 이해하고, 현대에 맞게 적절한 뜸법을 숙련하여 구사하는 일은 한의사가 아니라 침구사의 영역입니다. 그리고 일반인들이 뜸이나 온열을 이용하여 부작용을 일으키지 않도록 하며 건강관리를 할 수 있도록 안내하고 계도하는 것도 침구사가 해야 할 일이 될 것입니다.

뜸은 바로 불을 사용하는 지혜의 하나로 발전해 온 것입니다. 인류가 모든 영역에서 불을 사용하는 지혜를 발전시켜온 것과 마찬가지로 뜸요법 또한 그러한 것이기 때문에 특정집단이 사사로이 독점하려고 하는 것은 가능하지도 않고 그렇게 되어서도 안 됩니다.

그래서 앞선 의견서에도 밝혔듯이 이미 간접뜸은 무죄판결이 여러 차례 있었고, 쌀알 반톨 정도 크기의 뜸봉으로 하는 직접뜸도 무죄로 확정판결이 있었습니다.

그런데도 한의사협회는 누가 어떤 경위에 의해 일어난 화상인지도 모를 자극적이기만 한 화상 사진을 올려놓고는 이런 화상을 입을 수 있으니 뜸은 한의사들이 독점을 해야 한다고 또 다시 주장합니다.

이런 자료를 뜸의 부작용이라고 하며 한의사들 자신들만 뜸을 해야 한다고 하면 음식을 조리하다가 물이나 불에 화상을 입는 경우가 있으니 집에서 불을 이용한 음식준비를 하지 말라고 하는 것과 같은 논리가 될 것입니다.

일반인들이 열을 이용할 때는 항상 열기가 과도하면 여러 가지 증상이 생길 수 있으니 불(열기)를 사용할 때는 항상 주의하도록 하고, 안전하고 효과적으로 열기를 이용하는 방법을 안내하고, 계도해야 할 필요가 있을 것입니다. 이런 점에서 직접 또는 간접의 열기를 이용하여 건강관리를 해온 지혜를 전수 받고, 손으로 그 방법을 제대로 숙달하고 익힌 침구사 양성이 오히려 필요하다고 생각됩니다.

나. 침구사는 침술로 화상을 치료할 수도 있습니다.

인간이 불을 사용하는 과정에서 입을 수 있는 화상을 침으로 치료할 수도 있습니다.

MBC스페셜 의학 대발견 (2001.8.31.방영) '왜 침인가-제1부 신비인가 과학인가'라는 제목의 다큐멘터리 첫머리에는 화상을 침으로 치료하는 사례를 소개합니다.[참고자료2-1. 〈MBC스페셜 의학 대발견-왜 침인가〉 2001.8.31-제1부 신비인가 과학인가']

이 다큐멘터리에 등장한 실제 화상을 입은 아이와 그 부모는 화상을 침으로 치료한 뒤에 화상 입은 분들이 침으로 치료받을 수 있도록 널리 알려야 한다며 편지까지 보내 왔습니다.

화상침 치료법은 현대 의료진과 협력하여 침술의 화상치료 기전에 관한 동물실험을 했습니다. 한양대 의대 해부, 세포생물학교실 백두진 교수팀이 정통침뜸연구소의 연구의뢰로 '화상으로 인한 흰 쥐의 상처에 대한 침자극 효과'를 조사, 분석하고 "침의 자극이 피부에서 세포 밖 바탕질 형성 초기에 필수적인 TGF-β의 생성과 소멸을 촉진시키고 EGF의 소멸을 촉진시킴으로써 화상치유과정을 증진시키는 것으로 결론을 내릴 수 있다"고 밝히고 또 "침의 자극은 화상초기에 섬유결합소, 제1형 아교질의 생성을 증진시킴으로써 화상치유를 촉진시키는 것으로 생각되었다"고 발표했습니다.[참고자료2-2 "침의 자극이 흰쥐 피부의 화상치유과정에서 섬유결합소와 아교질, 라미닌의 발현에 미치는 영향" 2003.3, 27 대한체질인류학회지]

화상침 치료법을 개발한 김남수 침구사는 현대의료 현장에서 침술이 화상치료에 활용될 수 있기를 바랐으나 우리나라에서는 제도적으로 막혀 있어서 의사도 침 시술을 할 수 있는 북한과 학술교류를 했습니다. 이에 따라 2004년 평양에서 남북한의 침구인들이 참석한 가운데 학술토론회를 마련하고, 침구사 김남수 뜸사랑 회장은 자신이 개발한 화상침 치료법을 소개했습니다.

[참고자료2-3 "남북 침뜸교류 '물꼬' 튼다" - 오마이뉴스 2003.08.28

[참고자료2-4 "남북 함께 우리의술 세계 으뜸으로 만들자 ... 평양 제1회 통일침뜸학술토론회 참가기" 2004.03.08. 통일뉴스]

화상을 침으로 치료하는 방법이 있고, 그 기전에 대한 연구까지 이루어졌으나 침구사가 양성되지 않고, 전통의학과 현대의학이 서로 넘나들지 못하게 이원화 된 상황에서 화상환자가 찾아오는 현대의료현장에 화상침 치료법이 시행되지 못해 안타까운 실정입니다.

4. 해외 침구사들의 활동

한의사협회는 한국의 침구사가 필리핀에서 의료사고를 일으킨 사건 수사자료 하나를 제시하며 침소봉대하여 해외에서 활동하는 한국 침구사의 해외 활동을 폄훼하려고 합니다. 더구나 이 의료사고를 일으킨 당사자는 중국에서 발행한 중의사 자격을 가지고 있었던 것으로 보아 침구사라기보다는 한의사에 가까운 직역입니다.

해외에서 한국의 침구인들이 존경을 받으며 선행을 베푸는 사례는 꼽을 수 없을 정도로 많습니다. 한국 침구인들이 해외에 나가 얼마나 훌륭하게 활동하는지는 알 수 있는 자료 몇 가지를 우선 첨부합니다.

한의사협회에서 침소봉대하기 위해 제시한 사건이 있었던 바로 그곳 필리핀에서 한국 침구인들이 무료봉사활동하는 모습을 필리핀방송GNN에서 여러 차례 취재하여 소개한 바 있습니다. 뿐만 아니라 교도소에 가서 무료침뜸봉사를 해 준 것에 대해 그 곳의 교정국에서 감사편지를 보내오기도 했습니다.

[참고자료]

2-5. 〈한국 침구인 필리핀의사협회와 공동 봉사활동〉 필리핀방송 GNN보도 2018.11.9.

2-6. 〈한국 침구사 김남수 침뜸봉사팀 필리핀 활동〉 필리핀방송 GNN보도 2016.12.10

2-7. 필리핀 엥헬레스 교정국에서 보내온 2019년 의료봉사활동에 대한 감사편지 및 번역문.

KBS TV에서 2004년 한민족리포트에 소개된 '침놓는 사부님, 스페인 신현승'이라는 제목으로 소개된 사례입니다. 신현승 씨는 태권도 사범으로 1977년에 스페인으로 가서 카나리아 군도 테네리페에서 태권도도 가르치고, 침술로 지역민들의 건강도 돌보면서 스페인 국민들에게 침술을 전파하는 역할을 해 왔습니다.

이역만리 타국에서 훌륭한 일을 하고, 한국 원양산업 개척지인 그곳 카나리아제도에 한국인 원양어선의 선원들을 추모하는 위령탑을 건립하기도 하여 공원의 이름까지 '한국광장'이라고 명명하기에 이르도록 했습니다.

[참고자료2-8. 〈침놓는 사부님, 스페인 신현승-한민족리포트〉 KBS TV에서 2004년 외]

태권도 사범으로 스페인으로 가서 현재 바르셀로나에서 침술원을 운영하는 송달용 스페인 침구협회 회장은 그 지역 사람들에게 침구술 전파하고 있는데, 한국에 침구사제도가 시행되지 않고 있어서 대단히 안타깝다고 합니다.

[참고자료]

2-9. "스페인 침구협회 회장은 한국인입니다" 2019.10.07. 오마이뉴스

2-10. "한국 고급인력 대체의학으로 해외에 진출하길-마드리드 한인회장 이병민 인터뷰" 2012.06.13. 월드코리안뉴스

침구를 배워서 해외에서 무료봉사를 하며 국위를 선양하는 사례도 다양합니다. 젊은

시절에는 독일광부로 갔던 정일교 선생은 나이 70이 넘어서도 인생2막을 침구술을 배워 미얀마의 가난하고 병든 사람들을 고쳐주는 선행을 하고 있으며 이 내용이 지역방송에서도 방영된 바도 있습니다.

[참고자료2-11. "미얀마에서 온 편지-6 양곤주 따바와 명상센터의 한국 선생님" 여성경제신문 2020.09.28.]

이렇게 국내에서는 무시당하고 배제되고 있지만 해외에서는 일찍이 한국 침구인들의 명성이 널리 알려져 있었습니다.

동양의 전통의술 침뜸은 70년대까지만 해도 한국이 침술의 종주국이라고 세계가 인정해 왔습니다. 1963년 대만에서 개최된 국제침구대회 때는 회장인 중국(대만)대표 오혜평(吳惠平)씨도 개회사에서 "침술의 본고장은 한국"이라고 했습니다.

동아시아지역 전통의술의 핵심인 침구술은, 한중일 3국 중에서 한국이 으뜸으로 꼽혔습니다. 한국의 태권도 사범으로 해외에 나갈 때도 침술을 배워 나가 스페인을 비롯한 여러 나라에서 한국 침술이 주류를 이뤘습니다.

1974년에는 중동지역의 여러 국빈들이 박정희 대통령을 예방할 때 침구사를 보내줄 것을 희망하여 박정희 대통령이 그 방안을 연구하라는 지시를 내린 바 있습니다. 이에 따라 외무부의 요청으로 당시 재야침구단체인 한국침술연합회 이우관 회장이 만든 '침술에 관한 현황 개요'라는 문서에 한국의 침구인들이 미국, 캐나다, 브라질 , 파라과이, 우루과이, 베네수엘라, 아르헨티나, 칠레, 괌도 등지에서 100여명 정도가 현하 성업 중으로 문전성시의 성업 중에 있다고 전했습니다.

[참고자료2-12『수난의 역정-침구술의 법제화를 위하여』318~329 침술연합신문(주) 2008년 증보판 중에서 '중동에서 침술요청 침구인의 인력수출 검토']

70년대 초에 해외 한국침구인 수가 100여명 정도로 추정되고 있었는데, 지금은 스페인만 해도 한국 침구인들이 300여명에 이른다고 하니 전 세계에 나가있는 한국 침구인들의 수는 적어도 수천 내지 1만 명이 넘을 것으로 추산됩니다.

한국의 침구인들이 해외에서는 침구사라는 직업 선택의 자유를 누리며 보람된 삶을 영위하고 있습니다. 그런데 국내에서는 침구사라는 직업선택의 자유가 봉쇄되고 있습니다.

오늘날 우리 사회는 과거에 화려했던 직업이 사라지기도하고, 어느 때보다도 다양한 직업들이 새로 창출되고 있습니다. 과거에 없었던 직업들도 무수히 생겨나서 우리 국민들은 원하기만 하면 그에 따른 직업을 선택하여 행복을 추구하며 살고 있습니다. 그리고 대한민국은 그 직업이 특별한 사회적 문제가 없으면 이를 보장하고, 일자리를 늘려야하는 차원에서도 적극 장려합니다.

침구사라는 직업은 수 백 년 동안 동아시아의 전통사회에서 존속해 오면서 훌륭한 역할을 해 왔고, 세계 각국으로 전파되어 침구사라는 직업이 훌륭한 직종으로 각광받고 있습니다. 그런데 왜 대한민국에서는 유독 침구사라는 직업에 대해서만 직업선택의 자유가 허용되지 않을까요?

국민이 어떤 자유를 요구하는데 이를 반대하는 집단이 있다면 이는 그 집단이 겉으로 내세우는 것과는 달리 국민의 자유를 억압함으로써 얻은 기득권이 있기 때문일 것입니다. 그 기득권을 보존하는 것이 국민의 직업선택의 자유보다 과연 우선하는지를 먼저 살펴야 할 것입니다. 이 점을 잘 살펴서 오랜 세월 사회적으로 무시되고 배제되어온 침구인들이 직업 선택의 자유를 누릴 수 있도록 해 주시길 바랍니다.

5. 대한민국 침구의 광복을 기다리며

한의사협회의 주장은 우리나라에서는 침구사를 양성할 필요가 없고 60여년간 해 왔던 것처럼 무면허 침구행위를 그냥 계속 단속만 하자는 것입니다. 청구인들은 침구가 전통의학이라고 하더라도 현대의학적 이해까지 검정한 공인된 침구사 자격제도를 시행해야 한다는 것입니다.

침구사가 제도권에서 배제된 데는 여러 가지 요인이 있었겠지만 가장 큰 요인 중의 하나가 한의사협회의 진입방해라고 할 수 있습니다. 진입방해는 독점규제 및 공정거래에 관한 법률(약칭: 공정거래법) 제3조의2(시장지배적지위의 남용금지)에 '다른 사업자의 사업 활동을 부당하게 방해하는 행위'와 '새로운 경쟁사업자의 참가를 부당하게 방해하는 행위' '부당하게 경쟁사업자를 배제하기 위하여 거래하거나 소비자의 이익을 현저히 저해할 우려가 있는 행위' 등을 하지 못하도록 규정하고 있습니다.

그런데 그동안 한의사집단은 침구사라는 직역이 제도권에서 자리 잡는 것 자체를 집요하게 방해해 왔습니다.

일제가 조선을 지배하기 시작하여 30여년이 흐르는 동안 한반도와 이 나라 백성들을 완전히 일본의 일부로 만들기 시작했고, 수많은 지식인들조차도 그렇게 될 것이라 생각하고 친일에 앞장섰다고 합니다.

침구인들이 자신들의 정체성을 부정당하기 시작한 지는 60년에 이르고 있습니다. 침구인들을 제도권에서 배제하고 법률적으로 차별하며 60여년의 세월이 흐르는 동안 한의사협회가 기득권 집단이 되어 침구사라는 직역을 이 나라 역사에서 영원히 사라지게 하려고 해 왔습니다.

이번 헌법재판소의 판결 여하에 따라 면면이 이 나라 침뜸의 맥을 이어온 침구인들이 대한민국에서는 한 차례도 제도권으로 진입할 기회를 갖지 못한 채, 한의사협회가 바라는 대로 그렇게 사라질 수도 있을 것입니다. 지금 헌법소원을 청구한 1천명에 이르는 침구인들을 포함하여 수많은 재야침구사들은 아무도 돌보지 않는 권리를 간간이 주장하다 마침내는 자신들의 정체성을 숨기고 나라 없는 식민지 백성들처럼 한숨 속에서 살아가다 없어질 수도 있다는 것입니다.

차별은 평등을 파괴하여 강자와 약자를 만들고, 강자는 이권을 독점하고 약자에게 각종의 인권침해를 하게 됩니다. 이런 잘못된 구조가 침뜸을 둘러싸고 지금도 계속되고 있다는 사실을 다시 한 번 말씀드립니다.

침뜸을 둘러싼 국가의 정책이 불평등과 불합리와 부조리를 야기한 역사적 과정을 통찰하고, 정책적 차별구조를 철폐하여, 인권침해가 더 이상 일어나지 않도록 해 주시기를 바랍니다. 이렇게 하여 전통문화를 사랑하는 사람들끼리 서로 싸우지 않고, 민족의 생명건강문화인 침뜸으로 새로운 한류를 이끌어 내며 널리 인간을 이롭게 하는 홍익인간을 실현할 수 있도록 하여 주시길 간절히 바랍니다.

2021. 1.

청구인들의 대리인
법무법인(유) 현
담당변호사 김 승 대
담당변호사 강 찬 우

헌법재판소 귀중

참고자료 목록

[참고자료 1]

1-1. 『허임-조선의 침구사』 침의가 있었네 173-189 "소신 허준은 침놓는 법을 모릅니다" 사단법인 허임기념사업회 2017

1-2. 『수난의 역정-침구술의 법제화를 위하여』 50-69 이우관 편저, 침술연합신문(주) 2008년 증보판

1-3. "미국에서의 침구 발전 최신 현황" 한의신문 2017. 3. 13

1-4. "침 맞다가 쓰러진 환자 방치한 한의원" YTN 2018년 05월 06일

1-5. "한의원서 12cm 장침 맞다가…호흡 곤란 사망" MBC-뉴스투데이 2018.04.23

1-6. "침 시술 후 또 '기흉' ... 한의원서 어깨 침 시술 받고 호흡곤란 흉통 ..." 의협신문 2020.12.17.]

1-7. "9cm 장침으로 폐 찔러 노인 숨지게 한 한의사, 항소심서 '유죄'" 조선일보 2020.12.10

1-8. "봉침 사망 사건' 한의사 4억여 원 손해배상 이어 형사처벌" 연합뉴스 2020.05.25.

1-9. "부항 떴다가 세균감염... 한의원 갔다가 사망한 보디빌더" 매일안전신문 2020.10.28.

1-10. "당뇨환자 침시술 받다 발가락 괴사… 한의사에 벌금형" 연합뉴스 2013.12.19.

1-11. "뜸치료 의사에게 상담 말라던 한의사... 화상입히고 적절한 치료 안해 벌금 300만원..." 메디게이트뉴스 2020.09.11.

1-12. "한의원 불법 의료행위···마취제 맞은 환자 뇌사" 데일리메디 2017.03.17

1-13. "80대 노인 허리에 침 맞고 다발성 농양 '충격...한의사들, 환자 감염 상황 전혀

알지 못해..." 의협신문 2013.05.30.

1-14. "침 맞은 뒤 농양 부작용…법원 '한의사, 주의소홀 배상책임'" 연합뉴스 2016.10.13.

1-15. "한의사 10명 중 1명 ... 병원 내 감염 경험했다" 중앙일보 2020.09.11

1-16. "한의사 뒤치다꺼리 하기 바쁜 의사들... 황당한 의료사고 내기 일수, 환자들만 골탕" 메디게이트뉴스 2016.09.30. 등

1-17. 〈1999~2005 한의약 관련 의료분쟁 실태조사 결과〉 한국소비자보호원

1-18. 〈2019 의료분쟁 조정중재 통계연보〉 한국의료분쟁조정중재원

1-19. "한방의료기관 의료사고 증가 추세" 2007.12.28. 민족의학신문

1-20. "약침학회 불법제조사건 8년 만에 '징역형' 종지부- 제조업 허가 안 받은 채 5년간 불법 제조...전국 2200개 한의원에 약침액 386만cc 판매"약침학회 불법제조사건 8년 만에 '징역형' 종지부" 의협신문 2020.11.2.

1-21. "법원은 왜 암환자에 산삼약침 주사한 한의사에 '실형' 선고했나" 청년의사 2020.12.16.

1-22. " 위험천만 '가짜 비아그라' 한약" 2008.2.13. KBS

1-23. "한약에 스테로이드 성분 넣어 판매한 한의사 적발" 2019.04.02. 메디게이트뉴스

1-24. "최근 5년간 전국 한의원에 프로포폴 등 마약류 17억 어치 납품" 2018.10.29. 메디컬투데이

1-25. "한의원 5773곳에 5년간 전문의약품 360만 개 흘러 들어가" 2020.08.21. 의협신문

1-26. "허위 진료기록부로 보험금 33억 가로챈 한의사 구속" 2018.10.25. 연합뉴스

1-27. "환자 수 부풀려 요양급여 3억9천만 원 가로챈 한의사 구속" 2020.06.24. 연합뉴스

1-28. "환자수 1만7000여 명 부풀려 건강보험공단에 요양급여비 허위 청구한 한의사 구속...요양급여비 허위청구해 3억9000만 원 받아 챙긴 혐의" 2020.6.4. 인천일보

1-29. "한의사들 '가짜 환자' 만들어 2억 원 빼돌려"2018.6.26. 의협신문

1-30. “한의사가 ‘노인 알바 모집’ 요양급여 빼먹어...기초수급 1051명 유인 개인정보 빼돌려 3억여 원 허위 청구,,,면허 빌려 148억 보험급여 받은 ‘사무장 병원’도 적발” 2014.3.31. 경향신문

1-31. “안양시 만안경찰서, 한방병원 보험사기 피의자 2명 구속” 2018.10.25. 안양신문

1-32. “어느 한의원의 달콤한 유혹...고가 첩약 남발, 결국 보험료 인상으로” 2016.08.22. 청년의사

1-33. “한방 '과잉치료'…0~3세 보험금 청구 9개월간 1만2천 건”연합뉴스 2020.01.09.

1-34. “돌도 안 지난 아기에 뜸·부항 시술···의료계 '아동학대나 마찬가지” 2020.01.10. 의사신문

1-35. “접촉사고에도 뜸·경락·부황·약침까지…보험사 `한숨`” 2021.01.11. 매일경제

1-36. “한방병원 자보환자 과잉진료 심각, 2017년 5631억” 2019.01.16. 데일리메디

1-37. “車사고 당했죠, 침·부항·추나·한약 풀세트 하시죠” 2019.08.06. 조선일보]

1-38. “공짜 첩약 가져가세요” 과잉 한방진료에 차보험 몸살 2020.5.4. 대한금융신문

1-39. “한방병원 과잉진료로 진료비 폭증” 전문가 보고서 나와 2020.08.12. 중부일보

1-40. “보험 사기 사각지대 한방병원… '가짜 환자' 뷔페식까지” 2017.6.6. 조선일보

1-41. “보험사기 기승… 한방병원서 무슨 일이” 2017.12.17. 한국경제

1-42. “사무장 한방병원 개설해 139억 편취한 사무장과 한의사 구속” 2017.04.29. 청년의사

1-43. “허위 진단서·입퇴원 확인서로 6억 편취한 한의사, 징역형” 2019.06.21. 청년의사.

[참고자료 2]

2-1. 〈MBC스페셜: 의학 대발견- 왜 침인가〉 2001.8.31. 제1부 ‘신비인가 과학인가’ 및 화상침치료 관련 자료

2-2. "침의 자극이 흰쥐 피부의 화상치유과정에서 섬유결합소와 아교질, 라미닌의 발현에 미치는 영향" 2003.3, 27 대한체질인류학회지

2-3, 남북 침뜸교류 '물꼬' 튼다 오마이뉴스 2003.08.28

2-4. "남북 함께 우리의술 세계 으뜸으로 만들자 ... 평양 제1회 통일침뜸학술토론회 참가기" 2004.03.08. 통일뉴스

2-5. 〈한국 침구인 필리핀의사협회와 공동 봉사활동〉 필리핀방송 GNN보도 2018.11.9.

2-6. 〈한국 침구사 김남수 침뜸봉사팀 필리핀 활동〉 필리핀방송 GNN보도 2016.12.10

2-7. 필리핀 엥헬레스 교정국에서 보내온 2019년 의료봉사활동에 대한 감사편지 및 번역문.

2-8. 〈침놓는 사부님, 스페인 신현승-한민족리포트〉 KBS TV에서 2004년

2-9. "스페인 침구협회 회장은 한국인입니다" 2019.10.07. 오마이뉴스

2-10. "한국 고급인력 대체의학으로 해외에 진출하길-마드리드 한인회장 이병민 인터뷰" 2012.06.13. 월드코리안뉴스

2-11. "미얀마에서 온 편지-6 양곤주 따바와 명상센터의 한국 선생님" 여성경제신문 2020.09.28.

2-12 『수난의 역정-침구술의 법제화를 위하여』 318~329 침술연합신문(주) 2008년 증보판 중에서 '중동에서 침술 요청 침구인의 인력 수출 검토'.

[참고판결문1]

2010년 헌법재판소 결정문 및 판결 관련 기사

(2008헌가19 등)

2010년 헌법재판소 결정문

헌법재판소 결정(2008헌가19 등)

사 건 2008헌가19, 2008헌바108, 2009헌마269 · 736, 2010헌바38, 2010헌마275(병합) 구 의료법 제25조 제1항 위헌제청 등

제청법원 부산지방법원

제청신청인 김○만

대리인 변호사 황종국

청구인

1. 구○서(2008헌바108)
2. 최○영(2008헌바108)

   청구인 1, 2의 대리인 변호사 김진, 진선미

3. 김○출 외 600(2009헌마269)
4. 구○근(2009헌마736)

   청구인 3, 4의 대리인 변호사 박태원

5. 원○호(2010헌바38)

   국선대리인 변호사 김오섭

6. 이○우 외 217(2010헌마275)

   대리인 법무법인 와이비엘

   담당변호사 송병주

   (위 3., 6., 청구인들 명단은 별지목록과 같음)

   당 해 사 건

1. 부산지방법원 2008고정1344 의료법위반(2008헌가19)

2. 대법원 2007도2194 보건범죄 단속에 관한 특별조치법위반(부정의료업자)(2008헌바108)
3. 대법원 2009도8592 보건범죄 단속에 관한 특별조치법위반(부정의료업자)(2010헌바38)

주 문

1. 구 의료법 제66조 제3호 중 제25조 제1항 본문의 전단에 관한 부분(1994. 1. 7. 법률 제4732호로 일부 개정되고 2007. 4. 11. 법률 제8366호로 전부 개정되기 전의 것), 의료법 제81조 제1항(2007. 4. 11. 법률 제8366호로 전부 개정된 것), 비의료인도 침구술 및 대체의학 시술을 할 수 있도록 그 자격 및 요건을 법률로 정하지 아니한 입법부작위에 대한 각 심판청구를 모두 각하한다.

2. 의료법 제27조 제1항 본문의 전단 부분 및 제87조 제1항 제2호 중 제27조 제1항 본문의 전단에 관한 부분(각 2007. 4. 11. 법률 제8366호로 전부 개정된 것), 구 의료법 제25조 제1항 본문의 전단 부분(1975. 12. 31. 법률 제2862호로 일부 개정되고 2007. 4. 11. 법률 제8366호로 전부 개정되기 전의 것), '보건범죄단속에 관한 특별조치법' 제5조 중 의료법 제27조 제1항 본문의 전단에 관한 부분(2007. 4. 11. 법률 제8366호로 일부 개정된 것), 구 '보건범죄단속에 관한 특별조치법' 제5조 중 의료법 제25조 제1항 본문의 전단에 관한 부분(1990. 12. 31. 법률 제4293호로 일부 개정되고 2007. 4. 11. 법률 제8366호로 일부 개정되기 전의 것)은 각 헌법에 위반되지 아니한다.

3. 나머지 심판청구를 모두 기각한다.

이 유

1. 사건의 개요와 심판의 대상

가. 사건의 개요

(1) 2008헌가19 사건

제청신청인은 의료인이 아님에도 불구하고, 2005. 7. 중순경부터 2007. 9. 14.경까지 약 1,000여명의 환자를 대상으로 침, 뜸 시술 등 무면허 의료행위를 하였다는 이유로 기소되어, 재판 계속 중 무면허 의료행위를 금지한 의료법 조항에 대하여 위헌법률심판제청을 신청하였고, 제청법원은 2008. 7. 7. 의료법 제27조 제1항 본문의 전단 부분(2007. 4. 11. 법률 제8366호로 전부 개정된 것)은 과잉금지원칙에 반하여 환자의 생명권, 건강권, 치료받을 권리 및 의료제공자의 행복추구권 등을 침해하고 죄형법정주의에도 위반되어 위헌이라고 인정할 만한 상당한 이유가 있다고 하면서 이에 대하여 위헌제청결정을 하였다.

(2) 2008헌바108 사건

청구인들은 의사가 아니면서 영리를 목적으로, 1996.경부터 2005. 8. 24.까지 ○○자기원에서 혈자리에 자석을 부착하였다가 일정한 시간이 지나면 떼어주는 방법으로 시술행위를 하고 그 대가로 환자 1인당 1개월에 300,000원 상당을 교부받아 의료행위를 업으로 하였다는 이유로 보건범죄단속에관한특별조치법위반(부정의료업자)으로 기소되어 유죄판결을 받고, 상고심 계속 중 구 의료법(2007. 4. 11. 법률 제8366호로 전부 개정되기 전의 것) 제25조 제1항 본문의 전단 부분, 제66조 제3호 중 제25조 제1항 본문의 전단에 관한 부분, 구 '보건범죄단속에 관한 특별조치법'(2007. 4. 11. 법률 제

8366호로 개정되기 전의 것) 제5조 중 구 의료법 제25조 제1항 본문의 전단 부분 및 "의료행위" 부분에 대하여 위헌법률심판제청신청을 하였으나 기각되자, 2008. 9. 18. 위 조항들에 대한 위헌확인을 구하는 이 사건 헌법소원심판을 청구하였다.

(3) 2009헌마269 사건

청구인들은 침구술을 비롯한 대체의학을 시술하고자 하는 자인바, 의료법 제27조 제1항과 제87조 제1항 제2호가 의료인이 아니면 의료행위를 할 수 없도록 하고 이를 위반한 경우 형사처벌하도록 하고 있는 것 및 일정한 영역에서 의료에 관한 지식과 기능을 가지고 있지만 국가가 인정하는 의료인의 자격을 갖추지 못한 자(이하 '비의료인'이라 한다)도 침구술 및 대체의학 시술을 할 수 있도록 제도를 마련하지 않은 것이 청구인들의 직업선택의 자유를 침해한다는 등의 주장을 하면서 2009. 5. 19. 위 조항들 및 입법부작위의 위헌확인을 구하는 이 사건 헌법소원심판을 청구하였다.

(4) 2009헌마736 사건

청구인은 한의사가 아니면서 2009. 12. 10.경 건부항 시술 등의 의료행위를 하였다는 이유로 단속된 자인바, 한의사가 아닌 자의 한방의료행위를 금지하는 '보건범죄단속에 관한 특별조치법' 제5조 및 의료법 제27조 제1항이 직업선택의 자유 등을 침해한다고 주장하면서 2009. 12. 18. 그 위헌확인을 구하는 이 사건 헌법소원심판을 청구하였다.

(5) 2010헌바38 사건

청구인은 한의사가 아니면서 2007. 4.경부터 2008. 4. 17.경까지 영리 목적으로 환자들을 상대로 침을 놓아주고 그 대가로 1~2만원을 받는 방법으로 한방의료행위를 업으로 하였다는 이유로 보건범죄단속에관한특별조치법위반(부정의료업자)으로 기소되어 유죄판결을 받고 상고심 계속 중 '보건범죄단속에 관한 특별조치법' 제5조 및 의료법

제27조 제1항 본문의 전단 부분에 대하여 위헌법률심판제청신청을 하였으나 기각되자, 2010. 1. 12. 위 조항들의 위헌확인을 구하는 이 사건 헌법소원심판을 청구하였다.

(6) 2010헌마275 사건

청구인들은 대체의학에 관심을 가지고 특히, 침구학을 배워 일반인들에게 시술하려는 자들로서, 일부 청구인들은 중국 침구사 자격을 취득한 자들이고, 나머지 청구인들은 침구사 자격이 없는 자들이다. 청구인들은 의료법상 의료인이 아닌 자도 침구술을 포함한 대체의학을 업으로 할 수 있도록 그 자격 및 요건을 법률로 정하지 아니한 입법부작위가 인간의 존엄과 가치, 신체의 자유, 국가의 기본권 보장의무, 국민보건보호의무규정에 근거한 국민의 보건권을 침해하여 헌법에 위반된다고 주장하면서 2010. 4. 29. 위 입법부작위의 위헌확인을 구하는 이 사건 헌법소원심판을 청구하였다.

나. 심판의 대상

이 사건 심판의 대상은 의료법 제27조 제1항 본문의 전단 부분, 제81조 제1항 및 제87조 제1항 제2호 중 제27조 제1항 본문의 전단에 관한 부분(각 2007. 4. 11. 법률 제8366호로 전부 개정된 것), 구 의료법 제25조 제1항 본문의 전단 부분(1975. 12. 31. 법률 제2862호로 일부 개정되고 2007. 4. 11. 법률 제8366호로 전부 개정되기 전의 것), 구 의료법 제66조 제3호 중 제25조 제1항 본문의 전단에 관한 부분(1994. 1. 7. 법률 제4732호로 일부 개정되고 2007. 4. 11. 법률 제8366호로 전부 개정되기 전의 것), '보건범죄단속에 관한 특별조치법' 제5조 중 의료법 제27조 제1항 본문의 전단에 관한 부분(2007. 4. 11. 법률 제8366호로 일부 개정된 것), 구 '보건범죄단속에 관한 특별조치법' 제5조 중 의료법 제25조 제1항 본문의 전단에 관한 부분(1990. 12. 31. 법률 제4293호로 일부 개정되고 2007. 4. 11. 법률 제8366호로 일부 개정되기 전의 것), 비의료인도 침구술 및 대체의학 시술을 할 수 있도록 그 자격 및 요건을 법률로 정하지 아니한 입법부작위의 위헌여부이고, 심판대상조항 및 관련조항의 내용은 다음과 같다.

[심판대상조항]

의료법(2007. 4. 11. 법률 제8366호로 전부 개정된 것)

제27조(무면허 의료행위 등 금지) ① 의료인이 아니면 누구든지 의료행위를 할 수 없으며 의료인도 면허된 것 이외의 의료행위를 할 수 없다.

제81조(의료유사업자) ① 이 법이 시행되기 전의 규정에 따라 자격을 받은 접골사, 침사, 구사(이하 "의료유사업자"라 한다)는 제27조에도 불구하고 각 해당 시술소에서 시술을 업으로 할 수 있다.

제87조(벌칙) ① 다음 각 호의 어느 하나에 해당하는 자는 5년 이하의 징역이나 2천만원 이하의 벌금에 처한다.

2. 제12조 제2항, 제18조 제3항, 제23조 제3항, 제27조 제1항, 제33조제2항(제82조 제3항에서 준용하는 경우를 포함한다)을 위반한 자

구 의료법(1975. 12. 31. 법률 제2862호로 일부 개정되고 2007. 4. 11. 법률 제8366호로 전부 개정되기 전의 것) 제25조(무면허의료행위등 금지) ① 의료인이 아니면 누구든지 의료행위를 할 수 없으며 의료인도 면허된 이외의 의료행위를 할 수 없다.

구 의료법(1994. 1. 7. 법률 제4732호로 일부 개정되고 2007. 4. 11. 법률 제8366호로 전부 개정되기 전의 것) 제66조(벌칙) 다음 각 호의 1에 해당하는 자는 5년 이하의 징역 또는 2천만원 이하의 벌금에 처한다.

3. 제12조 제2항, 제18조의2 제3항, 제21조의2 제3항, 제25조 제1항, 제30조제2항(제61조 제3항에서 준용하는 경우를 포함한다)의 규정에 위반한 자

보건범죄단속에 관한 특별조치법(2007. 4. 11. 법률 제8366호로 일부 개정된 것) 제5조(부정의료업자의 처벌) 의료법 제27조의 규정을 위반하여 영리를 목적으로 의사가 아닌 자가 의료행위를, 치과의사가 아닌 자가 치과의료행위를, 한의사가 아닌 자가 한

방의료행위를 업으로 한 자는 무기 또는 2년 이상의 징역에 처한다. 이 경우에는 100만원 이상 1천만원 이하의 벌금을 병과한다.

구 보건범죄단속에 관한 특별조치법(1990. 12. 31. 법률 제4293호로 일부 개정되고 2007. 4. 11. 법률 제8366호로 일부 개정되기 전의 것) 제5조(부정의료업자의 처벌) 의료법 제25조의 규정을 위반하여 영리를 목적으로 의사가 아닌 자가 의료행위를, 치과의사가 아닌 자가 치과의료행위를, 한의사가 아닌 자가 한방의료행위를 업으로 한 자는 무기 또는 2년 이상의 징역에 처한다. 이 경우에는 100만원 이상 1천만원 이하의 벌금을 병과한다.

[관련조항]

의료법(2007. 4. 11. 법률 제8366호로 전부 개정된 것)

제1조(목적) 이 법은 모든 국민이 수준 높은 의료 혜택을 받을 수 있도록 국민의료에 필요한 사항을 규정함으로써 국민의 건강을 보호하고 증진하는 데에 목적이 있다.

제2조(의료인) ① 이 법에서 "의료인"이란 보건복지부장관의 면허를 받은 의사·치과의사·한의사·조산사 및 간호사를 말한다.

② 의료인은 종별에 따라 다음 각 호의 임무를 수행하여 국민보건 향상을 이루고 국민의 건강한 생활 확보에 이바지할 사명을 가진다.

1. 의사는 의료와 보건지도를 임무로 한다.
2. 치과의사는 치과 의료와 구강 보건지도를 임무로 한다.
3. 한의사는 한방 의료와 한방 보건지도를 임무로 한다.
4. 조산사는 조산과 임부·해산부·산욕부 및 신생아에 대한 보건과 양호지도를 임무로 한다.
5. 간호사는 상병자나 해산부의 요양을 위한 간호 또는 진료 보조 및 대통령령으로 정하는 보건활동을 임무로 한다.

제12조(의료기술 등에 대한 보호) ① 의료인이 하는 의료·조산·간호 등 의료기술의 시행(이하 "의료행위"라 한다)에 대하여는 이 법이나 다른 법령에 따로 규정된 경우 외에는 누구든지 간섭하지 못한다.

제81조(의료유사업자) ② 의료유사업자에 대하여는 이 법 중 의료인과 의료기관에 관한 규정을 준용한다. 이 경우 "의료인"은 "의료유사업자"로, "면허"는 "자격"으로, "면허증"은 "자격증"으로, "의료기관"은 "시술소"로 한다.

③의료유사업자의 시술행위, 시술업무의 한계 및 시술소의 기준 등에 관한 사항은 보건복지부령으로 정한다.

제82조(안마사) ① 안마사는 장애인복지법에 따른 시각장애인 중 다음 각 호의 어느 하나에 해당하는 자로서 시·도지사에게 자격인정을 받아야 한다.

1. 초·중등교육법 제2조 제5호에 따른 특수학교 중 고등학교에 준한 교육을 하는 학교에서 제4항에 따른 안마사의 업무한계에 따라 물리적 시술에 관한 교육과정을 마친 자

2. 중학교 과정 이상의 교육을 받고 보건복지부장관이 지정하는 안마수련기관에서 2년 이상의 안마수련과정을 마친 자

② 제1항의 안마사는 제27조에도 불구하고 안마업무를 할 수 있다.

③ 안마사에 대하여는 이 법 중 제8조, 제25조, 제28조부터 제32조까지, 제33조 제2항 제1호·제3항·제5항·제8항 본문, 제36조, 제40조, 제59조 제1항, 제61조, 제63조(제36조를 위반한 경우만을 말한다), 제64조부터 제66조까지, 제68조, 제83조, 제84조를 준용한다. 이 경우 "의료인"은 "안마사"로, "면허"는 "자격"으로, "면허증"은 "자격증"으로, "의료기관"은 "안마시술소 또는 안마원"으로, "해당 의료관계단체의 장"은 "안마사회장"으로 한다.

④ 안마사의 업무한계, 안마시술소나 안마원의 시설 기준 등에 관한 사항은 보건복지부령으로 정한다.

구 의료법(2007. 4. 11. 법률 제8366호로 전부 개정되기 전의 것)

제1조(목적) 이 법은 국민의료에 관하여 필요한 사항을 규정함으로써 의료의 적정을 기하여 국민의 건강을 보호증진함을 목적으로 한다.

제2조(의료인) ① 이 법에서 "의료인"이라 함은 보건복지부장관의 면허를 받은 의사·치과의사·한의사·조산사 및 간호사를 말한다.

② 의료인은 그 종별에 따라 다음 각 호의 임무를 수행함으로써 국민보건의 향상을 도모하고 국민의 건강한 생활확보에 기여함을 사명으로 한다.

1. 의사는 의료와 보건지도에 종사함을 임무로 한다.
2. 치과의사는 치과의료 및 구강보건지도에 종사함을 임무로 한다.
3. 한의사는 한방의료와 한방보건지도에 종사함을 임무로 한다.
4. 조산사는 조산과 임부·해산부·산욕부 및 신생아에 대한 보건과 양호지도에 종사함을 임무로 한다.
5. 간호사는 상병자 또는 해산부의 요양상의 간호 또는 진료의 보조 및 대통령령이 정하는 보건활동에 종사함을 임무로 한다.

제12조(의료기술등에 대한 보호) ① 의료인이 행하는 의료·조산·간호 등 의료기술의 시행(이하 "의료행위"라 한다)에 대하여는 이 법 또는 다른 법령에 특히 규정된 경우를 제외하고는 누구든지 이에 간섭하지 못한다.

2. 제청법원의 위헌제청이유 및 이해관계인의 의견 등

가. 제청법원의 위헌제청이유

모든 무면허 의료행위를 치료결과에 상관없이 일률적, 전면적으로 금지하는 것은 과잉규제인바, 자신의 질병에 대하여 특별한 치료술을 가진 자로부터 치료를 받을 권리를 박탈하는 것은 환자의 생명권, 치료받을 권리 및 치료수단 선택권을 침해하고, 의료인이 아니면서 의료행위를 하고자 하는 자의 행복추구권을 침해한다. 환자가 사이비 의료인에게 현혹될 우려가 있다는 이유로 비의료인에 대한 접근을 막는 태도는 환자를 의료행위의 객체로만 보는 태도인바, 이는 환자가 질병의 치료라는 목적을 위하여 의료제공자와 협력하는 주체이고 자기결정권을 가진 존재라는 점을 간과한 것이다.

나. 청구인들의 주장

(1) 2008헌바108 사건

"의료행위" 부분은 죄형법정주의의 명확성의 원칙에 반한다. 무면허 의료행위를 금지하는 것은 환자의 건강권, 생명권, 행복추구권을 침해하고, 일반인에 의해 시행되어도 아무런 해가 없는 방법까지 일률적으로 금지하므로 과잉금지의 원칙에 반하여 치료자의 직업선택의 자유, 인격권, 행복추구권을 침해하며, 대안의학 내지 민간요법을 의료인이 행하는 경우는 처벌하지 않으면서 오히려 대안의학 등을 깊이 연구한 전문가가 같은 행위를 한 경우 단지 의료인이 아니라는 이유만으로 처벌하는 것은 합리적인 이유 없는 차별로서 평등원칙에 반한다.

(2) 2009헌마269 사건

의료법 제27조 제1항 및 제87조 제1항 제2호는 금지되는 의료행위가 무엇인지를 명확히 정하고 있지 아니하여 죄형법정주의 및 포괄위임입법금지원칙에 반하고, 직업선택의 자유 및 일반적 행동의 자유를 침해한다. 의료인이 치료불가 판정을 한 경우에는 의료인이 시행하는 의료행위 이외의 방법에 의해서라도 치료를 받을 수 있도록 해야 함에도 이를 막고 있는바, 환자의 생명권 등 인간의 존엄과 가치, 행복추구권을 침해한다. 의료법 제27조 제1항, 제87조 제1항 제2호 및 의료인이 아니더라도 침구술 및 대체의학 시술을 할 수 있도록 제도를 마련하지 않은 것은 헌법 제36조 제3항의 건강권에 대한 국가의 보호의무를 위반한 것이다.

(3) 2009헌마736 사건

"의료행위" 및 "한방의료행위" 부분은 죄형법정주의의 명확성의 원칙에 반하고, 의료인이 아니면 의료행위를 할 수 없도록 한 것은 국민의 생명권과 건강권, 청구인의 직업선택의 자유 및 일반적 행동의 자유를 침해하며, 헌법 제36조 제3항의 국가의 건강권 보호의무에도 위반된다.

(4) 2010헌바38 사건

의료법 제27조 제1항은 침술전문가인 청구인의 직업선택의 자유, 행복추구권 및 환자의 건강권, 생명권, 신체의 자유, 행복추구권 등을 침해한다. 의료법 제81조 제1항은 의료법 시행 전에 자격을 받은 침사에게만 침술을 허용하는바 의료법 시행 후에 침사자격을 받은 자를 합리적인 이유없이 차별하는 것으로 청구인의 평등권을 침해한다.

(5) 2010헌마275 사건

국민은 스스로의 선택에 의한 치료를 받을 권리, 국가에 대하여 이러한 치료를 받을 제도 및 시책을 요구할 권리가 있고, 실제로 의료인이 다루지 않는 분야나 침구술과 같이 의료인도 제대로 다루지 못하는 영역이 있어, 이러한 경우 국민의 보건권을 보호할 필요성이 있음에도 불구하고 이에 대한 입법이 전혀 없다. 따라서 이러한 입법부작위는 청구인들이 국민으로서 헌법이 보장하고 있는 보건권에 따라 의료인이 아니더라도 침구술 및 대체의학에 정통한 사람들로부터 침구술 및 대체의학에 의한 시술을 선택하여 치료를 받을 권리를 침해한다.

다. 법원의 위헌제청신청 기각이유

(1) 2008헌바108 사건

의료행위의 본질에 비추어 볼 때 의료인이 아닌 자의 의료행위를 금지시키고 이를 위반한 경우 처벌하도록 규정하였다고 하더라도, 그것이 행복추구권, 평등권, 인간다운 생활을 할 권리, 직업선택의 자유, 국민의 보건권, 과잉금지의 원칙 등에 위반된다고 볼 수 없다. 구 의료법의 목적과 의료인의 임무의 내용 등에 관한 규정들을 종합하여 보면 "의료행위"라 함은 "의학적 전문지식을 기초로 하는 경험과 기능으로 진료, 검안, 처방, 투약 또는 외과적 시술을 시행하는 질병의 예방 또는 치료행위 및 그 밖에 의료인이 행하지 아니하면 보건위생상 위해가 생길 우려가 있는 행위"를 의미하는 것으로 해석되는바, 불명확하거나 지나치게 포괄적인 개념을 사용한 것이어서 죄형법정주의의 원칙에 위반된다고 볼 수 없다.

(2) 2010헌바38 사건

의료인이 아닌 자의 의료행위를 전면적으로 금지한 것은 매우 중대한 헌법적 법익인 국민의 생명권과 건강권을 보호하고 국민의 보건에 관한 국가의 보호의무를 이행하기 위하여 적합한 조치로서, 이와 같은 중대한 공익이 국민의 기본권을 보다 적게 침해하는 다른 방법으로는 효율적으로 실현될 수 없으므로 의료법 및 '보건범죄단속에 관한 특별조치법'에서 무면허 의료행위를 금지하는 것은 비례의 원칙에 부합하는 것으로 헌법에 위반되지 아니한다.

라. 이해관계인의 의견

(1) 보건복지부장관의 의견

의료법 제1조, 제2조 제2항, 제12조, '보건범죄단속에 관한 특별조치법' 제1조의 내용과 입법취지 등을 유기적으로 해석하면 의료행위의 개념을 예측할 수 있으므로 "의료행위" 부분은 죄형법정주의의 명확성의 원칙에 위반되지 아니한다.

의료법은 의료면허제도를 취하고 있는데 이는 사람의 생명과 신체에 위해를 발생케 할 우려가 있는 의료행위를 미연에 방지하고자 하는 것으로 면허제도를 운영하고자 하는 목적과 취지 등을 감안한 입법자의 입법정책에 관한 문제이고, 무분별한 의료행위로부터 생명과 건강을 지키기 위한 최소한의 장치에 해당한다. 설령 의사면허는 없지만 특별한 치료술을 가진 자가 있다 하더라도 비의료인의 의료행위를 허용할 것이 아니라 제도권 내에서 검증된 의료인들이 이러한 전통적 치료방법을 수용하여 시행할 수 있도록 하는 것이 바람직하며, 최근 의료계에서는 이러한 시도들이 많이 이루어지고 있다. 아무런 기준없이 비의료인의 의료행위를 허용하는 것은 국민의 생명과 신체의 안전을 보호하여야 할 국가의 책임과 의무를 저버리는 것이 되어 헌법에 위반된다.

부작용의 발생가능성이 적은 방법이라 할지라도 사람의 생명, 신체나 공중위생에 위해를 발생시킬 우려가 있는 행위에 포함될 수 있으므로 원칙적으로 의료행위로 보는 것이 타당하고, 법원도 구체적 상황에 따라 무면허 의료행위의 위법성을 부정하는 판단을 하는 경우도 있는바 이러한 방법을 통한 합리적 해결의 길이 열려 있다.

의과대학에서 체계적으로 의학을 공부하고 국가의 검증을 거친 의료인과 비의료인을 달리 취급하는 것은 같은 것을 달리 취급하는 경우에 해당하지 아니하므로 평등원칙에 반하지 아니한다.

(2) 대한한의사협회장의 의견

보완대체의료의 범위는 각 나라마다 다른바, 우리나라에서의 보완대체의료는 '한방의료기관 또는 (양방)의료기관에서 널리 시행되지 않고 한의과대학 또는 의과대학 과정에서 관행적으로 가르쳐지지 않는 학문 또는 의료기술'로서 국민건강보험법에 의한 국민건강보험제도의 범주 내에 있지 아니한 치료법이라고 정의해야 하고, 결국 의료법 및 국민건강보험법 체계에서의 보완대체의료란 한방의료·서양(양방)의료에 있어서는 학문상으로 인정되지 않고 안전성·유효성이 평가되지 않은 행위라고 할 것이다. 한편, 침구술은 의료법령에 한방의료기관의 진료과목 및 전문과목으로 규정되어 있고, 한의과대학에서 교육되고 한의사에 의해 시술되고 있을 뿐만 아니라 그 치료가 국민건강보험법에 따라 건강보험급여항목으로 정해져 있으므로 이는 보완대체의료가 아닌 한의사의 정규 의료행위임이 명백하다.

(3) 대한의사협회장의 의견

의료법 제12조, 제1조, 제2조의 종합적 해석을 통해 의료행위의 의미를 예측할 수 있다는 점, 의료행위는 매우 다양하고 의학 및 의료기술 등의 발전에 따라 계속 변화하는 개념이므로 의료법에 의료행위의 개념을 구체적, 일률적으로 정의하기는 어렵다는 점, 법원에서 법관의 보충적 해석에 의해 의료행위에 대하여 일관되게 판단하고 있는 점 등에 비추어 볼 때, "의료행위" 개념은 죄형법정주의의 명확성의 원칙에 반하지 아니한다.

의료면허제도는 보건의료 서비스의 질을 일정 수준으로 확보 및 유지하여 국민의 건강을 보호·증진하는 등 공공복리를 위해 반드시 필요하다. 대체의료의 경우 그 안전성에 대한 연구 및 그 효과에 대한 과학적 근거가 부족하며, 특히 대체의료를 받는 과정에서 최적의 치료기회를 놓칠 우려가 있다.

(4) 서울중앙지방검찰청 검사장의 의견

무면허 의료행위 금지조항은 국민의 건강권과 생명권을 보호하기 위한 것인바, 이러한 입법취지상 무면허 의료행위자를 의료인과 차별하는 데에는 합리적인 이유가 있으므로 평등권 침해 주장은 이유없다. 또한 의료인이 아닌 자의 의료행위를 금지하는 것은 위와 같은 중대한 법익을 보호하고 국민의 보건에 대한 국가의 보호의무를 이행하기 위한 것이므로 청구인의 직업선택의 자유를 침해하지 아니한다.

3. 적법요건에 관한 판단

가. 구 의료법 제66조 제3호 중 제25조 제1항 본문의 전단에 관한 부분(1994. 1. 7. 법률 제4732호로 일부 개정되고 2007. 4. 11. 법률 제8366호로 전부 개정되기 전의 것)에 대한 심판청구(2008헌바108 사건)

당해 사건은 구 '보건범죄단속에 관한 특별조치법'을 위반한 사건으로 같은 법 제5조의 벌칙조항("무기 또는 2년 이상의 징역에 처한다. 이 경우에는 100만원 이상 1천만원 이하의 벌금을 병과한다")이 적용되는바, 구 의료법 제25조 제1항 본문의 전단 부분 위반에 대한 벌칙을 규정한 조항인 구 의료법 제66조 제3호 중 제25조 제1항 본문의 전단에 관한 부분은 당해 사건에 적용되는 법률이 아니어서 재판의 전제성이 인정되지 아니한다. 따라서 구 의료법 제66조 제3호 중 제25조 제1항 본문의 전단에 관한 부분에 대한 심판청구는 부적법하다.

나. 의료법 제81조 제1항(2007. 4. 11. 법률 제8366호로 전부 개정된 것)에 대한 심판청구(2010헌바38 사건)

헌법재판소법 제68조 제2항의 헌법소원은 법률의 위헌여부심판의 제청신청을 하여 그 신청이 기각된 때에만 청구할 수 있는 것이므로, 청구인이 당해 법원에 위헌여부심판의 제청신청을 하지 않았고 따라서 법원의 기각결정도 없었던 부분에 대한 심판청구는 그 심판청구요건을 갖추지 못하여 부적법한데, 의료법 제81조 제1항에 대해서는 위헌제청신청 및 이에 대한 기각결정이 없다. 또한 당해 사건은 무면허 의료행위로 인한

'보건범죄단속에 관한 특별법' 위반사건인바, 의료유사업자에 대한 규정인 의료법 제81조 제1항은 당해 사건에 적용되는 법률이 아니어서 재판의 전제성도 없다. 따라서 의료법 제81조 제1항에 대한 심판청구는 부적법하다.

다. 비의료인도 침구술 및 대체의학 시술을 할 수 있도록 그 자격 및 요건을 법률로 정하지 아니한 입법부작위에 대한 심판청구

(1) 이 부분 청구는 입법자가 비의료인도 침구술 및 대체의학 시술을 할 수 있도록 적극적으로 입법을 해야 하는데 아무런 조치도 취하지 않고 있는 것이 청구인들의 기본권을 침해한다는 주장이므로 진정입법부작위에 해당한다.

어떠한 사항을 법규로 규율할 것인가의 여부는 특단의 사정이 없는 한 입법자의 정치적, 경제적, 사회적 각종 고려 하에서 정하여지는 입법정책의 문제이므로, 국민이 국회에 대하여 일정한 입법을 해달라는 청원을 함은 별론으로 하고, 진정입법부작위에 대한 헌법소원은 헌법에서 기본권보장을 위하여 법령에 명시적인 입법위임을 하였음에도 입법자가 이를 이행하지 아니한 경우이거나, 헌법해석상 특정인에게 구체적인 기본권이 생겨 이를 보장하기 위한 국가의 행위의무 내지 보호의무가 발생하였음이 명백함에도 불구하고 입법자가 아무런 입법조치를 취하지 아니한 경우에 한하여 허용된다(헌재 2007. 11. 29. 2006헌마876, 판례집 19-2, 656, 662).

과연 입법자가 비의료인도 침구술 및 대체의학을 시술할 수 있도록 그 자격 및 요건에 관한 법률을 만들어야 할 헌법상 의무가 있는지에 관하여 살펴본다.

(2) 헌법 제15조는 모든 국민은 직업선택의 자유를 가진다고 규정하고 있는데 이는 자신이 원하는 직업 내지 직종을 자유롭게 선택하고, 선택한 직업을 자유롭게 수행할 수 있음을 그 내용으로 하는 것일 뿐, 위 규정만으로는 헌법이 비의료인도 침구술 및 대체의학 시술을 업으로 행할 수 있도록 그 자격 및 요건에 관한 법률을 만들어야 할 명시적인 입법의무를 부여하였다고 볼 수는 없다. 또한, 헌법상 국민의 보건권을 보장하기

위하여 비의료인도 침구술 및 대체의학 시술을 할 수 있도록 입법자가 그 자격 및 요건에 관한 법률을 제정하도록 명시한 규정은 없다. 헌법 제36조 제3항은 "모든 국민은 보건에 관하여 국가의 보호를 받는다."고 규정하고 있는데, 이러한 보건권은 국민이 자신의 건강을 유지하는 데 필요한 국가적 급부와 배려를 요구할 수 있는 권리를 말하는 것으로서, 국가는 국민의 건강을 소극적으로 침해하여서는 아니 될 의무를 부담하는 것에서 한걸음 더 나아가 적극적으로 국민의 보건을 위한 정책을 수립하고 시행하여야 할 의무를 부담한다는 것을 의미하는 것일 뿐(헌재 2009. 11. 26. 2007헌마734, 판례집 21-2하, 576, 597 참조), 위 규정만으로는 헌법이 비의료인도 침구술 및 대체의학 시술을 할 수 있도록 그 자격 및 요건에 관한 법률을 제정해야 할 명시적인 입법의무를 부여하였다고 볼 수는 없다.

(3) 의료행위 중에는 고도의 지식과 기술을 요하여 반드시 의사가 직접 수행하지 않으면 안 되는 영역이 있는가 하면, 일정한 자격을 갖춘 자로 하여금 수행하게 하여도 무방한 영역도 있다. 특정한 의료행위가 어느 쪽에 속하는가는 상대적인 것으로서 오늘날과 같이 의학지식이 널리 보급되어 상식화되어 가는 시대에는 후자의 범위가 점점 넓어지는 경향이 있다. 침구술은 환자의 경혈에 대하여 침, 구(뜸) 시술을 하는 것을 말하는데 그 시술이 잘못될 경우 환자의 생명, 신체 또는 보건위생상의 위해를 가져올 우려가 있다. 그러므로 비의료인에게도 침구술 시술행위를 허용할 것인지 여부, 허용되는 침구술 시술행위의 범위, 침구술 시술행위를 할 수 있는 자격요건 등은 침구술의 목적, 방법, 침구술 시술행위로 인한 부작용 내지 위험발생 가능성 등 여러 가지 사회적 · 경제적 사정을 참작하여 입법자가 결정할 수 있는 사항이라고 할 것이며, 의료행위 중에서 국민보건위생상 위험성이 적은 일정한 범위의 것을 따로 떼어서 이를 의사에게 맡기지 아니하고, 다른 자격제도를 두어 그 자격자에게 맡길 것인지 여부도 입법부의 입법형성의 자유에 속하는 것이다(헌재 1996. 4. 25. 94헌마129, 판례집 8-1, 449, 462 참조). 한편, 현재 침구술은 한방의료행위로 행해지고 있고, 비의료인에 의한 의료행위가 금지되

어 있을 뿐, 예컨대 의료인이 대체의학에 의한 시술을 하는 것이 금지되지는 않으므로 국민의 입장에서 침구술 및 대체의학에 의한 치료를 받을 수 있는 길이 열려 있다.

그렇다면 비의료인도 침구술을 할 수 있도록 그 자격 및 요건에 관한 법률을 만들어야 할 입법의무가 헌법해석상 도출된다고 보기는 어렵고, 대체의학에 의한 시술도 마찬가지이다.

(4) 결국 비의료인의 침구술 및 대체의학 시술과 관련하여 헌법의 명시적인 입법위임도 존재하지 아니하고, 헌법해석상 그러한 입법의무가 새롭게 발생하는 것도 아니라고 할 것이므로 비의료인의 침구술 및 대체의학 시술에 대한 입법부작위의 위헌확인을 구하는 헌법소원심판청구는 작위의무를 인정할 수 없어 허용되지 않는다(헌재 1991. 11. 25. 90헌마19, 판례집 3, 599, 603-604; 헌재 2007. 11. 29. 2006헌마876, 판례집 19-2, 656, 662-663 각 참조).

라. 소결론

따라서 구 의료법 제66조 제3호 중 제25조 제1항 본문의 전단에 관한 부분(1994. 1. 7. 법률 제4732호로 일부 개정되고 2007. 4. 11. 법률 제8366호로 전부 개정되기 전의 것), 의료법 제81조 제1항(2007. 4. 11. 법률 제8366호로 전부 개정된 것), 비의료인도 침구술 및 대체의학 시술을 할 수 있도록 그 자격 및 요건을 법률로 정하지 아니한 입법부작위에 대한 각 심판청구는 부적법하므로 이를 각하한다.

4. 본안에 관한 판단

가. 재판관 이강국, 재판관 이공현, 재판관 김희옥, 재판관 민형기의 합헌의견

(1) 의료법 제27조 제1항 본문의 전단 부분 및 제87조 제1항 제2호 중 제27조 제1항 본문의 전단에 관한 부분(각 2007. 4. 11. 법률 제8366호로 전부 개정된 것), 구 의료법 제25조 제1항 본문의 전단 부분(1975. 12. 31. 법률 제2862호로 일부 개정되고 2007. 4. 11. 법률 제8366호로 전부 개정되기 전의 것)(이하 '이 사건 의료법 조항들'이라 한다)의 위헌여부

(가) 이 사건 의료법 조항들 중 "의료행위" 부분이 죄형법정주의의 명확성의 원칙에 반하는지 여부

헌법 제12조 제1항 및 제13조 제1항에서 천명하고 있는 죄형법정주의로부터 파생되는 명확성의 원칙은 누구나 법률이 처벌하고자 하는 행위가 무엇이며 그에 대한 형벌이 어떠한 것인지를 예견할 수 있고, 그에 따라 자신의 행위를 결정할 수 있도록 범죄의 구성요건과 형벌은 명확하게 규정되어야 한다는 원칙이다.

여기서 구성요건이 명확하여야 한다는 것은 그 법률을 적용하는 단계에서 가치판단을 전혀 배제한 무색투명한 서술적 개념으로 규정되어져야 한다는 것을 의미하는 것은 아니고 입법자의 입법의도가 건전한 일반상식을 가진 자에 의하여 일의적(一義的)으로 파악될 수 있는 정도의 것을 의미하는 것이라고 할 것이다. 따라서 다소 광범위하고 어느 정도의 범위에서는 법관의 보충적인 해석을 필요로 하는 개념을 사용하여 규정하였다고 하더라도 그 적용단계에서 다의적(多義的)으로 해석될 우려가 없는 이상 그 점만으로 헌법이 요구하는 명확성의 요구에 배치된다고는 보기 어렵다(헌재 2001. 12. 20. 2001헌가6등, 판례집 13-2, 804, 813; 헌재 2005. 5. 26, 2003헌바86, 판례집 17-1, 630, 639).

의료법은 '의료행위'에 관하여 적극적인 정의규정을 두지 않고 있다. 그러나 의료법 제1조는 "이 법은 모든 국민이 수준 높은 의료 혜택을 받을 수 있도록 국민의료에 필요한 사항을 규정함으로써 국민의 건강을 보호하고 증진하는 데에 목적이 있다."고 규정하고 있고, 같은 법 제2조 제2항은 "의료인은 종별에 따라 다음 각 호의 임무를 수행하

여 국민보건 향상을 이루고 국민의 건강한 생활 확보에 이바지할 사명을 가진다."고 규정하면서 제1호에 "의사는 의료와 보건지도를 임무로 한다.", 제2호에 "치과의사는 치과 의료와 구강 보건지도를 임무로 한다.", 제3호에 "한의사는 한방 의료와 한방 보건지도를 임무로 한다."고 규정하고 있다. 또한, 같은 법 제12조는 '의료행위란 의료인이 하는 의료 · 조산 · 간호 등 의료기술의 시행'이라고 정의하고 있다.

위와 같은 의료법의 각 규정내용과 입법취지 등을 살펴보면, 무면허 의료행위를 처벌하는 취지는 의사의 의료행위가 고도의 전문적 지식과 경험을 필요로 함과 동시에 사람의 생명, 신체 또는 일반 공중위생에 밀접하고 중대한 관계가 있기 때문에 의료법은 의사가 되는 자격에 대한 엄격한 요건을 규정하는 한편, 의료법 제27조에서 의료행위를 의사에게만 독점 허용하고 일반인이 이를 하지 못하게 금지하여 의사 아닌 사람이 의료행위를 함으로써 생길 수 있는 사람의 생명, 신체나 일반 공중위생상의 위험을 방지하고자 함에 그 목적이 있는 것이다. 따라서 위와 같은 입법취지를 감안할 때, 의료행위에는 반드시 질병의 치료와 예방에 관한 행위에만 한정되지 않고, 그와 관계없는 것이라도 의학상의 기능과 지식을 가진 의료인이 하지 아니하면 보건위생상 위해를 가져올 우려가 있는 일체의 행위가 포함된다 할 것이다.

대법원도 구 의료법 제25조 제1항의 의료행위라 함은 의학적 전문지식을 기초로 하는 경험과 기능으로 진찰, 검안, 처방, 투약 또는 외과적 시술을 시행하여 하는 질병의 예방 또는 치료행위 이외에도 의료인이 행하지 아니하면 보건위생상 위해가 생길 우려가 있는 행위를 의미한다[대법원 2000. 2. 25. 선고 99도4542 판결(공2000상, 903); 대법원 1999. 6. 25. 선고 98도4716 판결(공1999하, 1555) 등 참조]고 해석하고 있다.

한편, 헌법재판소는 2005. 5. 26. 2003헌바86 결정(판례집 17-1, 630) 및 2007. 4. 26. 2003헌바71 결정(판례집 19-1, 390)에서 구 의료법 제25조 제1항 본문의 전단 부분 중 '의료행위' 부분이 죄형법정주의의 명확성원칙에 위배되지 않는다는 결정을 한 바 있다.

앞에서 본 의료법의 입법목적, 의료인의 사명에 관한 의료법상의 여러 규정, 의료행위의 개념에 관한 대법원판례 등을 종합하여 보면, 이 사건 의료법 조항들 중 "의료행위"의 개념은 건전한 일반상식을 가진 자에 의하여 일의적으로 파악되기 어렵다거나 법관에 의한 적용단계에서 다의적으로 해석될 우려가 있다고 보기 어려우므로, 죄형법정주의의 명확성원칙에 위배된다고 할 수 없다.

(나) 이 사건 의료법 조항들이 비의료인의 직업선택의 자유 내지 일반적 행동의 자유 및 의료소비자의 의료행위 선택에 있어서의 자기결정권(이하 '의료행위 선택권'이라 한다)을 침해하는지 여부

헌법재판소는 이 사건 의료법 조항들과 동일한 내용을 규정한 구 의료법 조항들에 대하여 1996. 10. 31. 94헌가7 결정(판례집 8-2, 408)에서 최초로 합헌 결정을 한 이래로 다수 결정에서 위 결정의 요지를 인용하여 합헌 또는 기각 결정을 하였는바(헌재 2002. 12. 18. 2001헌마370, 판례집 14-2, 882; 헌재 2005. 3. 31. 2001헌바87, 판례집 17-1, 321; 헌재 2005. 5. 26. 2003헌바86, 판례집 17-1, 630; 헌재 2005. 9. 29. 2005헌바29등 공보 제108호, 1042), 그 결정의 요지는 다음과 같다.

『이 사건 법률조항의 '의료행위'라 함은 질병의 예방과 치료에 관한 행위로서 의학적 전문지식이 있는 자가 행하지 아니하면 사람의 생명, 신체나 공중위생에 위해가 발생할 우려가 있는 행위를 말한다. 한 나라의 의료제도는 그 나라의 국민건강의 보호증진을 목적으로 하여(의료법 제1조 참조) 합목적적으로 체계화된 것이므로 국가로부터 의료에 관한 지식과 기술의 검증을 받은 사람으로 하여금 의료행위를 하게 하는 것이 가장 합리적이고 안전하며, 사람의 생명과 신체를 대상으로 하는 의료행위의 특성상 가사 어떤 시술방법에 의하여 어떤 질병을 상당수 고칠 수 있었다고 하더라도 국가에 의하여 확인되고 검증되지 아니한 의료행위는 항상 국민보건에 위해를 발생케 할 우려가 있으므로 전체국민의 보건을 책임지고 있는 국가로서는 이러한 위험발생을 미리 막기 위하여 이를 법적으로 규제할 수밖에 없는 것이다.

의료행위는 인간의 존엄과 가치의 근본인 사람의 신체와 생명을 대상으로 하는 것이므로 단순한 의료기술 이상의 "인체(人體) 전반에 관한 이론적 뒷받침"과 "인간의 신체 및 생명에 대한 외경심"을 체계적으로 교육받고 이 점에 관한 국가의 검증을 거친 의료인에 의하여 행하여져야 하고, 과학적으로 검증되지 아니한 방법 또는 무면허 의료행위자에 의한 약간의 부작용도 존엄과 가치를 지닌 인간에게는 회복할 수 없는 치명적인 위해를 가할 수 있는 것이다. 또 무면허 의료행위자 중에서 부작용이 없이 의료행위를 할 수 있는 특별한 능력을 갖춘 사람이 있다고 하더라도 이를 구분하는 것은 실제로는 거의 불가능하며, 또 부분적으로 그 구분이 가능하다고 하더라도 일반인들이 이러한 능력이 있는 무면허 의료행위자를 식별할 수 있는 것은 결국 국가에서 일정한 형태의 자격인증을 하는 방법 이외에는 달리 대안이 없고, 외국의 입법례를 보더라도 의료인 면허제도를 채택하고 무면허 의료행위를 사전에 전면금지하는 것 이외의 다른 규제방법을 찾아볼 수 없다.

이와 같은 사정들을 종합해 보면, 무면허 의료행위를 일률적, 전면적으로 금지하고 이를 위반한 경우에는 그 치료결과에 관계없이 형사처벌을 받게 하는 이 법의 규제방법은, "대안이 없는 유일한 선택"으로서 실질적으로도 비례의 원칙에 합치되는 것이다.

법이 인정하는 의료인이 아니면서 어떤 특정분야에 관하여는 우수한 의료능력을 가진 한 부류의 의료인들(넓은 의미)이 있다고 한다면, 국민건강의 보호증진을 위하여 입법자로서는 이들의 지식과 능력을 충분히 검증하고 이들에게 의료인 자격을 부여하는 경우의 순기능과 역기능을 면밀히 검토한 후 긍정적인 평가가 나오면 이들에게도 의료행위를 할 수 있는 길을 열어주는 것이 바람직하겠지만, 이는 어디까지나 입법정책의 문제로서 이러한 입법정책의 문제 때문에 이 사건 법률조항이 헌법에 위반된다고는 할 수 없다.

요컨대, 이 사건 법률조항이 의료인이 아닌 자의 의료행위를 전면적으로 금지한 것은 매우 중대한 헌법적 법익인 국민의 생명권과 건강권을 보호하고 국민의 보건에 관한 국가의 보호의무(헌법 제36조 제3항)를 이행하기 위하여 적합한 조치로서, 위와 같은 중대한 공익이 국민의 기본권을 보다 적게 침해하는 다른 방법으로는 효율적으로 실현될 수 없으므로, 이 사건 법률조항으로 인한 기본권의 제한은 비례의 원칙에 부합하는 것으로서 헌법적으로 정당화되는 것이다.』

헌법재판소의 위와 같은 견해는 그 자체로서 타당하고 지금도 달리 판단해야 할 아무런 사정변경이 없으므로, 이 사건 의료법 조항들에 대한 판단에서도 그대로 유지하기로 한다.

(2) '보건범죄단속에 관한 특별조치법' 제5조 중 의료법 제27조 제1항 본문의 전단에 관한 부분(2007. 4. 11. 법률 제8366호로 일부 개정된 것), 구 '보건범죄단속에 관한 특별조치법' 제5조 중 의료법 제25조 제1항 본문의 전단에 관한 부분(1990. 12. 31. 법률 제4293호로 일부 개정되고 2007. 4. 11. 법률 제8366호로 일부 개정되기 전의 것)(이하 '이 사건 보건특조법 조항들'이라 한다)의 위헌여부

(가) 이 사건 보건특조법 조항들의 위헌여부에서 문제되는 것은

i) "의료행위" 및 "한방의료행위" 부분이 죄형법정주의의 명확성의 원칙에 반하는지 여부, ii) 비의료인의 직업선택의 자유 내지 일반적 행동의 자유를 침해하는지 여부 iii) 의료소비자의 의료행위 선택권을 침해하는지 여부 등이다.

그런데 이 사건 의료법 조항들이 단순한 무면허 의료행위를 처벌하는 것과 달리 이 사건 보건특조법 조항들은 영리의 목적으로 무면허 의료행위를 업으로 한 경우 이를 가중처벌하는바, 양자는 모두 "의료인이 아니면 의료행위를 할 수 없으며"라는 규정을 위반한 경우 이를 처벌하는 점에서는 동일하고 단지 의료행위를 영리의 목적으로 업으로 하

였느냐 여부에 따라 처벌의 정도를 달리한 것에 불과하므로 이 사건 보건특조법 조항들의 위헌여부를 판단함에 있어 위에서 살펴본 이 사건 의료법 조항들의 위헌여부 논의와 달리할 이유가 없다(헌재 2005. 9. 29. 2005헌바29, 공보 108, 1042, 1045 참조). 따라서 이 사건 보건특조법 조항들의 위헌여부에 대해서는 위 (1)항에서 살펴본 이 사건 의료법 조항들에 대한 판단을 그대로 인용한다.

(나) 다만, 이 사건 보건특조법 조항들 중 "한방의료행위" 부분이 죄형법정주의의 명확성의 원칙에 반하는지 여부에 대해서는

위 (1)항에서 명시적으로 판단하지 않았으므로 이에 대하여 살펴본다.

처벌법규의 구성요건을 일일이 세분하여 명확성의 요건을 모든 경우에 요구하는 것은 입법기술상 불가능하거나 현저히 곤란한 것이므로 어느 정도의 보편적이거나 일반적인 뜻을 지닌 용어를 사용하는 것은 부득이 하다고 할 수밖에 없고, 당해 법률이 제정된 목적과 다른 법률조항과의 연관성을 고려하여 합리적인 해석이 가능한지의 여부에 따라 명확성의 요건을 갖추었는지의 여부를 가릴 수밖에 없다 할 것이다. 이 사건 보건특조법 조항들 중 한방의료행위 부분은 의료행위와 마찬가지로 비록 법령에 아무런 적극적인 개념정의규정을 두고 있지는 아니하다 하더라도 의료법의 입법목적, 의료인의 사명에 관한 의료법상의 여러 규정들과 한방의료행위에 관련된 법령의 변천과정 등에 비추어 보면 "한방의료행위"는 우리의 옛선조들로부터 전통적으로 내려오는 한의학을 기초로 한 질병의 예방이나 치료행위를 하는 것을 의미한다고 볼 수 있다. 따라서 이 사건 보건특조법 조항들 중 "한방의료행위"는 건전한 상식과 통상적인 법감정을 가진 사람으로 하여금 구체적으로 어떠한 행위가 이에 해당하는지 의심을 가질 정도로 불명확한 개념이라고는 볼 수 없으므로 죄형법정주의에서 요구되는 형법법규의 명확성의 원칙에 위배된다고 할 수 없다(헌재 2003. 2. 27. 2002헌바23, 판례집 15-1, 218, 221-222 참조).

(3) 기타 주장 등에 대한 판단

(가) 2008헌가19 사건의 제청법원의 위헌제청이유에 대한 판단

제청법원은 의료법상 무면허 의료행위로 처벌되는지 여부는 면허의 소지 유무 및 각 면허에서 정한 업무 한계에 따라 결정되는데, 침구사 등과 같은 의료유사업자나 안마사 제도에서 보듯이 면허 내지 자격의 유무 등이 법령이 아닌 시행령에 의하여 결정되어지는 경우 이는 구성요건요소를 법률이 아닌 시행령에 위임하는 것과 실질에 있어서는 마찬가지가 되고, 면허 내지 자격의 유무를 법률에서 정한다 하더라도 의료법(2007. 4. 11. 법률 제8366호로 전부 개정된 것) 제81조 제3항, 제82조 제4항에서 보듯이 의료유사업자의 시술행위나 안마사의 업무 한계를 시행령에 위임하는 경우에는 죄형법정주의 위반의 문제는 여전히 남게 되는바, 구성요건요소의 핵심요소를 법률이 아닌 시행령에 위임하고 있거나 위임할 염려가 있는 규정형식을 취하고 있는 의료법(2007. 4. 11. 법률 제8366호로 전부 개정된 것) 제27조 제1항 본문의 전단 부분은 죄형법정주의에 위배된다고 한다.

살피건대, 먼저 위 의료법 제27조 제1항 본문의 전단 부분은 일정한 사항을 하위법규에 위임하는 규정을 두고 있지 아니한바, 포괄위임입법금지원칙 등 위임입법과 관련된 문제가 생기지는 아니한다(헌재 2001. 8. 30. 99헌바90, 판례집 13-2, 158, 167 참조). 다음으로, 의료법(2007. 4. 11. 법률 제8366호로 전부 개정된 것) 제81조 제3항, 제82조 제4항에서 의료유사업자나 안마사의 시술행위 내지 업무의 한계를 하위법규에 위임하고 있다 하더라도 이것이 바로 위 의료법 제27조 제1항 본문의 전단 부분이 위헌인 이유가 될 수는 없다. 다만, 위 위헌제청이유 중 자격의 유무가 분명하지 않다는 부분은 의료법 제27조 제1항 본문의 전단 부분 중 "의료인"의 개념이 불명확하여 죄형법정주의의 명확성원칙에 반한다는 것으로, 안마사나 의료유사업자의 시술행위 내지 업무의 한계가 하위법규에 위임하고 있어 죄형법정주의 위반의 문제가 남는다는 부분은 안마사나 의료유사업자가 의료법 조항만으로는 자신이 하는 행위가 법상 허용되는 범위 내의 것인지, 법상 금지되는 "의료행위"에 해당되는 것인지 알 수 없어 죄형법정주의의 명확성원칙에 반한다는 것으로 해석된다(헌재 2004. 1. 29. 2002헌가20, 판례집 16-1, 1, 22-23; 헌재 2005. 4. 28. 2002헌가25, 판례집 17-1, 461, 472 참조). 이 중 "의료행위" 부분이 죄형법정주의의 명확성의 원칙에 반하는지 여부에 대해서는 이미 위에서 판단하였으므로 "의료인" 개념이 죄형법정주의의 명확성의 원칙에 반하는지 여부에 대하여 살펴본다.

제청법원은 의료유사업자나 안마사의 자격 유무가 법률이 아닌 시행령에 의하여 결정되어지는 경우를 제시하고 있으나, 의료유사업자에 관한 의료법(2007. 4. 11. 법률 제8366호로 전부 개정된 것) 제81조 제1항에서는 "이 법이 시행되기 전의 규정에 따라 자격을 받은 접골사, 침사, 구사(이하 "의료유사업자"라 한다)는 제27조에도 불구하고 각 해당 시술소에서 시술을 업으로 할 수 있다."라고 규정하고 있고, 위 조항에서 '이 법이 시행되기 전의 규정에 따라 자격을 받은'이란 구 국민의료법(1951. 9. 25. 법률 제221호)이 구 의료법(1962. 3. 20. 법률 제1035호)으로 대체되면서, 한의사에게 침구시술행위까지 맡겨 한방을 일원화하려는 입법적 배려에서 종전의 침구시술업자 등 의료유사업자제도를 폐지하고 다만 경과조치로서 그 부칙 제3항에서 "본법 시행 당시의 의사, …… 및 의료유사업자의 면허 및 자격과 기타 의료상의 권리는 본법에 의하여 취득한 것으로 간주한다."라는 규정을 두어 종전에 자격을 취득한 의료유사업자의 기득권을 보호하고자 한바, 의료유사업자는 이 규정에 따라 자격을 취득한 자를 가리킨다.

또한 안마사에 관한 의료법(2007. 4. 11. 법률 제8366호로 전부 개정된 것) 제82조 제1항은 "안마사는 장애인복지법에 따른 시각장애인 중 다음 각 호의 어느 하나에 해당하는 자로서 시·도지사에게 자격인정을 받아야 한다. 1. 초·중등교육법 제2조 제5호에 따른 특수학교 중 고등학교에 준한 교육을 하는 학교에서 제4항에 따른 안마사의 업무한계에 따라 물리적 시술에 관한 교육과정을 마친 자 2. 중학교 과정 이상의 교육을 받고 보건복지부장관이 지정하는 안마수련기관에서 2년 이상의 안마수련과정을 마친 자"라고 규정하고 있는바, 위 두 조항을 살펴볼 때 의료유사업자나 안마사의 자격유무는 의료법(2007. 4. 11. 법률 제8366호로 전부 개정된 것)이 직접 규정하고 있다고 할 것이다.

한편, 의료법(2007. 4. 11. 법률 제8366호로 전부 개정된 것) 제2조에서는 이 법에서 "의료인"이란 보건복지부장관의 면허를 받은 의사·치과의사·한의사·조산사 및 간호사를 말한다고 정의하고 있고, 같은 법 제5조 내지 제11조에서는 의료인의 면허, 결격사유, 국가시험, 응시자격, 면허의 조건 및 등록에 관한 상세한 규정을 두고 있는바, 이 사건 의료법 조항들의 "의료인" 개념이 불명확하다고 볼 수 없다.

(나) 2008헌바108 사건의 청구인들의 주장에 대한 판단

1) 청구인들은 대안의학 내지 민간요법을 의료인이 행하는 경우는 처벌하지 않으면서 오히려 대안의학 등을 깊이 연구한 전문가가 같은 행위를 한 경우, 단지 비의료인이라는 이유만으로 처벌하는 것은 합리적인 이유없는 차별로서 평등원칙에 반한다고 주장한다.

먼저 의료행위에 해당하는 대안의학 내지 민간요법을 의료인이 행한 경우와 비의료인이 행한 경우 후자만 처벌받게 되는데, 이때 의료인과 비의료인은 동일한 의료행위를 한 집단이라는 점에서 동일성이 존재하고 그럼에도 불구하고 비의료인만 형사처벌한다는 점에서 차별도 존재한다. 그러나 의료인은 의과대학에서 기초의학부터 시작하여 체계적으로 의학을 공부하고 상당기간 임상실습을 한 후 국가의 검증(국가시험)을 거친 사람이라는 점에서 이러한 자격을 갖추지 못한 비의료인과 다르다고 할 것이고, 비의료인에게 의료행위를 맡길 수 없는 이유에 대해서는 이미 위에서 충분히 판단한바, 위와 같은 차별에는 합리적 이유가 있다고 할 것이다.

따라서 평등원칙 위반 주장은 이유없다.

2) 또한 청구인들은 오랜 기간에 걸쳐 다양한 기관으로부터 그 효과와 방법의 우수성을 검증받고 의사, 한의사 등을 교육시켜 온 청구인들의 한서자기요법 시술행위를 의료행위로 보아 전면적으로 금지시키는 것은 헌법 제36조 제3항에 규정된 국가가 국민의 보건을 보호할 의무를 위반하는 것이라고 주장한다. 그런데 이러한 주장은 한서자기요법을 의료행위로 보는 것이 위헌이라는 것인바, 이는 법률의 해석 · 적용에 관한 다툼으로 헌법재판소의 심판사항이 될 수 없다(헌재 2007. 4. 26. 2003헌바71, 판례집 19-1, 390, 397-398 참조).

(다) 2009헌마269 사건의 청구인들의 주장에 대한 판단

1) 청구인들은 의료법 제27조 제1항 본문의 전단 부분 및 제87조 제1항 제2호 중 제27조 제1항 본문의 전단에 관한 부분에 대하여 위헌확인을 구하면서 포괄위임입법금지원칙에 위반된다는 주장을 하고 있으나, 위 조항들은 일정한 사항을 하위법규에 위임하는 규정을 두고 있지 아니한바, 포괄위임입법금지원칙 등 위임입법과 관련된 문제는 생기지 아니한다(헌재 2001. 8. 30. 99헌바90, 판례집 13-2, 158, 167 참조).

2) 또한 청구인들은 의료법상 침구술이 한의사가 할 수 있는 의료행위에 속한다는 명문의 규정이 없음에도 의료법 시행규칙에서 한의사의 국가시험과목에 침구학을 규정함으로써 침구술이 한방의료에 포함되는 것처럼 하고 있는바, 이는 법률에 근거를 두지 아니한 것으로서 무효라고 주장한다.

살피건대, 의료법은 한의사는 한방 의료와 한방 보건지도를 임무로 한다(제2조 제2항 제3호)고 규정하고 있을 뿐 더 이상 구체적으로 한의사의 업무범위, 즉 한방 의료 및 한방 보건지도에 대하여 규정하고 있지는 않다. 한편, 의료법은 한의사가 되려는 자는 한의학을 전공하는 대학을 졸업하는 등의 자격을 가진 자로서 한의사 국가시험에 합격한 후 보건복지부장관의 면허를 받아야 한다(제5조 제1항), 한의사 국가시험 등에 필요한 사항은 대통령령으로 정한다(제9조 제4항)고 규정하고 있고, 의료법 시행령 제5조는 국가시

험 등의 시험과목에 관하여 필요한 사항은 보건복지부령으로 정하도록 하고 있는바, 의료법 시행규칙 제2조 별표1은 한의사의 국가시험 과목으로 침구학을 규정하고 있다.

그런데 청구인들은 위헌확인을 구하는 법률조항으로 줄곧 의료법 제27조 제1항을 명시하고 있을 뿐, 위 의료법 시행규칙 조항을 명시적으로 위헌확인을 구하는 대상에 포함시키고 있지는 않은 점, 위 주장은 의료법상 명시적으로 침구술이 한방의료행위에 포함된다는 규정이 없는데도 비의료인이 침구술을 시술하는 것을 금지하는 것은 위헌이라는 주장에서 비롯된 것인 점, 청구인들은 이 부분 주장에서 죄형법정주의 위반을 언급하고 있는 점, 침구술이 위 시행규칙 조항으로 인하여 비로소 (한방)의료행위에 해당되는 것은 아니므로 위 시행규칙 조항이 위헌으로 선언된다 하더라도 청구인들이 침구술을 시행할 수 있는 것은 아닌 점 등을 고려하면, 청구인들의 위 주장은 "의료행위" 개념이 불분명하여 청구인들이 시술하고자 하는 침구술이 여기에 해당되는지 여부가 법상 명확하지 아니함에도 이를 위반한 경우를 형사처벌하도록 규정한 것은 죄형법정주의의 명확성의 원칙에 반한다는 주장으로 봄이 타당하고, 이에 대해서는 이미 위에서 판단하였다.

나. 재판관 김희옥의 보충의견

나는 이 사건 의료법 조항들 및 이 사건 보건특조법 조항들(이하 '이 사건 조항들'이라 한다)이 헌법에 위반되지 아니한다는 법정의견을 취하면서, 국민의 보건권을 보호하고 국민의 보건에 관한 국가의 보호의무를 강조하기 위하여 다음과 같은 보충의견을 밝혀 두고자 한다.

헌법 제36조 제3항이 규정하고 있는 국민의 보건에 관한 권리는 국민이 자신의 건강을 유지하는데 필요한 국가적 급부와 배려를 요구할 수 있는 권리를 말하는 것으로서, 국가는 국민의 건강을 소극적으로 침해하여서는 아니 될 의무를 부담하는 것에서 한걸음 더 나아가 적극적으로 국민의 보건을 위한 정책을 수립하고 시행하여야 할 의무를 부담한다는 것을 의미한다(헌재 1995. 4. 20. 91헌바11, 판례집 7-1, 478, 491).

그런데 일반적으로 국민의 건강을 유지하고 회복, 촉진하는 행위인 넓은 의미의 의료(醫療)에는 의료인에 의한 질병의 치료뿐만 아니라 질병의 예방행위도 포함되고, 간호활동이나 약사 내지 한약사의 제약 및 복약지도, 영양사에 의한 영양 지도 등도 포함된다고 할 것이다. 이 사건 조항들이 의료인이 아닌 자의 의료행위를 전면적으로 금지한 것은 매우 중대한 헌법적 요청인 국민의 보건에 관한 국가의 보호의무를 이행하기 위하여 적합한 조치임에 틀림없다. 그렇지만 국가는 보다 적극적으로 국민의 보건을 위한 정책을 수립·시행하여야 할 의무를 부담하는 것이므로 국가는 국민보건을 위해 제도 변경의 필요성이 있으면 이를 적극적으로 실천하여야 한다.

역사적으로 각 국가별로 인간의 건강을 지키고 질병을 치료하는 방법에 관해서는 부단한 연구와 발전이 있어 왔고, 현재도 인간의 건강에 대한 연구는 계속되고 있다. 그런데 각 국가별로 또는 동양과 서양에 따라서 참으로 다양하고 많은 의료방법이 고안·실증되어 시행되고 있지만, 각 국가별로 모두 동일한 의료방법을 채택하고 있는 것은 아니다. 우리나라의 법제가 채택하고 있는 의료행위에는 의료법이 규정한 의료인의 의료행위와 접골사·침사·구사 등 의료유사업자의 의료유사행위, 안마사의 안마행위 등이 있고, 1962년 이후에는 신규 의료유사업자의 자격 및 시술에 관한 법적 근거가 소멸되었다.

그런데 오늘날 우리 사회에서 건강과 의료에 관한 국민의 욕구와 수요는 대폭 증대되어 있고, 의료행위와 경계선상에 있는 의료 서비스의 활용과 그에 대한 관리가 필요한 것이 사실이다. 헌법 제36조 제3항에 의해 국가는 적극적으로 국민의 보건을 위한 정책을 수립하고 시행하여야 할 의무를 부담한다는 측면에서 볼 때, 보건위생상 위해가 생길 우려가 없는 범위 내에서 제도권 의료행위 이외의 치료방법을 적극적으로 연구하여 이를 의료행위에 편입하거나 또는 국민이 쉽게 이용할 수 있도록 하는 제도를 마련할 필요성이 있다. 이는 미국, 유럽 등 각국에서 국민이 이용할 수 있는 의료의 형태를 다양하게 넓혀 나가고 있는 것을 보아도 알 수 있다.

세계보건기구(WHO)의 자료에 의하면 세계 의료형태의 30 내지 40 퍼센트 정도만이 현대정통의학(Modern Conventional Medicine)을 따르고 나머지는 소위 보완대체의학(Complementary and Alternative Medicine)에 의하여 치료를 받고 있으며, 우리나라에서도 환자 중 약 3분의 1은 현대정통의학이 아닌 다른 치료방법을 찾고 있다고 한다. 즉, 의료법 등의 금지 규정에도 불구하고 적지 않은 국민이 비의료인에 의한 치료방법을 이용하고 있는 것이 현실이다. 이러한 국민정서 및 사회문화적 행태를 고려할 때, 검증되지 아니한 시술자에 의한 부작용과 피해를 방지하기 위하여 음성적으로 이루어지는 각종 요법과 시술을 양성화하는 것과 더불어 이러한 시술자에 대한 엄격한 관리체계를 갖출 필요성이 크다고 할 것이다.

세계적으로 소위 보완대체의학의 종목은 약 200 가지 정도가 알려져 있고 그 중 50여 가지가 활발히 연구·활용되고 있으며, 우리나라에서는 이 중 20여종 정도가 사용되고 있다고 한다. 시술의 안전성에 대한 객관적이고 과학적인 검증체계가 확보되고 시술자의 자격에 대한 엄격한 관리체계가 구비되면 이러한 보완대체의학에 대한 연구와 활용이 높아질 수 있을 것이다. 이렇게 의료유사행위 또는 보완대체의학에 의한 치료방법을 연구와 검증을 통하여 의료행위에 포함시키거나 별도의 제도를 두어 국민이 이를 이용할 수 있게 하는 것이 헌법 제36조 제3항의 취지에 보다 부합한다고 생각한다.

다. 재판관 조대현, 재판관 이동흡, 재판관 목영준, 재판관 송두환의 반대의견

우리는, 이 사건 조항들이 '사람의 생명·신체나 공중위생에 대한 위해발생 가능성이 낮은 의료행위'까지 일률적으로 금지하는 것은 의료소비자의 의료행위 선택권과 위와 같은 의료행위를 하는 자의 직업선택의 자유를 침해하는 것으로서 헌법에 위반된다고 판단하므로, 다음과 같이 견해를 밝힌다.

(1) 우리나라 의료면허제도

구 국민의료법(1951. 9. 25. 법률 제221호로 제정된 것)은, 의료업자를 의사 · 치과의사(1종), 한의사(2종) 및 보건원 · 조산원 · 간호원(3종)으로 한정하면서도 접골 · 침술 · 구술 · 안마술업자 등 의료유사업자의 의료행위를 허용하였다.

그 후 구 국민의료법을 대체한 구 의료법(1962. 3. 20. 법률 제1035호로 전부 개정된 것)은 침술 · 구술까지 한의사에게 맡김으로써 한방을 일원화하고자 접골 · 침술 · 구술업자 등 의료유사업자제도를 폐지하면서, 다만 종전에 자격을 취득한 의료유사업자의 기득권을 보호하기 위하여 부칙 제3항에서 "본법 시행 당시의 …… 의료유사업자의 면허 및 자격과 기타 의료상의 권리는 본법에 의하여 취득한 것으로 간주한다."라는 규정을 두었다.

현행 의료법은 제2조에서, 이 법에서 "의료인"이란 보건복지부장관의 면허를 받은 의사 · 치과의사 · 한의사 · 조산사 및 간호사를 말한다고 정의하면서, 제5조 내지 제11조에서 의료인의 면허, 결격사유, 국가시험, 응시자격, 면허의 조건 및 등록에 관한 상세한 규정을 두는 한편, 제81조 제1항은 앞의 부칙 제3항의 취지에 따라 "이 법이 시행되기 전의 규정에 따라 자격을 받은 접골사, 침사, 구사(이하 "의료유사업자"라 한다)는 제27조에도 불구하고 각 해당 시술소에서 시술을 업으로 할 수 있다."라고 규정하고 있다.

결국 합법적으로 의료유사업을 행하기 위하여는 1962. 3. 20. 전에 접골사 또는 침구사 자격을 취득하였어야 하는데, 이에 관한 신규자격제도가 폐지된 지 48년이 지남으로써 현재 자격이 있는 '의료유사업자'는 극히 소수에 불과하므로, 오늘날 의료행위를 할 수 있는 의료인은 실질적으로 의사, 치과의사, 한의사, 조산사 및 간호사에 한정되어 있는 실정이다.

(2) 의료면허제도와 기본권 제한

국가는 국민의 생명권과 건강권을 보호할 의무를 지므로(헌법 제36조 제3항), 질병의 예방과 치료에 관한 행위로서 의학적 전문지식이 있는 자가 행하지 아니하면 사람의 생명 · 신체나 공중위생에 위해가 발생할 우려가 있는 행위에 대하여는 일정한 형태의 자격인증을 하고 그 자격에 반하는 의료행위, 즉 무면허 의료행위를 일률적 · 전면적으로 금지할 필요가 있다.

반면, 모든 국민은 보건에 관하여 국가의 보호를 받을 권리가 있고, 헌법 제10조에 따라 자신의 행위를 스스로 결정할 수 있는 자기결정권이 있으므로, 원칙적으로 국민 스스로가 경제성과 접근성을 고려한 최선의 의료행위를 선택할 권리가 있다.

또한, 이 사건 조항들에 의한 의료면허제도는, 일정한 영역에서 의료에 관한 지식과 기능을 가지고 있지만 국가가 인정하는 의료인의 자격을 갖추지 못한 비의료인이 의료행위를 개인의 경제적 소득활동의 기반이자 자아실현의 근거로 삼으려는 자유, 즉 직업선택의 자유를 제한한다(헌재 2002. 12. 18. 2001헌마370, 판례집 14-2, 882, 886-887 참조). 즉, 의료면허제도는, 의료행위를 의료인의 독점적 활동영역으로 보장함과 동시에 비의료인의 의료행위를 금지하는 것이므로, 의료행위의 범위를 넓게 해석하면 의료인의 독점적 활동영역이 확장되는 대신 비의료인에게 금지되는 행위의 범위가 그만큼 넓어진다. 따라서 의료행위의 범위는 의료행위의 전문성과 위험성을 고려하여 반드시 의료인이 하지 않으면 안 되는 행위로 한정하여 비의료인에 대한 자유제한의 범위를 꼭 필요한 범위로 최소화시켜야 한다.

결국 국가는 의료면허제도를 운영함에 있어서 국민의 의료행위 선택권과 직업선택의 자유를 필요최소한으로 제한함으로써, 국민의 생명과 건강을 최대한 보장하여 주어야 한다.

(3) 과잉금지의 원칙 위반 여부

(가) 목적의 정당성과 수단의 적절성

의료행위는 사람의 생명이나 신체를 다루는 일로서 이를 그르칠 경우 그 피해는 회복할 수 없거나 회복하기 어려운 것이므로, 체계적으로 의학을 공부하고 상당 기간 임상실습을 한 후 국가의 검증(국가시험)을 거친 사람에 한하여 의료행위를 하게 하고 그러한 과정을 거치지 않은 사람은 이를 하지 못하게 함으로써, 사람의 생명, 신체나 공중위생에 위해를 발생하게 할 우려가 있는 의료행위를 미리 막자는 이 사건 조항들의 입법목적은 정당하다고 할 것이다(헌재 1996. 10. 31. 선고 94헌가7, 판례집 8-2, 408, 416 참조).

또한 이 사건 조항들이 비의료인의 의료행위를 전면적 · 일률적으로 금지한 것은 국민의 생명권과 건강권을 보호한다는 입법목적을 달성하는데 유효하고 적절한 수단이라고 할 수 있다.

(나) 침해의 최소성

입법자는 공익실현을 위하여 기본권을 제한하는 경우에도 이를 실현하기에 적합한 여러 수단 중에서 되도록 국민의 기본권을 가장 존중하고 이를 최소한도로 제한하는 수단을 선택하여야 하므로, 의료면허제도를 설정함에 있어서도 의료소비자의 의료행위 선택권과 비의료인의 직업선택의 자유를 필요최소한의 범위 내에서 제한하여야 한다.

의료행위라 함은 질병의 예방과 치료에 관한 행위로서 의학적 전문지식이 있는 자가 행하지 아니하면 사람의 생명, 신체나 공중위생에 위해가 발생할 우려가 있는 행위를 말하므로, 의료행위의 태양에 따라 의학적 전문지식이나 생명 · 신체의 위해성에 차이가 날 수 밖에 없다.

따라서 모든 국민이 수준 높은 의료 혜택을 받게 함으로써 국민의 건강을 보호하고 증진하기 위하여는(의료법 제1조), 국가는 의료행위의 태양이나 생명 · 신체에 대한 위험성에 따라 다양한 의료인의 자격을 설정함으로써, 의료소비자인 국민으로 하여금 적정한 비용이나 접근성에 맞는 의료행위를 선택할 수 있게 해야 한다. 만일 개개 의료행위에 필요한 지식과 기술의 정도나 그 위험성 등을 고려함이 없이 비의료인에 의한 의료행위 전부를 일률적 · 전면적으로 금지한다면, 의료행위에 대한 비용을 부담할 능력이 없는 국민에 대하여 의료행위의 선택가능성을 좁게 함으로써 오히려 이들의 생명 · 신체에 대한 위해발생을 방지하고자 하는 입법목적과는 반대의 결과를 가져올 여지도 있다.

예를 들면, 침(鍼)은 경혈에 침을 사용하여 전기적 자극을 주는 것이고, 구(灸)는 쑥을 이용하여 경혈 부위에 열을 가하는 것에 불과하므로, 생명 · 신체에 대한 위험성이나 부작용에 있어서 통상의 의료행위와 비교가 될 수 없을 만큼 낮다. 그럼에도 불구하고 이러한 의료행위까지 의료인에게 독점시키는 것은 의료행위에 대한 비용을 부담할 능력이 없는 국민에 대하여 그들의 생명 · 신체에 대한 위해발생을 방지한다거나 건강권을 최대한 보장하는 수단이라고 할 수 없다.

한편, 이 사건 조항들의 입법목적을 달성하면서도 국민의 의료행위 선택권을 덜 침해하는 수단은 얼마든지 상정할 수 있다. 독일은 '면허없이 직업적인 의료행위를 시행하는 것에 관한 법률'(Gesetz über berufsmäßige Ausübung der Heilkunde ohne Bestallung)에 의하여 국가보건관청 소속 의사가 의사 면허 없이 의료행위를 하고자 하는 자의 자격요건 및 당해 의료행위가 국민건강에 위험이 있는지를 심사하여 치료사(Heilpraktiker) 허가를 함으로써 의사면허가 없는 자도 일정 의료행위를 할 수 있도록 허용하고 있고, 미국의 일부 주들은 침술사 면허제도를 두고 있으며, 일본은 의업유사행위자로서 안마마사지지압사, 침술사, 구사, 유도정복사 등을 인정하고 있다.

이와 같이 보건위생상 위해가 생길 우려가 있지만 의사면허를 취득할 정도의 전문적인 지식과 기술이 필요하다고 보기 어려운 행위에 대하여 의사의 면허보다 낮은 수준의 의료기능만으로도 자격을 취득하고 그 범위 내에서 의료행위를 시행할 수 있도록 허용함으로써(헌재 2007. 11. 29. 2006헌마876, 판례집 19-2, 656, 664-666 참조), 이 사건 조항들의 입법목적을 달성하면서도 국민의 의료행위 선택권 및 직업선택의 자유를 최대한 보장할 수 있는 것이다.

우리나라의 경우, 현행 의료법 제81조는 "이 법이 시행되기 전의 규정에 따라 자격을 받은 접골사, 침사, 구사(이하 '의료유사업자'라 한다)는 제27조에도 불구하고 각 해당

시술소에서 시술을 업으로 할 수 있다."라고 규정하고 있는바, 위 조항의 의료유사업자에 "보건복지부장관이 실시하는 침구사 내지 접골사 자격시험에 합격한 자"를 포함시켜 침구 또는 접골만을 행할 수 있는 의료유사업자를 신규로 인정함으로써, 국민으로 하여금 경제성과 접근성을 고려한 최선의 의료행위를 선택할 수 있게 할 수 있다.

결국 생명 · 신체나 공중위생에 대한 위해발생 가능성이 낮은 의료행위까지도 전면적 · 일률적으로 의사, 치과의사 및 한의사에게 독점시키는 것은 국민의 의료행위 선택권과 비의료인의 직업선택의 자유를 지나치게 제한하는 것으로서, 최소침해성의 원칙에 반한다.

(다) 법익의 균형성

앞에서 본 바와 같이 생명 · 신체나 공중위생에 대한 위해발생 가능성이 낮은 의료행위까지도 전면적 · 일률적으로 의사, 치과의사 및 한의사에게 독점시킴으로써 얻을 수 있는 공익은 다소 추상적인 반면, 이 사건 조항들에 의해 제한되는 의료소비자의 의료행위 선택권과 비의료인의 직업선택의 자유는 구체적이고 현실적이므로, 제한되는 사익이 위와 같은 공익에 비하여 결코 작다고 할 수 없다.

따라서 이 사건 조항들은 법익의 균형성도 갖추지 못하였다고 할 것이다.

(4) 소결

그렇다면 이 사건 조항들이, '사람의 생명 · 신체나 공중위생에 대한 위해발생 가능성이 낮은 의료행위'에 대하여 이에 상응한 적절한 자격제도를 마련하지 아니한 채, 비의료인에 의한 의료행위를 일률적으로 금지하는 것은 과잉금지원칙에 위반하여 의료소비자의 의료행위 선택권과 비의료인의 직업선택의 자유를 침해하는 것으로서 헌법에 위반된다고 할 것이다.

라. 재판관 김종대의 반대의견

나는 제도권 의료인에게만 의료행위를 독점시키고 이를 위반한 경우 일괄 형사처벌하는 이 사건 조항들은 의료소비자의 의료행위 선택권을 침해하여 헌법에 위반된다고 판단하므로 다음과 같이 반대의견을 밝힌다.

(1) 의료행위의 본질과 의료행위 선택권

의료행위는 본질적으로 질병을 낫게 하려는 행위로서 그 자체가 선(善)을 지향하는 것인바, 이러한 선 지향 행위를 의료인이 아닌 자가 했다고 하여 모두 형사처벌을 가하는 것이 과연 타당한 일인지 대단히 의심스럽다. 이는 이른바 제도권 의료과학 기술이 아직도 인류가 현재 앓고 있는 수많은 질병 중의 일부만을 치료하는 수준에 머무르고 있고, 오히려 비의료인이 현재 제도권 의료과학이 치료가능성이 없다고 본 질병을 치료한 예가 적지 않게 발견되는 현실을 고려할 때 더욱 그러하다.

의료인은 진단과 치료과정에서 그의 고의 · 과실이 있는 경우가 아니면 치료결과에 대하여 아무런 책임을 지지 않고, 국가 또한 이에 대하여 어떠한 책임도 지지 않는다. 그럼에도 불구하고, 질병의 치료 결과를 그 스스로 모두 감수할 수밖에 없는 환자(국민)에게 그가 선택할 수 있는 의료행위를 국가가 인정한 제도권 의료인에 의한 것만으로 제한하고 비의료인의 의료행위에 대해서는, 설사 그로 인해 환자의 질병이 치료되었다고 하더라도, 그 의료행위를 행한 자를 형사처벌하는 것은 수긍하기 어렵다. 의료행위를 의료인에 의한 것만으로 제한하고 비의료인에 의한 의료행위를 일률적으로 범죄화하여 합법적으로는 이를 선택할 수 없도록 하는 것은 국민을 치료의 객체로만 보는 오만한 태도가 깔려있다고 아니할 수 없다.

본래 자신의 몸에 생긴 질병을 치료할 것인지, 말 것인지 또 치료한다고 하면 어떤 방법으로 할 것인지는 궁극적으로 국민 본인이 선택할 문제이므로 그에 대한 결정권은 국민 본인에게 주어져야 한다. 국가가 완치여부나 비용부담에 대하여 아무런 책임을 지지 않는 질병치료에 관해 왜 국민은 죄의식을 갖고 몰래 자신의 몸을 치료해야 하는가? 이는 분명 주객이 전도된 것이다.

국가는 의료제도를 잘 갖추어 전체 국민의 보건(保健)에 노력해야 할 추상적인 의무와 책임이 있지만, 그렇다고 해서 개개 국민이 자신의 질병치료를 위해 선택하고자 하는 구체적인 의료행위에 대해 국가의 위와 같은 추상적인 의무와 책임을 이유로 무작정 제한해서는 안 된다. 국민은 자기 몸을 희생하여 국가의 위와 같은 목적에 봉사해야 하는 존재가 아니기 때문이다.

오히려 국가는 치료의 실패에 대하여 국민에게 아무런 책임을 지지 않고 있고, 또 현재의 제도권 의료과학 기술이 질병 중 일부만을 치료하는 수준에 머무르고 있다는 현실을 겸허히 수용하여, 과학적·재정적·문화적 요인 등에 의해 한계지워질 수밖에 없는 국가의 보건정책을 가능한 한 그 한계를 넓혀 최선의 치료방법을 제시해야 하고, 국민이 스스로 제도권 의료를 이용하는 것이 득이 된다고 판단한 끝에 이를 자발적으로 수용할 수 있도록 의료행위 간의 적절한 경쟁을 유도하는 후견적 방향으로 나아가야지 일방만의 수용을 강요할 것은 아니다. 아무리 좋은 것이라 하더라도 국민이 스스로 이를 선택하도록 해야지 그 수용을 강요한다는 것은 그것 자체가 또 다른 기본권 침해의 위험을 갖게 되기 때문이다.

또, 제도권 의료를 이용하는 데에는 과도한 경제적 부담이 뒤따를 수 있고 이러한 경제적 부담은 국민건강보험법상의 건강보험이나 의료급여법상의 의료급여로써 완전히 해결할 수 없으므로, 국민의 의료행위 선택권을 실질적으로 보장하기 위해서는 비용부담의 측면도 반드시 고려되어야 한다. 비록 제도권 의료에 치료가능한 방법이 있다 하더라도 국민이 그 비용을 부담할 능력이 되지 않는다면 위 치료방법은 국민에게 선택가능한 의료행위가 될 수 없기 때문이다. 따라서 제도권 의료에 의한 치료가 가능한 경우라도 국민이 거기에 드는 과다한 비용부담의 문제로 그 치료방법을 선택할 수 없는 경우까지 제도권 의료 외의 다른 의료행위를 선택할 수 있는 길을 막아서는 안 된다.

물론, 의료행위는 의료소비자가 충분한 정보를 가지고 선택하기 어려운 전문영역이라는 점, 사이비 의료행위 및 그로 인한 피해발생이 끊이지 않는 현실을 도외시할 수 없는 점 등을 고려하면 의료행위의 선택을 전적으로 국민에게만 맡겨 둘 수는 없을 것이므로 의료영역에 대하여 현재와 같이 의료인 제도를 두는 등의 방법으로 국가가 일정부분 개입하는 것이 불가피한 측면이 있다. 그러나 이러한 국가의 개입은 제도권 의료를 더욱 발전시켜 제도권 의료로써 모든 국민이 쉽게 질병을 치료할 수 있도록 밀어주는 간접적이고 후견적 방식으로 이루어져야지, 이 사건 조항들과 같이 국가가 제도권 의료인에게만 합법적인 의료행위를 독점케 하고 이를 위해 비제도권 의료는, 이를 소극적으로 육성해 주지 않는 선에서 그치지 않고, 적극적으로 그 자체를 범죄화하여 형사처벌까지 하는 방식으로 이루어져서는 안 된다고 본다.

위에서 본 이러한 점들은 과잉금지의 원칙에 반하여 국민(의료소비자)의 의료행위 선택권을 침해할 여지가 있으므로 이하 이에 대하여 살펴본다.

(2) 과잉금지원칙에 반하여 의료행위 선택권을 침해하는지 여부

(가) 목적의 정당성

이 사건 조항들이 추구하는 국민의 생명, 신체나 공중위생에 대한 위해 발생의 방지라는 국가의 입법목적은 정당하다.

(나) 방법의 적절성

비의료인에 의한 의료행위를 범죄로 규정하여 형사처벌하는 경우, 국민의 생명, 신체에 부정적인 결과를 초래할 것이 명백한 사이비(似而非) 의료행위를 사전에 금지시킴으로써 전체 국민의 생명, 신체나 공중위생에 대한 위해 발생을 방지하는데 기여할 수 있음은 사실이다.

그러나 i) 의료인에 의해 치료불가 판정을 받은 경우 ii) 과다한 비용 등의 이유로 의료인에 의한 의료행위를 선택할 수 없는 경우 iii) 비의료인이 현재의 과학수준으로는 용납하기 어려운 치료방법을 썼으나 결과적으로 질병이 치료된 경우 iv) 일부 침, 뜸, 자석요법 등과 같이 부작용의 위험성이 크지 않고 시술을 중단하면 쉽게 시술 전의 상태로 돌아갈 수 있는 경우 등에도 이 사건 조항들과 같이 비의료인에 의한 의료행위를 사전에 일체 금지하고 위반시 이를 형사처벌하는 것은, 위와 같은 경우에 처한 개개 국민의 생명, 신체에 대한 위해 발생을 방지하기 위한 적절한 수단이라고 할 수 없다.

오히려 위와 같은 경우, 국가는 국민이 다른 의료행위도 선택할 수 있는 가능성을 열어 놓고, 행정적 감독 등 간접적 통제만 함으로써, 국민 스스로가 의료인에 의한 의료행위가 비의료인에 의한 의료행위보다 낫다고 판단해 의료인에 의한 의료행위만 수용하도록 유도해 나가거나, 특히 위 iv)의 부작용의 위험성이 크지 않은 일부 의료행위에 대해서는 그 치료를 담당할 수 있는 간이한 치료사자격제도를 만들어 국민이 저렴한 비용으로 손쉽게 치료받을 수 있는 방안을 마련하는 것이 개개 국민의 생명이나 신체를 보호하는 적절한 방법이 된다고 할 것이다.

따라서 이 사건 조항들은, 위에서 살펴본 일정한 경우에 있어서는, 입법목적의 달성에 적절한 수단이 될 수 없다.

(다) 침해의 최소성

의료소비자의 의료행위 선택권은 헌법 제10조의 행복추구권에서 파생된 자기결정권의 한 내용이지만(헌재 2002. 10. 31. 99헌바76, 판례집 14-2, 410, 429 참조), 의료행위의 선택 가부(可否)는 종국적으로 개개 국민의 생명, 건강과 직결되는 것이어서 인간다운 생활을 할 권리의 기본 전제이자 핵심적인 부분이라고 할 것이므로, 구체적 타당성에 대한 면밀한 고려없이 공중(公衆)의 보건위생에 대한 위해 발생의 방지나 다른 추상적인 공익만을 앞세워 쉽게 제한해서는 안 되는 영역이다.

의료소비자의 의료행위 선택권을 최대한 보장하기 위해서 국가는 제도권 의료 외의 다른 치료방법도 선택할 수 있는 가능성을 열어 두고 질병치료의 주체인 국민이 자신에게 유리한 의료행위를 스스로 선택할 수 있는 환경(여기에는 각 의료행위에 대하여 위험성을 포함한 적절한 정보를 제공하는 것도 포함된다)을 조성해야 할 것이고, 국가의 역할은 여기서 그쳐야 한다.

이러한 국가의 역할을 위해서라면 이 사건 조항들과 같이 비의료인에 의한 의료행위를, 그로 인한 결과나 그에 이르게 된 정황을 불문하고, 모두 형사처벌하는 것은 과잉된 수단임에 틀림없다. 즉, 비의료인에 의한 의료행위 모두를 형사처벌의 대상으로 하지 않고 그 중에서 환자의 질병을 악화시킨 경우 등 형벌에 의한 비난 가능성이 있는 경우만을 추려내어 형사처벌의 대상으로 하더라도 위와 같은 국가의 역할은 충분히 달성할 수 있는 것이며, 또 의료행위의 본질면에서 보더라도 어떤 방법을 사용하였든 질병이 치유되었다면, 그 어떤 이유로도(제도권 의료인들이 수용할 수 없는 치료방법을 사용했다 해도) 이를 형사처벌해서는 안될 것이기 때문이다.

위와 같이 비의료인에 의한 의료행위 중 형사처벌의 대상이 되는 행위를 형사적 비난 가능성이 있는 경우로 제한하는 것이 사이비 의료행위 등에 의한 국민의 보건위생상의 위해 발생을 방지하면서도 의료소비자의 의료행위 선택권의 침해를 최소화하는 적절한 수단이라고 할 것이다.

(라) 법익의 균형성

이 사건 조항들에 의해 제한되는 사익은 직접적으로는 자기결정권의 하나인 의료소비자의 의료행위 선택권이지만 의료행위의 선택 가부(可否) 여하에 따라 결국에는 질병을 가진 개개 국민의 생명, 신체를 보존할 수 없는 결과까지 낳을 수 있다. 따라서 적어도 앞서 본 네 가지 사정이 있는 경우라면, 이 사건 조항들로 인해 제한되는 사익이 전체 국민의 생명, 신체나 공중위생에 대한 위해 발생을 방지한다는 추상적인 공익에 비해 결코 적다고 단정할 수 없다.

(마) 소결

그럼에도 불구하고 이 사건 조항들은 제도권 의료인에게만 의료행위를 독점토록 해주고 이를 위해 비의료인에 의한 의료행위를 모두 금지시킨 뒤 이에 위반하면 형사처벌까지 함으로써, 의료소비자인 국민이 i) 의료인에 의해 치료불가 판정을 받았거나 ii) 과다한 비용 때문에 의료인에 의한 의료행위를 선택할 수 없거나 iii) 비의료인에 의한 의료행위를 선택했지만 결과적으로 질병이 치료되었거나 iv) 일부 침, 뜸, 자석요법 등과 같이 부작용의 위험성이 크지 않고 시술을 중단하면 쉽게 시술 전의 상태로 돌아갈 수 있는 시술을 한 경우까지도 비의료인에 의한 의료행위라면 이를 모두 범죄로 몰아 형사처벌로까지 나아가는 것은 과잉금지의 원칙에 반하여 의료소비자의 의료행위 선택권을 침해하므로 헌법에 위반된다.

5. 결론

따라서 구 의료법 제66조 제3호 중 제25조 제1항 본문의 전단에 관한 부분(1994. 1. 7. 법률 제4732호로 일부 개정되고 2007. 4. 11. 법률 제8366호로 전부 개정되기 전의 것), 의료법 제81조 제1항(2007. 4. 11. 법률 제8366호로 전부 개정된 것), 비의료인도 침구술 및 대체의학 시술을 할 수 있도록 그 자격 및 요건을 법률로 정하지 아니한 입법부작위에 대한 각 심판청구는 부적법하므로 이를 각하하고, 의료법 제27조 제1항 본문의 전단 부분 및 제87조 제1항 제2호 중 제27조 제1항 본문의 전단에 관한 부분(각 2007. 4. 11. 법률 제8366호로 전부 개정된 것), 구 의료법 제25조 제1항 본문의 전단 부분(1975. 12. 31. 법률 제2862호로 일부 개정되고 2007. 4. 11. 법률 제8366호로 전부 개정되기 전의 것), '보건범죄단속에 관한 특별조치법' 제5조 중 의료법 제27조 제1항 본문의 전단에 관한 부분(2007. 4. 11. 법률 제8366호로 일부 개정된 것), 구 '보건범죄단속에 관한 특별조치법' 제5조 중 의료법 제25조 제1항 본문의 전단에 관한 부분(1990. 12. 31. 법률 제4293호로 일부 개정되고 2007. 4. 11. 법률 제8366호로 일부 개정되기 전의 것)에 대해서는 재판관 4인이 합헌의견, 재판관 5인이 위헌의견으로 비록 위헌의견이 다수이긴 하나 법률의 위헌선언에 필요한 정족수 6인에 미달하므로 주문과 같이 결정한다.

재판장 이강국

재판관 이공현, 재판관 조대현, 재판관 김희옥, 재판관 김종대,

재판관 민형기, 재판관 이동흡, 재판관 목영준. 재판관 송두환

2010. 7. 29.

별지

청구인 목록 생략

(2009헌마269)

1. 김○출 외 600명

(2010헌마275)

1. 이○우 외 217명

2010년 7월29일 판결 관련 기사

무면허 침·뜸 금지한 법 '수술' 압박 … 대체의학 허용 될까

[중앙일보 입력 2010.07.30. 01:07 업데이트 2010.07.30. 03:12]

의료인이 아니면 의료행위를 할 수 없도록 한 현행 의료법 27조 1항은 현대의학과 한의학을 제외한 치료영역, 즉 '대체의학'을 불법으로 규정하고 있다. 하지만 현실세계에서는 수많은 환자가 대체의학으로 몰렸고 그중 상당수는 "치료효과를 봤다"고 주장해 왔다. 이런 상황에서 헌재가 29일 해당 조항에 대해 형식상 '합헌'이지만 내용상으로는 '위헌'과 맞먹는 결정을 내림으로써 대체의학 논란이 새로운 국면에 들어서게 됐다.

특히 지금까지 다섯 차례에 걸쳐 전원일치로 합헌 결정을 내렸던 헌재가 위헌 쪽에 더 가깝게 다가선 것은 큰 변화로 받아들여진다. 이에 따라 앞으로 정부와 국회가 의료시스템 개선에 나서야 한다는 측의 주장이 더욱 탄력을 받을 가능성이 커졌다.

◆ "자기결정권에 어긋나" vs "국민 건강을 위한 공익 우선"=이번 위헌법률심판의 대상이 된 것은 ▶구당(灸堂) 김남수(95)옹 제자의 침·뜸 시술 ▶혈자리 자석 부착 시술(자기요법) ▶온열치료기 등을 활용한 침술 ▶중국 침구사 자격 취득자의 시술 등이다. 이

합헌 의견을 낸 김희옥 재판관은 보충의견을 통해 "국가는 국민 보건을 위해 제도 변경의 필요성이 있으면 이를 적극적으로 실천해야 한다"며 "보건위생상 위해가 생길 우려가 없는 범위 내에서 제도권 의료행위 이외의 치료방법을 적극적으로 연구해 이를 의료행위에 편입하거나 또는 국민이 쉽게 이용할 수 있도록 하는 제도를 마련할 필요성이 있다"고 못 박았다.

중 김남수옹의 제자인 김모씨는 1000여 명의 환자를 상대로 한 의료법 위반 혐의로 기소됐다. 법(무면허 의료행위 처벌)과 현실(대체의학) 사이의 괴리를 보여주는 사례들이다.

이에 대해 조대현 재판관 등 4명은 “모든 국민은 헌법상 자기결정권을 갖기 때문에 원칙적으로 국민 스스로가 경제성과 접근성을 고려한 최선의 의료행위를 선택할 권리가 있다”는 점을 제시했다. 때문에 “사람의 생명과 건강에 대한 위해(危害) 발생 가능성이 낮은 비의료인의 의료행위를 무조건 금지하는 것은 국민의 의료선택권과 비의료인의 직업선택권을 침해한다”는 것이다. 김종대 재판관은 “자신의 몸에 생긴 질병을 어떤 방법으로 치료할 것인지는 궁극적으로 국민 본인이 선택할 문제”라고 했다.

반면 합헌 의견을 낸 이강국 소장 등은 “의료제도는 국민 건강의 보호증진을 위한 것이므로 국가로부터 의료에 관한 지식을 검증받은 사람에게 의료행위를 받는 것이 안전하다”고 봤다. 아울러 “비의료인의 의료행위 전면 금지는 국민 보건에 관한 중대한 공익을 위한 것으로 이에 따른 (비의료인 등의) 기본권 제한은 과잉금지 원칙에 해당하지 않는다”고 설명했다.

◆ 합헌 쪽도 정책적 해결 제안=합헌 의견을 낸 재판관들도 “대체의학 시술자 또는 비의료인들에게 의료행위를 할 수 있는 길을 열어줄 것인지 여부는 입법정책의 문제”라고 말했다. 헌재 관계자는 “문제가 된 의료법 조항이 헌법에 위배되지는 않지만 새로운 정책 마련에 대한 필요성에 대해서는 어느 정도 동의한 것”이라고 풀이했다. 더욱이 김희옥 재판관은 합헌 의견에 대한 보충의견을 통해 “국가는 국민 보건을 위해 제도 변경의 필요성이 있으면 이를 적극적으로 실천해야 한다”고 강조했다. 구체적으로는 “보건위생상 위해가 생길 우려가 없는 범위 내에서 제도권 의료행위 이외의 치료방법을 적극적으로 연구해 이를 의료행위에 편입하거나 또는 국민이 쉽게 이용할 수 있도록 하는 제도를 마련할 필요성이 있다”고 못 박았다.

전진배 기자

홍성뜸방 뜸요법 무죄판결 경과와 판결문

유승희(우리마을 뜸방 자원봉사자)

홍성 뜸방 사건의 경과

우리마을뜸방 소개

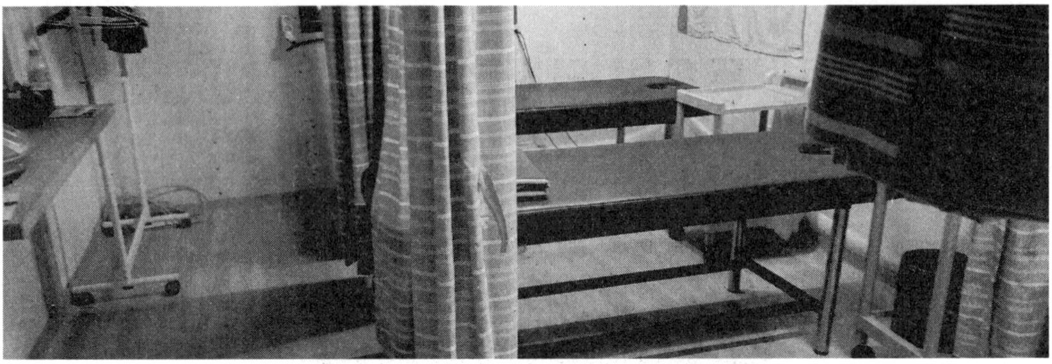

위치 : 충남홍성군 홍동면 운월리 밝맑도서관 옆

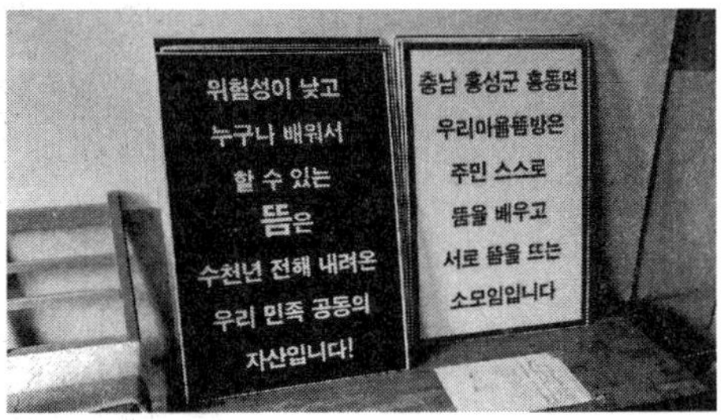

○ 전통 민간요법인 뜸에 관심 있는 사람들이 비정기적으로 모여서 뜸을 뜨 다가 뜸사랑 산하 사단법인 효행봉사단 '농어촌뜸방사업'에 선정되어서 2008년 9월2일 본격적으로 시작

○ 초기에는 마사회가 재료비를 후원했으나 2012년 사업종료로 지역에서 자생적으로 운영됨

자연치유력을 높이기 위해 전통 민간요법인 뜸을 배우고 익혀 스스로 건강을 지키고 이웃간의 나눔을 통해 개인과 사회의 건강한 삶을 영위하고자 만든 농촌마을 소모임

운영형태

○ 주1회 무료 운영(매주금요일 13:00~18:00)

○ 마을 주민들 중 자원봉사자 참여

현재 자원봉사자 : 김수진, 김희영, 서경화, 박호순, 이선화, 우현주, 유승희, 조미경, 전일순, 홍수민

○ 운영비

장소제공 : 풀무학원 무료제공

운영비는 재료비(쑥, 향, 소모품)정도인데, 마사회 후원 종료 후 홍성 여성농어민센터 등에서 후원

○ 회원들간에 서로 손이 닿지 않는 부분 품앗이로 뜸을 뜸

○ 뜸뜨기 원하는 지역주민들에게 뜸자리 잡아주고 스스로 할 수 있도록 방법 알려 드림

뜸의 형태 쌀 반알 만한(반미립대) 직접구

사건발단

2017.2.17 김** 씨(서울시 강서구)가 찾아와 충남 홍성군 광천읍에서 건설업을 하는 사람으로 자신을 소개하며 무릎에 뜸을 떠 달라고 요구하였습니다.

당시 유승희씨가 뜸방을 비운 상태였습니다. 그래서 뜸자리가 없어 뜸을 떠줄 수 없다는 자원봉사자에게 집요하게 요구하여 뜸을 뜨고는 그 장면을 몰래 촬영한 동영상을 경찰에 증거로 제출, 불법의료행위로 수사의뢰하면서 더 이상 뜸방을 운영하지 못하도록 처리해 달라고 고발하였습니다.

이에 법원은 무면허 의료행위를 처벌할 수 있도록 규정한 의료법 제27조 등을 근거로, 뜸방 회원 유승희 씨와 조미경 씨에게 각각 150만원과 100만원의 벌금형을 약식 명령하였습니다.

이에 우리마을뜸방 회원들과 마을 분들은 대한한의사협회 측의 고발과 법원의 벌금형 약식명령을 받아들일 수 없어 정식재판 청구를 하게 되었습니다.

재판을 진행하면서 고발한 김** 씨는 대한한의사협회가 고용한 직원이라는 사실을 알게 되었고 정통침뜸교육원과 허임기념사업회에서 실시하는 침뜸교육 기본과정에 참여한 사실도 확인되었습니다.

우리마을뜸방 재판 진행과정 및 활동

2017. 4. 11 한의사협회 파파라치 신분 숨기고 2월 17일 뜸방에서 뜸뜬 후 봉사자 의료법 위반으로 고발

2017. 5. 18 고발된 뜸방회원 경찰조사

2017. 6. 9 검찰로부터 기소 문자 받음(벌금형 유승희 150만원, 조미경 100만원)

2017. 6. 14 (긴급) 1차 뜸방 마을모임

2017. 6. 24 마을 공동변호인단 구성 (하승수 변호사, 이상훈 변호사, 송영섭 변호사)

2017. 8. 22 법원으로부터 약식명령서 받음(검찰 기소내용과 동일)

2017. 8. 25 정식재판 청구(홍성지원)

2017. 9. 19 2차 뜸방 마을모임, 뜸방 비상대책위원회 구성(공동회장 선출 ○ 이승진님, 이재자님)

2017. 9. 27 1차 비상대책위원회 회의

2017. 10. 11 보건복지부 항의방문

2017. 10. 17 1심 1차 공판

2017. 11. 07 2차 비상대책위원회 회의

2017. 11. 11 홍동거리축제에서 뜸방 후원행사

2017. 12. 2 밝맑도서관 특강 "김남수 선생님께 듣는 뜸이야기"

2018. 1. 8 경실련과 간담회

2018. 1. 9 1심 2차 공판

2018. 3. 20 1심 3차 공판

2018. 4. 26 1심 4차 공판

2018. 5. 12 김연화 회원, 변호사님들과 비상대책위원들 저녁식사 초대

2018. 5. 31 1심 선고 무죄판결

2018. 6. 5 검찰 항소

2018. 7. 21 1심 재판 마무리와 향후 이야기 마당 마을 모임

2018. 9. 18 2심 1차 공판 바로 선고일자 11월 1일로 잡음

2018. 10. 24 대한한의사협회가 태평양 법무법인을 선임해 제출한 의견서 내용 확인하고 반박의견서 제출하기 위해 선고날자 연기

2018. 11. 15 2심 선고 - 검찰의 항소를 기각하고 무죄판결

2018. 11. 23 검찰의 상고포기로 무죄 확정

홍성 우리마을뜸방 무죄 확정 이후 마을 주민들이 마련한 재판보고행사(2018.12.16.)

홍성뜸방 사건 1심 판결문

대전지방법원 홍성지원

판 결

사 건	2017고정249 의료법위반
피 고 인	유승희
	주거
	등록기
	조미경
	주거
	등록기
검 사	문종배(기소), 박영우(공판)
변 호 인	법무법인 여는(피고인 모두를 위하여)
	담당변호사 송영섭
판 결 선 고	2018. 5. 31.

주 문

피고인들은 각 무죄.

이 판결의 요지를 공시한다.

이 유

1. 이 사건 공소사실

피고인 유승희는 충남 홍성군 홍동면 광금남로 658-8 '생협뜸방'이라는 뜸 동호회를 운영하는 자이고, 피고인 조미경은 위 동호회의 회원이다.

의료인이 아니면 누구든지 의료행위를 할 수 없으며 의료인도 면허된 것 이외의 의료행위를 할 수 없다. 그럼에도 한의사 면허가 없는 피고인들은 2017. 2. 17.경 위 생협뜸방에서 무료 통증으로 찾아온 김남홍 등에게 치료를 목적으로 뜸 시술을 하는 등 그 무렵 한방의료행위를 하였다.

2. 피고인 유승희에 대한 판단

검사가 제출한 증거만으로는 피고인 유승희가 공소사실 기재 일시 및 장소에서 김남홍 등에게 치료를 목적으로 뜸 시술을 하였음을 인정하기에 부족하고 그 밖에 이를 인정할 증거가 없다.

3. 피고인 조미경에 대한 판단

가. 의료법이 정하는 의료행위라 함은 의학적 전문지식을 기초로 하는 경험과 기능으로 진찰, 검안, 처방, 투약 또는 외과적 시술을 시행하여 하는 질병의 예방 또는 치료행위 및 그 밖에 의료인이 행하지 아니하면 보건위생상 위해가 생길 우려가 있는 행위를 의미한다(대법원 2004. 10. 28. 선고 2004도3405 판결 등 참조).

나. 이 사건 기록에 의하여 인정되는 다음과 같은 사실 및 사정을 종합하면, 공소사실에 부합하는 증인 김남홍의 일부 법정진술은 믿기 어렵고, 그 외의 검사가 제출한 증거만으로는 피고인의 행위가 그 내용과 수준에 비추어 의료인이 행하지 아니하면 보건위생상 위해가 생길 우려가 있는 행위라고 인정하기 어렵고, 달리 이를 인정할 증거가 없다.

(1) 피고인이 한 뜸 시술 방법은 쑥 등의 재료를 인체의 특정 부위에 원뿔 모양으

로 올려놓고 불을 붙이는 방법으로 사용하는 이른바 직접구 방식인데, 쌀알 반 정도 크기의 원뿔 모양의 뜸 쑥을 뜸 자리(경혈)에 놓고 태워 약 60 내지 70도의 열도로 가벼운 화상을 입혀 이때 발생하는 이종 단백체(히스토톡신)라는 물질을 통해 인체의 면역능력을 증진시키는 것이다. 뜸 쑥이 타는 시간은 1-2초 정도이고 동일부위에 3-5회 정도 실시한다.

(2) 이러한 쑥뜸 시술로 인해 최대 1도 정도의 화상을 입을 수 있는데 피부가 붉어지는 정도이고 의도적으로 다른 자극을 주지 않거나 이내 연속해서 뜸을 며칠 뜨지 않으면 자연적으로 없어지는 정도로 보인다.

(3) 위와 같이 쑥뜸을 시술함에 있어 사용하는 기구(라이터, 향 등) 및 재료는 일반인도 시중에서 쉽게 구입하여 가정에서 사용할 수 있다.

(4) 피고인 유승희는 1999년경 정통침뜸 평생교육원에서 1년 정도 김남수로부터 뜸을 뜨는 것을 배웠고, 그 후 귀농하여 지내다가 2008년 내지 2009년경부터 스스로 건강을 돌보고자 서로 뜸을 떠 주기 위하여 소수의 지역 주민과 함께 위 뜸방모임을 시작하였다. 그 후에는 마을 주민들 중 자발적 자원봉사자들이 주 1회 정도 시간에 내어 뜸방을 찾아오는 동네 어른들에게 뜸자리를 잡아 주고 뜸을 뜨거나 그들이 스스로 뜸을 뜨게끔 하였다. 뜸방모임에서 뜸방 재료를 공동으로 구매하고(여성농업인센터에서 일부 후원받음), 별도로 뜸을 떠 주는 대가로 돈을 받지는 아니하였다.

(5) 위 뜸방모임에서 질병이 있는 환자들을 상대로 진찰을 거쳐 특정 질병을 진단하고 그에 대한 처방으로 시술을 한 것이라거나 환자의 병증이나 질환의 종류에 따라 시술 내용을 달리하였다는 등의 증거는 찾아볼 수 없고, 또한 쑥뜸 시술을 함에 있어 특정 질병을 치료하는 데 의학적인 효과가 있다는 등의 광고를 하였다는 자료 역시 찾

아볼 수 없다.

(6) 이처럼 위 쑥뜸 시술에 사용한 기구 및 시술 내용은 의학적인 전문지식이나 기술 없이도 일반인이 직접 가정에서 사용할 수 있는 방법이므로 의료인 아닌 사람에게 그와 같은 시술 행위를 허용한다고 하더라도 일반공중의 위생에 위험을 초래한다고 보기는 어렵다.

3. 결론

그렇다면 이 사건 공소사실은 범죄사실의 증명이 없는 경우에 해당하므로, 형사소송법 제325조 후단에 의하여 무죄를 선고하고, 형법 제58조 제2항에 의하여 판결의 요지를 공시한다.

판사 안희길 ____________________

홍성뜸방 사건 2심 판결문

대 전 지 방 법 원

제 2 형 사 부

판 결

사 건	2018노1703 의료법위반
피 고 인	1. 유승희
	2. 조미경
항 소 인	검사
검 사	문종배(기소), 유제민(공판)
변 호 인	법무법인 여는(피고인 모두를 위하여)
	담당변호사 송영섭
원 심 판 결	대전지방법원 홍성지원 2018. 5. 31. 선고 2017고정249 판결
판 결 선 고	2018. 11. 15.

주 문

검사의 피고인들에 대한 항소를 모두 기각한다.

이 유

1. 항소이유의 요지(사실오인 및 법리오해)

검사가 제출한 증거들을 종합하면, 피고인들의 뜸 시술행위는 의료인이 행하지 아니하면 보건위생상 위해가 생길 우려가 있는 행위에 해당한다고 봄이 타당함에도, 원심은 판단을 달리하여 피고인들에게 무죄를 선고하였는바, 원심판결에는 사실오인 및 법리오해의 위법이 있다.

2. 판단

가. 관련 법리

형사재판에서 범죄사실의 인정은 법관으로 하여금 합리적인 의심을 할 여지가 없을 정도의 확신을 가지게 하는 증명력을 가진 엄격한 증거에 의하여야 하는 것이므로, 검사의 입증이 위와 같은 확신을 가지게 하는 정도에 충분히 이르지 못한 경우에는 비록 피고인의 주장이나 변명이 모순되거나 석연치 않은 면이 있는 등 유죄의 의심이 간다고 하더라도 피고인의 이익으로 판단하여야 한다(대법원 2011. 4. 28. 선고 2010도14487 판결 등 참조). 또한 형사항소심은 속심이면서도 사후심으로서의 성격을 가지고 있는 점과 아울러 형사소송법에서 정한 실질적 직접심리주의의 정신 등에 비추어 볼 때, 제1심이 증인신문 등의 증거조사 절차를 거친 후에 합리적인 의심을 배제할 만한 증명이 부족하다고 보아 공소사실을 무죄로 판단한 경우에, 항소심의 심리 결과 일부 반대되는 사실에 관한 개연성 또는 의문이 제기될 수 있다 하더라도 제1심이 일으킨 합리적인 의심을 충분히 해소할 수 있을 정도에까지 이르지 아니한다면 그와 같은 사정만으로 범죄의 증명이 부족하다는 제1심의 판단에 사실오인의 위법이 있다고 단정하여 공소사실을 유죄로 인정하여서는 아니 된다(대법원 2016. 2. 18. 선고 2015도11428 판결 참조).

나. 이 사건의 판단

(1) 원심은, 그 판시와 같은 사실 및 사정들을 종합하여 보면, ① 피고인 유승희의 경우 검사가 제출한 증거들만으로는 치료를 목적으로 뜸 시술행위를 하였음을 인정하기에 부족하고, ② 피고인 조미경의 경우, 피고인이 한 뜸 시술행위가 그 내용과 수준에 비추어 의료인이 행하지 아니하면 보건위생상 위해가 생길 우려가 있는 행위라고 인정하기 어렵고, 달리 이를 인정할 증거가 없다고 판단하였다.

앞서 본 법리와 원심 및 당심이 적법하게 채택하여 조사한 증거들에 비추어 보면, 원심이 설시한 사정들은 정당한 것으로 수긍할 수 있고, 그에 터잡은 원심의 판단 또한 정당하다. 검사가 항소이유에서 내세우는 사정들은 이 사건 공소사실과 관련하여 원심이 일으킨 합리적인 의심이 충분히 해소될 정도에 이르지 않는다.

따라서 검사의 사실오인 및 법리오해 주장은 받아들일 수 없다.

(2) 나아가 설령 피고인 조미경의 뜸 시술행위가 의료행위에 해당한다고 하더라도, 개별적인 경우에 그 시술행위의 위험성의 정도, 일반인들의 시각, 시술자의 시술의 동기, 목적, 방법, 횟수, 시술에 대한 지식수준, 시술경력, 피시술자의 나이, 체질, 건강상태, 시술행위로 인한 부작용 내지 위험발생 가능성 등을 종합적으로 고려하여 법질서 전체의 정신이나 그 배후에 놓여 있는 사회윤리 내지 사회통념에 비추어 용인될 수 있는 행위에 해당한다고 인정되는 경우에는 사회상규에 위배되지 아니하는 행위로서 위법성이 조각된다고 할 것인데(대법원 2002. 12. 26. 선고 2002도5077 판결 참조), ① 이 사건에서 피고인이 시술한 뜸의 재료는 3년 이상 묵은 쑥으로 섭씨 약 60도 정도의

열만을 발생시키고 그 뜸의 크기는 쌀알 반 정도 크기여서, 이 사건 시술행위로 인하여 뜸 부위에 물집이 잡히거나 흔적이 남는다 하더라도 시간이 지나면 자연적으로 치유될 수 있는 정도의 화상에 불과하여 그 시술로 인한 화상 등 부작용의 가능성이 극히 미미할 것으로 보이는 점, ② 현재까지 피고인의 시술행위로 인하여 부상이나 부작용이 발생한 사례는 없는 것으로 보이는 점, ③ 이 사건 시술행위는 아무런 경제적 이해관계의 개입 없이 농촌마을 주민들이 전통적인 민간요법을 소규모의 형태로 자조적으로 시행해 온 것으로 보이는 점 등 이 사건 쑥 뜸의 크기와 재료, 그 뜸을 놓는 방식, 시술행위의 규모나 그 행위주체들의 운영의 목적과 방식, 경제적 대가관계 등을 종합적으로 고려하여 보면, 피고인의 이 사건 시술행위는 사회통념에 비추어 용인될 수 있는 행위로서 사회상규에 위배되지 아니하는 정당한 행위로 봄이 상당하다 할 것이다.

3. 결론

그렇다면 검사의 피고인들에 대한 항소는 이유 없으므로, 형사소송법 제364조 제4항에 따라 이를 모두 기각하기로 하여 주문과 같이 판결한다.

재판장 판사 박병찬 ________________

판사 송승환 ________________

판사 김재학 ________________

 4 / 5

편집후기

침뜸한류의 물꼬가 열리길 바라며

하나의 제도가 생겨나는 데는 그만한 배경이 있습니다.

침구의(針灸醫) 제도는 조선 초기 세종대왕 때부터 성종에 이르기까지 무려 1백30여 년 동안이나 설치와 폐지를 거듭하며 검토한 끝에 그 필요성이 완벽히 인정된 제도입니다.

마침내 경국대전에 자리를 잡아 조선의 정통의료인으로 활동해온 역사를 가진 침구사를 국가 제도권에서 없애려면 그만한 설득력이 있어야 합니다. 타당성도 명분도 없이 5~600여 년 이어온 침구사 제도를 없애는 일은 바람직하지도 않고, 쉽게 가능하지도 않은 일입니다.

무리한 정책의 추진과정에서, 그동안 대대로 가업을 이어 침구인으로 살아왔거나 침구인으로써의 꿈을 키워오던 무수한 전통의료의 계승자들이 국가권력에 의해 무참하게 그 인권이 유린당했습니다.

하지만 그 연원을 알 수 없을 정도로 오랜 민초들의 전통 자연요법인 침뜸은 끈질긴 생명력으로 살아납니다. 아무도 돌보지 않아도, 발에 밟혀 짓눌려도 봄이 되면 어느새 온 들판을 푸르게 물들이는 들풀처럼 재야의 침구인들은 여전히 전국 방방곡곡에서 국민들의 건강을 챙기고 있습니다.

침구주권 헌법소원은 침뜸의 역사를 바로 세우려는 과정입니다. 본 자료집은 불멸의 침구사에 관한 실록 중의 한 편입니다.

한류 1세대를 형성했던 사람들은 태권도 사범들이었습니다. 이들은 1970년대에 유럽으로 미국으로 진출하여 한국인의 기량을 발휘하기 시작했습니다. 이들 태권도 도장에서는 한국에서 무술과 함께 배워갔던 침술이 자연스레 활용되었습니다. 그것이 계기가 되어 태권도 사범들 중에서는 침술사 활동으로 업종전환을 하는 경우가 많아졌습니다. 유럽에서 태권도 사범이 가장 많이 진출한 스페인에서는 1980년대 초반까지만 해도 침구술의 불모지였습니다. 이곳에 한국의 태권도 사범 출신의 침구인들이 침구술을 전파하면서 지금은 스페인에서 2만여 명의 침구사가 활동하고 있다고 합니다. 침뜸의 자유를 찾아 떠난 많은 침구인들이 유럽은 물론 미주와 동남아, 중남미, 아프리카 등 세계 각지에서 명맥을 이어가고 있습니다.

이제 물꼬를 국내에서 넓게 터야 합니다. 그리하여 침뜸한류가 도도하게 흐르게 해야겠습니다. 막힌 것을 터서 통하게 하는 침구술의 지혜로 우리는 다시 흐르게 할 수 있습니다. 유라시아 대륙의 동쪽 끝 한반도의 남단에서 서쪽 끝 유럽까지, 남북미주와 호주 아시아 아프리카까지 전 세계로 퍼져나가도록 하여 널리 인간을 이롭게 하는 인술의 한류를 형성할 수 있도록 해야겠습니다. 우선 침뜸한류를 가로막는 국내 침구제도를 개선해야 합니다.

이번 침구주권 헌법소원은 이 나라 침구제도를 개선하여 침뜸한류의 물꼬를 터 주기를 바라는 간절한 바람이 모여 있습니다. 마침내 널리 인간과 생명을 이롭게 하는 홍익의 위대한 뜻이 실현될 수 있기를 희망합니다.

2022년 4월 25일

국민에게 침구사를!

한국침구인네트워크

2022년 5월 15일 펴냄

펴낸곳 사단법인 허임기념사업회
엮은이 손중양
공동기획 한국침구인네트워크
신고번호 제 300-2006-0072 호 (2006. 6. 2.)
주소 서울특별시 종로구 권농동 187-8
전화 02-742-7924
팩스 02-3672-1005
홈페이지 www.heoim.net
표지디자인 인쇄와디자인
내지디자인 도서출판 안북스

ISBN 979-11-87828-05-1

값 25,000 원

(이 책의 판매수익금은 생명건강문화 전승사업에 쓰입니다.)
계좌 : 국민은행 817201-04-039777 (사)허임기념사업회